Cette obscure clarté

Le texte de cet ouvrage a été élaboré entre le 2 septembre 2006 et le 31 juillet 2007 avec la complicité de Valérie Nègre, chargée de cours à l'École Florent et assistante de nombreux metteurs en scène.

Les témoignages des compagnons de route de l'École Florent, pages 208 à 221, ont été recueillis et mis en forme par Alain Froissart, cofondateur de *Libération* et grand reporter.

François Florent

Cette obscure clarté

Gallimard

« Cette obscure clarté qui tombe des étoiles »

Corneille, *Le Cid*, Don Rodrigue,
acte IV, scène 3.

Pour celles et ceux que j'aime et qui m'aiment,
qui m'ont aimé et que j'ai aimés,
et pour celles et ceux que je fais souffrir et qui me font souffrir,
que j'ai fait souffrir et qui m'ont fait souffrir,
on l'aura compris, ce sont les mêmes.

F. F.

Mise en bouche

Me sentant bien incapable d'écrire la moindre thèse sur la formation de l'acteur, j'ai tenu dans ce livre qui ricoche de conversations en conversations, éperonné par Valérie Nègre, à rendre compte d'un enseignement volatil et subtil.

Au fil de la pensée, il m'a fallu user de bien des digressions et retours en arrière.

Dans mon métier, on ne peut en aucun cas être magistral et didactique.

En toute circonstance, il s'agit de s'adresser à une personne unique même si l'auditoire est nombreux. Surtout s'il est nombreux.

Les accents de ces « conversations » ne sont qu'échos assourdis de ma jeunesse et de l'activité professionnelle qui en a dérivé, un chapelet d'appoggiatures festonnant mes incorrigibles variations pédagogiques.

Les intitulés du programme de notre cursus me servent ici de têtes de chapitre.

Premier Jet

• Pas de contenu théâtral, il s'agit de faire connaissance

Premier Jet est l'échéance qui permet de faire connaissance avec les nouveaux. Elle a lieu trois semaines après leur arrivée. Avant, elle s'intitulait « Premier Rendez-vous » mais on me l'a reproché, on disait : « Florent veut sortir avec les filles… »

Au fil des années, j'ai changé les instruments de cette prise de connaissance. À l'heure actuelle, elle se compose de cinq ingrédients.

Il y a un passage où l'on doit dire par cœur un texte d'un magazine ou d'un journal de la semaine, d'une actualité aussi brûlante que possible. Mais interdiction désormais d'utiliser des journaux gratuits, car certains eurent une tendance fâcheuse à prendre un journal gratuit à la sortie du métro, à apprendre quinze lignes et à me les resservir. Qu'au moins, à cette occasion, ils achètent un journal, voire un news magazine. Chaque année, des événements ressortent : il y eut l'année Papon, l'année Katrina, l'année de la petite Trintignant. Ce qui m'intéresse, ce n'est pas la façon dont ils le disent, ce qui est bien sûr une indication technique et artisanale, mais le choix du texte, afin de voir où ils vont.

Faire connaissance revient à se demander : « Qui sont-ils ? Pourquoi ce texte ? » Une élève m'a raconté qu'elle avait rencontré Gérard Desarthe à qui elle avait dit : « Je voudrais être actrice, qu'est-ce que je dois faire ? » Il lui a répondu : « Lisez ! » « Lire » est à prendre d'une façon très large. Ce que dit Desarthe de la lecture, selon moi, signifie s'intéresser à la marche du monde et c'est capital. Cela se fait prioritairement par la lecture d'articles de fond, de points de vue. Il ne s'agit pas de subir l'information, mais de s'intéresser aux commentaires de cette information. Je trouve que les élèves sont un peu « bornés », dans le sens où ils ne s'intéressent pas beaucoup à l'actualité, cela reste toujours trop axé sur l'ego et les frémissements de l'épiderme. Mais je ne dis pas pour autant que les élèves ne s'intéressent pas du tout à la marche du monde. J'entends cette ritournelle depuis que je suis sorti du Conservatoire. D'ailleurs, j'ai fait un éditorial dans *Puck*, le journal de l'École, sur le thème « Ah, c'est pas comme avant !… Ils sont moins motivés, ils sont moins… ». J'ai remarqué dans Premier Jet que les jeunes femmes issues de l'immigration (maghrébine notamment) ont vraiment ce que j'appelle une vision du monde. À ce sujet, il est très intéressant de constater qu'il y a de plus en plus de jeunes issus de l'immigration de la deuxième génération qui réussissent et leur pourcentage de réussite augmente plus vite que celui des « Français de souche », des Français gaulois. L'envie de dire des choses sur soi et le monde est très nettement émoussée chez les « Gaulois ». **Avoir une vision du monde est une des composantes majeures de l'art de l'acteur** même si ce n'est évidemment pas la seule. Je pense que s'intéresser à la querelle de l'homme entre lui et lui est primordial pour un acteur. Le faisceau des contradictions humaines doit être connu. Et, avec cette fameuse mondialisation, il ne faut pas se cantonner à une approche cartésienne classique du monde occidental, d'autres éléments entrent en ligne de compte.

Le deuxième passage est un parcours libre qui permet d'explorer les capacités hors langage. Le parcours libre n'est pas de mon invention, il fait partie des éléments des concours d'entrée, au Conservatoire, à l'Ensatt. J'ai eu des déconvenues dans ce parcours. J'avais dit : « On peut faire tout ce qui n'a pas de rapport avec l'art ou le métier de l'acteur », alors j'ai eu énormément de gâteaux au chocolat, les Belges faisaient des frites, etc., et c'était un peu ennuyeux. Dans ce domaine, je me souviens pourtant d'une idée extraordinaire, la seule qui me reste de cette période. Un garçon est venu avec le bébé de l'une de ses camarades de classe, un vrai bébé, et il l'a langé. C'était étonnant. Il avait appris à langer cet enfant chez sa camarade, ça c'était intéressant… Il y a de la danse, évidemment, énormément de joueurs de guitare. Presque toutes les filles sont allées à un moment donné dans un cours de danse… À l'heure actuelle, on a énormément de danses orientales, et pas uniquement du fait de jeunes filles issues de l'immigration, mais aussi de blondes qui viennent de Hambourg ou d'ailleurs. Cette deuxième partie du Premier Jet permet une connaissance un peu plus technique du nouveau venu. Qu'est-ce qu'il sait faire en arrivant dans la maison… de la danse, de la musique, de la virtuosité physique ? Quel est son acquis ? On peut l'inscrire sur sa fiche, puisque très vite on a affaire aux fameux intermédiaires

du monde du spectacle qui nous demandent : « Est-ce que vous avez un garçon qui sait jouer de l'harmonica à la Grock[1] ? »

La pluridisciplinarité est un additif qui permet une meilleure compréhension des choses. Je pense qu'il est utile d'avoir plusieurs cordes à son arc, mais hélas je ne peux pas ouvrir sans limites la pluridisciplinarité, cela nous conduirait à une espèce de grand magasin où il est impossible de tout faire comme il faut. Il est certain qu'en France dans une école x patronnée par l'État on ne fait pas ce que l'on fait à Charleville-Mézières où il y a une école nationale de marionnettes. Même dans l'élite des écoles, la pluridisciplinarité totale n'existe pas. Je n'ai jamais vu de cours de marionnettes au Conservatoire de Paris. De mon temps, il y avait de l'équitation, personne n'y allait, à tort d'ailleurs. On ne peut pas avoir une vision « à la russe ». Et puis les Russes voient-ils encore « à la russe » ? Il y a des priorités climatiques. Je reste très proche de Montesquieu pour cela. On ne peut pas être tout à la fois. On ne peut pas à la fois faire à un haut niveau le cirque de Pékin et Racine. Cette deuxième partie de Premier Jet est avant tout une exploration pour nos fiches techniques ; un aspect formel et objectif. Il est utile de regarder quelles sont les priorités accordées par celle-ci ou celui-ci à certaines disciplines. Pourquoi ont-ils fait ça ?

Ensuite, il y a un entretien. C'est le moment central de Premier Jet. Lors de cette échéance, chacun apporte sa propre bobine. Qu'est-ce que vous avez tourné dans votre vie ? Montrez-moi votre bobine. J'ai une fâcheuse tendance à trop prolonger l'entretien. C'est plutôt long, surtout si l'on est fils ou fille de parents à profession singulière, si l'on vient d'une région que je connais bien. Je m'attarde sur les enfants de vignerons, sur les Alsaciens, sur ceux qui ont une connaissance approximative du français, sur l'origine des noms de famille, j'aime un peu fouiller. Ils me déblaient le terrain en remplissant un formulaire appelé *Aide pédagogique* qui comporte un ensemble de questions sur leur situation personnelle et leurs goûts. Quand je sens qu'ils évitent une question, par exemple « relations avec les parents », j'essaie de pousser plus loin. À tel point qu'ils refusent parfois de répondre. Je suis curieux, mais je ne pense pas être curieux de façon maléfique ou malintentionnée. Parfois, je suis intrigué par certains comportements ou par certaines dissimulations. Cette conversation avec eux est essentielle à mes yeux. Il faut faire en sorte cependant que l'élève ne soit pas bloqué pour la suite des études. Mon âge me sert désormais à donner confiance pour que l'on réponde, mais il me dessert aussi de temps à autre : « Ce vieux con, pourquoi il veut savoir ça ? » Notre devoir, notre mission première est d'entrevoir des capacités d'acteur, le reste est un moyen. Je pense malgré tout que, au-delà de cette mission, **ma curiosité permanente de mieux connaître l'animal humain me poursuit**. Il y a des gens qui semblent très intéressants quand ils disent l'article de journal et déçoivent dans l'entretien. Je préfère qu'ils ne soient pas bons dans les textes et que l'entretien révèle des éléments qui me parlent, qu'une part de noblesse humaine me parvienne.

Pour la rentrée 2006, j'ai donné aux nouveaux arrivants une petite feuille avec dix cases, où il fallait inscrire les mots, les noms communs les plus importants de leur vie sans article défini ou indéfini mais avec la possibilité d'ajouter un adjectif. « Climat tropical », par exemple. Cela vient de Camus, cette histoire. Camus faisait des exercices comme cela, le monde, la terre, l'amour… et je me suis dit : « On va tenter ça. » Qu'ils me pondent ça entre leurs deux passages et qu'ils me donnent les réponses lors du deuxième passage afin de mieux les ausculter encore. Et pendant la discussion, j'intercale : « Tiens ! Pourquoi "sable" ? » C'est un appui. C'est mieux que de lire : « Mes parents sont très proches de moi ; j'aime bien Romy Schneider… »

Autre nouveauté importante, je donne un texte en anglais à lire, à déchiffrer, et je fais des catégories : ceux qui savent un peu la langue, ceux qui ne savent pas du tout, etc. C'est une statistique instructive et extrêmement désespérante. À tel point que j'ai inventé un nouveau module qui s'appelle *Speaking english*, ce sont des cours d'apprentissage de l'anglais. C'est différent d'*Acting in english* mais au moins aussi nécessaire. *Acting in english* – dispensé au sein de l'École et fondé sur les méthodes de jeu américaines et anglaises – s'adresse à des gens qui ont voyagé et qui manient bien l'anglais… La connaissance d'un anglais relativement ordinaire est catastrophique chez les élèves, même ceux qui ont le bac – mis à part les Belges, les Suisses, les Européens de l'Est. Je donne à lire et à traduire des dialogues de pièces policières ou des didascalies : « *The room is bright* », « *the window is on the left* », « *a double door is on the right* »… Et c'est terrifiant, très peu de gens peuvent s'exprimer dans un anglais facile, un des vecteurs essentiels de l'acteur français de demain…

Avant, lorsque Premier Jet n'existait pas, à mes débuts, je faisais connaissance avec les élèves comme Antoine Bourbon, mon premier professeur, ou René Simon au Conservatoire : « Comment t'appelles-tu ? Tu as quelque chose à passer ? » Je dressais une liste de scènes, un programme de scènes à travailler et cela s'arrêtait là. J'ai toujours été capable de donner l'intitulé de vingt-cinq scènes à un débutant en cinq ou six minutes. Donner des scènes à travailler à un garçon ou une fille qui vient d'arriver, c'est simple mais schématique.

Je me souviendrai toujours du premier jour où Francis Huster est venu, j'étais professeur au conservatoire du XVIIe arrondissement au lycée Carnot. Il m'a dit d'emblée : « Je viens voir quel est mon niveau par rapport aux autres. » Mais, le plus souvent, les gens parlent peu et ne disent pas « je veux ça et ça et ça », mais plutôt « dites-moi ce que je dois faire ».

Le cursus de l'École s'est construit au fur et à mesure, grâce à mes voyages à l'étranger. En visitant le Max-Reinhardt Seminar de Vienne, les écoles de l'Est avant la chute du mur, etc. Mon séjour à l'Academy of Drama de Pékin a beaucoup fait évoluer mes idées. J'ai aussi participé à des séminaires de la Conference of Drama Schools de Grande-Bretagne, j'ai été l'un des créateurs du World Theatre Training Institute, qui réunissait des écoles d'Europe, d'Amérique, d'Asie et d'Australie ; hélas, il a vécu.

La mise en route progressive d'un programme est due à l'insatisfaction qui était devenue mienne de reproduire, année après année, ce que j'avais vu faire durant mes études. Et mes voyages m'en ont fourni les clés. Aujourd'hui, j'ai conscience que j'ai su m'inspirer de ce que j'ai vu mais en ne copiant jamais bêtement… car j'aurais reproduit de travers ce qui appartient à l'univers chinois ou à l'irrationnel slave.

Premier Jet n'a pas de contenu théâtral car il faut repousser le plus tard possible la confrontation à la scène classique individuelle. C'est là-dessus que les élèves comédiens sont jugés dans les concours de grandes écoles et dans les auditions sérieuses. C'est la présentation ultime. J'éloigne le moment de la scène individuelle parce que je crois qu'elle illustre le mieux la capacité technique et l'ouverture de l'âme d'un acteur débutant, pour qu'il soit à même d'être présent pour ceux qui l'écoutent, prêt pour l'aventure ultérieure : l'interprétation d'un personnage dans son intégralité. Ce qui ne veut pas dire qu'il ne faut pas faire de représentations théâtrales à l'intérieur de l'École, mais il ne faut pas non plus que l'on pense que monter un atelier est ce qu'il y a de mieux à faire dans le parcours de notre école. La scène individuelle est l'épicentre de notre pédagogie. Je crois qu'un des premiers impératifs que j'ai entendu lorsque j'ai visité le Max-Reinhardt Seminar de Vienne, il y a une vingtaine d'années, était : « Nous ne travaillons pas de textes en 1re année. » Tout était corporel et de l'ordre de l'imaginaire : de la gymnastique et de la littérature mais pas de théâtre ! Dans une école supérieure ! Je me suis dit : « Si j'interdis le théâtre aux débutants, il va y avoir une révolution. Comment font-ils pour interdire le flot théâtral à des gens qui ont déjà fait le conservatoire de Hanovre ou de Zurich ? »

Plus j'ai avancé en âge, plus je me suis rendu compte qu'un débutant ne pouvait pas sans risque dire des choses importantes telles qu'elles sont formulées dans le théâtre classique. Mozart, lui, bien sûr, avait 100 ans quand il est né. De grands acteurs ont dit à 70 ans : « Maintenant je voudrais jouer Lorenzaccio. » Ne pas évaluer les risques de ce qui est contenu dans un texte (je pense particulièrement à Musset) me semblait de plus en plus aberrant. Je ne voulais plus que les gens arrivent en disant : « Je vais vous passer mon Lorenzaccio. » Mais on risque de trop châtrer, de ne pas permettre l'éclosion d'une âme qui a des choses à dire. Il faut être attentif. C'est pour cela que j'essaie de trouver dans Premier Jet des détours et des contours ; « Dites-moi ce que vous avez sur le cœur », mais pas au travers du verbe répertorié que sont les scènes classiques que l'on ânonne parce que l'on « s'y croit ». Et puis il y a une manie qu'il faut éviter que j'appelle l'« antigonite ». Ces jeunes filles qui ne veulent faire du théâtre que pour jouer Antigone, d'Anouilh qui plus est, pour qui l'expression scénique se résume à cracher un certain venin. Pour les hommes, c'est Lorenzaccio. Quoique Lorenzaccio soit un peu en perte de vitesse… Mais Musset reste l'auteur préféré des jeunes parce qu'il est l'auteur classique le plus proche de leurs préoccupations, sur l'amour, sur la passion, sur l'infidélité. « Je veux aimer mais je ne veux pas souffrir », dit Camille. **Il ne faut pas mettre la charrue avant les bœufs. Cette terrible force d'expression de l'être humain présente dans Lorenzaccio, dans l'Antigone de Sophocle peut évidemment être inscrite dans les gènes du débutant, mais il n'a pas la capacité de la contrôler et de la magnifier. À de très, très rares exceptions.**

Dans Premier Jet, je débusque le pourquoi de leur venue dans la maison. Ils viennent pour des raisons diverses, ambivalentes et parfois même fallacieuses ; notre devoir est de les amener à une vision propre de la chose. Prenons un exemple parlant : des jeunes s'inscrivent à des stages d'été « atelier caméra » et, s'ils restent à l'École ensuite, ils vont devoir se plier à d'autres échéances dont la caméra est totalement absente. Il y a autant de stagiaires été caméra qui arrivent au bout de la 3e année que de stagiaires été théâtre. Ils font trois ans à l'École alors qu'ils étaient venus pour tout à fait autre chose. Je pense que cela est dû à un ensemble de facteurs : à une découverte personnelle, au choix des pédagogues, à notre politique de « programmes » et à nos locaux.

Pour les gens de ma génération, c'est aller au théâtre qui nous a donné envie de faire ce métier. Aujourd'hui, c'est différent. Les élèves qui viennent des régions ne sont souvent jamais allés au théâtre, même lorsqu'ils viennent de villes où il existe des centres dramatiques nationaux. Cela s'explique par deux phénomènes : l'intrusion terrifiante de l'Internet et la paresse qui en résulte et, en second lieu, ce qui est peut-être politiquement moins correct, un certain échec de la décentralisation… Pourquoi, avec cette multiplication de centres dramatiques nationaux à travers l'Hexagone, le besoin d'aller au théâtre n'est-il pas plus aigu qu'au temps des tournées

Baret[2] ? J'ai remarqué qu'il y a moins de différences entre les Parisiens et les provinciaux qu'à mon époque. Le TGV a tout changé dans la vie des provinciaux. Moi, je rentrais à Mulhouse à Noël et à Pâques. Aujourd'hui, il y a des Lyonnais et des Marseillais qui emportent leur linge sale à la maison chaque semaine. Les garçons et les filles qui viennent d'au-delà de l'Île-de-France viennent désormais plus souvent de sous-préfectures que de métropoles régionales. Ils ont envie de sauter par-dessus la métropole régionale, ils n'ont pas envie d'aller à Bordeaux mais à Paris. Souvent, les gens de Bordeaux et de Lyon se disent : « Maintenant on est comme Paris. » C'est une nouveauté pour moi. Je suis un jacobin invétéré. Il est certain qu'il existe une prétention artistique des métropoles régionales qui quelquefois me soulève le cœur, ou plutôt me fait braire. Je connais mes départements sur le bout des doigts et je suis heureux que les enfants de petits bourgs et de chefs-lieux de canton viennent à nous pour devenir comédiens.

Aujourd'hui naissent plus de vocations tardives qu'avant car la société a évolué. C'est drôle, en début de saison, j'ai rencontré les nouveaux assistants de 2e année et il y a deux grisonnants parmi eux… Je ne parle pas du théâtre amateur – en province, certains font du théâtre amateur jusqu'à 70 ans –, mais pour ce qui est de l'envie d'aller dans une école de formation professionnelle au-delà de la quarantaine, moi, je n'ai pas connu ce phénomène quand j'étais jeune. J'ai un ami très proche, Jean-Marie Neubert, qui est assureur, qui a fait des one-man-shows sur le tard, mais qui n'a jamais fait d'école, il n'a pas eu cette envie. C'est une évolution. J'ai l'impression aujourd'hui que parmi les personnes qui ont un métier, il en est beaucoup qui voudraient s'en défaire, des médecins, des vétérinaires, des avocats… Bien sûr, s'ils ne réussissent pas, ce qui est la majorité des cas, ils retournent à leur dentisterie et à leurs chiens et chats. C'est un changement de société. Je trouve que parmi les grisonnants, il y a des grisonnan**tes** très bien. C'est rarissime chez les hommes. On rencontre chez les femmes de plus de 50 ans des individualités très bien. Évidemment, elles n'ont pas la faculté de se mettre dans le métier parce que les places sont occupées mais j'en vois dans notre maison qui peuvent faire ce métier aussi bien que d'autres qui y sont installées. Les femmes sont notamment beaucoup plus aptes à se défaire de ce qu'elles ont appris dans un cercle amateur et à sortir d'un cocon et d'un ronron. Les hommes pas du tout. Les femmes de 50-60 ans ont très souvent l'approbation des jeunes, ils aiment travailler avec elles. Le Cours Florent entend donner « une formation humaniste par la pratique des arts de la représentation **aux 7 à 77 ans**… ». Cette phrase, apparue il y a deux ou trois ans, est une synthèse de ma foi pédagogique. J'ai toujours eu des dames d'un certain âge extrêmement disponibles, certaines ne pouvaient pas rester longtemps à cause des petits-enfants et des obligations sociales… Je me souviens d'une personne qui, en 3e année au mois de janvier, m'a dit : « Il faut que je m'en aille, je ne peux pas terminer, c'est la pire chose qui m'arrive. »

Le rapport des parents à la vocation de leurs enfants a changé également. C'est beaucoup moins diabolique qu'avant. De mon temps, les parents ne poussaient pas leurs enfants à faire ce métier. Pas dans mon milieu en tout cas. Le théâtre se faisait en amateur dans les patronages sous la surveillance de l'évêché. Le « métier » sentait le soufre. Aujourd'hui, « mon fils est chez Florent » fait partie des saillies de dîners en ville.

L'aventure que l'on tente chez nous est un ferment pour la recherche de la plénitude personnelle. On ne peut pas interdire à qui que ce soit de tenter une aventure afin de compléter son existence. Tout cela bien sûr n'est pas sans dégâts. Notre pédagogie se voue à la confrontation de l'âme de l'individu avec les visions du monde véhiculées par les pièces de théâtre, les films et les artistes qui les illustrent et les recréent.

Vouloir faire du théâtre relève d'un choix intime et non d'une obligation et c'est une hérésie de faire du théâtre à l'école. Ce qui ne veut pas dire qu'il ne faut pas sensibiliser les lycéens à Doña Sol et à Ubu roi.

Je reste dubitatif à l'égard de cette lubie à la mode qui voudrait que l'exercice du théâtre ôte de la timidité et prodigue de l'assurance… Les arts martiaux, le trekking, la danse de salon sont là pour cela. Beaucoup de grands acteurs vous diront qu'ils sont de grands timides et qu'ils sont très gauches dans la vie, surtout quand ils font accroire qu'ils sont m'as-tu-vu. L'obligation de faire du théâtre comme des équations du second degré, non. C'est un choix, une envie par rapport à ce que l'on connaît de la vie et de soi-même, par rapport aux choses que l'on vit et que l'on veut combattre, que ce soit au moment de la puberté ou du démon de midi. Ce qui ne signifie pas que l'école doit ignorer ce qu'est le monde du théâtre et ce que le théâtre a apporté à la marche du monde. Et les meilleurs professeurs de français sont ceux qui aiment le théâtre – ce qui n'est pas toujours le cas – et surtout pas ceux qui veulent douillettement jouer au metteur en scène pour compenser l'incapacité de l'être professionnellement.

J'ai le souvenir d'un parcours libre de Premier Jet où une jeune fille beur annonçait à son père qu'elle était chez Florent. Elle voulait lui faire comprendre et le père, comme Géronte dans *Les Fourberies de Scapin*, répondait : « C'est pas pour nous… c'est pas pour nous. » J'étais allé voir la mère de Francis Huster pour lui dire qu'il devait continuer ce métier. Francis aurait dû être dentiste ou avocat ; acteur, ce n'était pas bien vu. J'ai rencontré les parents de Francis, comme les parents de Jacques Weber, mais pour Weber c'était beaucoup plus simple. Quelque chose dans l'œil du père disait « mon fils a la carrure pour faire ça », alors que chez les Huster l'opposition existait.

Et puis les petits boulots se sont multipliés : le baby-sitting, c'est récent, le baby-sitting masculin encore plus. Et le télémarketing et McDonald's. Il y a un rejet de l'université, ils préfèrent les études chez Florent. Les parents préfèrent payer pour que leur enfant fasse quelque chose qu'il aime, et encore plus qu'**elle** aime !

Je parle ici beaucoup plus des femmes que des hommes. Non pas que je les considère plus, mais elles sont plus… *versatile* comme on dit en anglais, souples et aux talents multiples – en français, c'est péjoratif ; elles s'intéressent à plus de choses, elles sont davantage préoccupées par leur âme et leur corps que les hommes. Apparemment, du moins !

Premier Jet, c'est un peu comme une radiographie de la personne. Les hommes sont toujours plus lents, plus mollassons, plus « dites-moi ce qu'il faut que je fasse », alors que les femmes sont

• Michaël Mourot, Audrey Tautou, Alexandre Chacon, Anne Suarez et Marina Hands en répétition sous la direction de Georges Bécot au Cours Florent.

plus actives. Et puis elles sont plus mûres à tous égards même si elles sont plus jeunes que les hommes. Cela dit, il y a des hommes **très** bien et tout de suite. J'ai remarqué aussi une grande différence entre les deux sexes en ce qui concerne la culture. Les hommes qui ont plus de culture, plus de connaissances, plus d'ouverture au monde progressent plus vite que les autres, alors que ce n'est peut-être pas absolument nécessaire chez les femmes. Je ne dis pas qu'il ne faut pas y penser, mais une femme peut rayonner en ayant moins de lectures que les hommes. Chez la femme existe un rayonnement plus immédiat, plus animal que chez l'homme. Les hommes très cultivés ont une capacité d'expression qui est souvent un miroir de cette culture. Mais on rencontre toujours des exceptions dans les deux sens. Je vais être taxé de sexiste terrifiant, mais il me semble que les jeunes femmes qui ne mettent en avant que leur culture s'assèchent par rapport à celles qui ont au départ le sens inné de l'offrande du cœur et du corps. Le danger chez les apprenties comédiennes est une tendance à la lacrymalité qui me fait dire qu'il ne faut pas qu'elles travaillent Antigone. Une fille qui se rend compte qu'elle a des dispositions à verser des larmes facilement transporte *illico* ce fourbi sur scène. « Je pleure facilement, j'ai donc du talent » est une assertion dangereuse.

Depuis quarante ans, il y a toujours eu plus de filles au Cours Florent. Mais la vitalité de l'École se mesure au pourcentage de garçons, 30 ou 35 %, ce n'est pas bon. Au-dessus de 40, c'est très bien. Les garçons n'ont jamais été majoritaires. S'il y a plus de filles, c'est que l'envie d'être en lumière est plus évidente chez les filles que chez les garçons, et les Balasko et autres ont défait la peur du « je suis trop grosse… ». Elles ont une envie plus grande de se montrer, les garçons ont plus envie de faire. Mais en se montrant, elles deviennent plus mûres et plus expressives. Les garçons sont souvent des loukoums dégingandés au départ. Les filles aiment le pathos, et la fleur bleue aussi. Cela oscille entre l'antigonite et le roman à l'eau de rose, de la cracheuse à la midinette. Les cracheuses, ce sont les lacrymales qui postillonnent, le contraire d'une Dominique Blanc par exemple. Au-delà d'une possible maturité et d'une feinte habileté, on entrevoit lors de Premier Jet chez Unetelle ou Untel la capacité d'exprimer les complexités de la condition humaine mais c'est très rare. On a plus souvent affaire à des faiseuses.

Les garçons, c'est différent, plutôt de l'ordre du cabotinage. Assez souvent, ils ont une tendance masquée au cabotinage. Huster et Weber, chacun à sa façon, avaient, dès l'origine, une connaissance intime de leurs possibilités de cabotin. **Être cabotin en arrivant est un atout mais rester cabotin à la sortie est répréhensible**. Lors de Premier Jet, il faut flirter avec l'émotion, mais ne pas se l'approprier tout à fait. C'est un signe de virtuosité auquel je suis très sensible. Le cabotinage n'est pas toujours péjoratif pour moi. Le grand danger chez les garçons, c'est la croyance en une séduction « Club Méditerranée ». Ou alors, à l'opposé, le gros qui se veut à la fois douloureux et comique. La disponibilité au travail n'est pas fonction de leur origine. Les gosses du XVIe ne sont pas forcément des gens paresseux, et les gosses du 9-3 ne travaillent pas forcément très bien, il n'y a aucune règle. On dira toujours que chez Florent il y a des gens du XVIe parce qu'il faut payer. Il ne s'agit pas d'amener nos chargés de cours dans les banlieues ; ce que les gosses des banlieues veulent, c'est venir chez Florent sans payer mais je n'ai pas les moyens de les contenter. Quelle que soit leur origine, riches ou pas, les gosses qui entreprennent des études chez nous ont une envie naturelle de mettre en charpie et en critique ce à quoi ils appartiennent.

L'École est un melting-pot. Des gens s'y rencontrent qui ne se seraient jamais rencontrés dans la vie. Ce matin, aux scènes de stage caméra, il y avait un garçon qui était préposé aux baisers durant toute la semaine. Toutes les filles devaient l'embrasser. Quelle semaine n'a-t-il pas passée ?! Quel souvenir incroyable… On n'a pas ces souvenirs à l'université dans la pratique de l'étude. Mais on sait rester sérieux…

Je me souviens d'une émission de radio qui avait traité l'École d'usine ; le lendemain, j'avais écrit dans toute l'École : « À l'usine on travaille. » Je connais des écoles qui ont beaucoup moins de postulants et d'étudiants mais où ils sont 60 dans une classe de formation individuelle. Cela

• Dominique Blanc, *Phèdre*,
mise en scène Patrice Chéreau,
théâtre de l'Odéon, 2003.
• Jean Gabin et Brigitte Bardot,
En cas de malheur, Claude Autant-Lara,
1958.

24

n'existe pas chez nous. Quand on y regarde de près, on se rend compte que les classes (je ne suis pas contre le mot « classes ») sont tout à fait normales, il y a juste plus de classes que dans d'autres écoles. J'ai moins d'élèves que le proviseur du lycée Janson-de-Sailly, *ergo* le lycée Janson-de-Sailly est une plus grande usine que l'École Florent.

J'ai lu l'autre jour dans le dépliant publicitaire d'une école de théâtre : « La pédagogie sera adaptée au groupe qui sera formé. » Je pense le contraire. Notre pédagogie n'ignore pas le caractère singulier de chacun et le programme est un itinéraire qui comporte des allées de traverse et même des labyrinthes. Il détourne les élèves apprentis de leurs prétentions premières.

J'appelle les élèves des « apprentis » en référence à l'apprenti charpentier. On rabote, on est artisan. C'est l'apprentissage d'un artisanat et c'est là que se situe le mystère. **On peut apprendre un artisanat, mais passer de l'artisan à l'artiste, du charpentier à l'ébéniste Jacob est une chose qui ne s'enseigne pas.** Là, il y a… « la main de Dieu ». Un mystère qui dépasse la notion de talent. Un acteur est un artiste, il fait œuvre artistique, on peut l'appeler « création », oui, l'acteur est un créateur artistique, il crée par rapport à sa singularité, par rapport au scénario ou à la pièce qu'il défend. Si l'on peut dire d'un peintre « Ah, il a du métier ! », il n'est pas toujours bon qu'on le dise d'un acteur.

Faire de l'art n'est pas spontané et irréfléchi. La faculté de toucher un auditoire tient du prodige. C'est pour cela que la technique de l'acteur n'est pas chose collective. Chacun a sa technique pour arriver à ses fins, pour atteindre son public. Dans la formation, nous sommes là pour ouvrir des écluses, pour faire en sorte que l'élève soit à même de trouver sa propre technique d'expression.

En ce moment, je revois les films de Gabin ; hier, j'ai revu *En cas de malheur*. Il essaie tout le temps de faire oublier qu'il est Gabin, lui qui sait tant qu'il est Gabin… C'est un très beau chemin de croix. Dans la formation de l'acteur, il n'est pas capital d'avoir des modèles d'acteurs. Certains acteurs de renom n'ont jamais eu cette curiosité. Je défendrai certes toujours dans ma pédagogie qu'il faut avoir de la curiosité pour les autres acteurs. Mais ce n'est pas d'une évidence absolue, car elle peut engendrer du mimétisme. Un débutant doit avoir un certain détachement pour s'intéresser de la bonne façon aux grands modèles. Dieu sait que l'on a connu le james-deanisme pendant des années. Nous sommes les premiers à déplorer l'inintérêt des élèves pour les grands modèles, mais je trouve qu'ils n'en sont pas vraiment responsables. Satan est ailleurs. Je suis déjà très heureux qu'une bonne part se détache de la *Star Ac'*, qu'ils jugent médiocre. Il en est certains qui, en arrivant, songeaient à la *Star Ac'* et qui changent, ce n'est pas si mal. À Premier Jet, je me rends compte qu'il en est beaucoup qui vont au cinéma, au cinéma surtout, peu au théâtre. Ils sont hélas de plus en plus *people*.

Parfois, lors de Premier Jet, on assiste à des fulgurances. Elles sont plus faciles à capter que les impossibilités *ad vitam æternam*. Les gens qui sont exclus après Premier Jet le sont essentiellement pour des problèmes relationnels avec le groupe, sur indication insistante du chargé de cours. Notre maison couvre un grand spectre, du démarrage total à la formation professionnelle poussée. Au démarrage, je ne suis pas pour éliminer les gens dont on dit : « Il ou elle est mauvais(e). » Je pense que le mot « mauvais » ou « mauvaise » n'existe pas au démarrage. On ne peut utiliser cet adjectif que dans le sens « il est mauvais pour le groupe, pour le relationnel ». On est toujours ravi d'entendre des gens qui arrivent, qui ont des choses à dire et qui le disent avec harmonie. Mais l'expérience (pour une fois elle peut servir) m'a appris à me méfier des fulgurances; quelquefois et même souvent, elles peuvent conduire à une nonchalance dans le travail, à une paresse, un « je sais comment faire » qui ne les fera pas avancer aussi vite qu'une première impression le laissait espérer. Il y a certes une injustice au départ entre ceux qui ont des dispositions et les autres. Mais l'injustice du métier est surtout postérieure à la formation.

À Florent, on a un aperçu et on donne du crédit à ceux qui disent avec fièvre : « Je ferai partie des gens qui feront ce métier. » C'est indispensable pour progresser. Si l'on arrive vaincu, c'est inutile. Je ne prise guère le discours : « C'est encombré ! » Mais il faut les mettre en garde !

• Pie XII sur sa *sedia gestatoria.*

• François Florent, 13 ans, avec ses parents.
• Avec Yvonne Hoyle et le grand-père maternel, Xavier, à Gérardmer.

Répéter sans cesse que tout le monde ne peut pas réussir, qu'il y a toujours de la place, mais pas pour tout le monde.

■

Je n'ai pas toujours voulu devenir acteur. Quand le ministre m'a remis la Légion d'honneur, il a rappelé que je voulais être pape. À Noël 1950, ma marraine et ma grand-mère m'ont emmené à Rome pour la clôture de l'année sainte. Nous avons eu une audience avec Pie XII à Saint-Pierre. Il y avait une grande ferveur catholique dans ma famille. Pie XII était plus qu'un homme, le Paraclet peut-être. **Quand j'ai vu Pie XII sur sa sedia gestatoria, il planait quasi immatériel au-dessus de la foule ; il avait un sens inégalé de la mise en scène, j'ai voulu devenir pape. L'effet théâtral le plus saisissant de ma vie.**

La translation vers le théâtre s'est faite très vite avec la puberté, le classique des classiques… Je me souviens aussi qu'à 10 ans, pour les 60 ans de ma grand-mère en mars 1947, j'avais fabriqué une petite scène très rudimentaire en carton – dix centimètres sur dix –, j'y ai placé au milieu un petit coffret à timbres en pente, un lourd accessoire de bureau qui venait de je ne sais où, j'y ai collé un petit bonhomme découpé et j'ai lu, camouflé derrière cette minuscule cage de scène, les premiers vers de *Faust* pour ma grand-mère qui ne savait pas le français :

« Habe nun, ach ! Philosophie,
Justizerei und Medizin,
Und leider auch Theologie !
Durchaus studiert, mit heißem Bemühn
Da steh' ich nun, ich armer Tor[3] ! »

Pendant mes années d'adolescence, je voulais fréquenter la classe de diction-comédie d'Antoine Bourbon au conservatoire de Mulhouse. J'évoquais cela vaguement et mon père me répondait :

« Continue ton solfège et ton piano. » Les cours de diction-comédie étaient dans le même bâtiment mais pas au même étage. Et j'ai continué à pianoter et à faire du solfège, toujours avec cette envie d'aller dans cette salle obscurcie par une masse de rideaux. Il y avait des rideaux parce que c'était une salle d'audition pour les concerts. Antoine Bourbon était aussi professeur de diction-comédie au conservatoire de Strasbourg et directeur des émissions dramatiques de Radio Strasbourg. Je voulais absolument aller dans cette classe. Je me souviens très bien que j'ai écrit à mon père depuis l'Angleterre. Nous avions fait un échange avec une jeune Anglaise qui s'appelait Yvonne Hoyle et qui, je crois, est devenue professeur de français. Je ne l'ai pas revue depuis cinquante ans; un de mes derniers souhaits serait de la retrouver. C'était un des grands premiers flirts de ma vie… Elle était venue à Mulhouse, après j'étais allé en Angleterre et de là-bas j'ai pu écrire à mon père : « À la rentrée je veux aller au cours de diction-comédie d'Antoine Bourbon. » À mon retour, il m'attendait à la gare – j'avais pris un train de nuit de Boulogne à Mulhouse *via* Chaumont –, et il m'a dit : « Bon, tu peux y aller. »

Je me suis inscrit au secrétariat du Conservatoire sous mon patronyme, Eichholtzer François, et il fallait que je présente une scène; je me suis demandé : « Mais quelle scène ? » J'avais la chance, grâce à mes parents et surtout grâce à ma marraine, d'aller souvent au théâtre et à l'opéra, j'ai vu *Lohengrin* à 12 ans… J'allais beaucoup plus à l'opéra qu'à la comédie; les galas Karsenty, etc., ça sentait le soufre, il ne fallait pas aller voir les cocuages, les athées, les boulevardiers… Ce sera pour plus tard. On allait beaucoup voir les opérettes, le théâtre en alsacien. Très jeune, j'ai eu l'habitude de m'asseoir dans les fauteuils du parterre du théâtre de Mulhouse. Je savais donc ce qu'était la propension de l'acteur, ce qu'il avait envie de faire et ce qu'il avait envie de faire valoir. Que ce soit un chanteur, un acteur, il y avait bien un moment où il se devait se dire : « C'est là, sur scène, que je me sens vraiment exister. »

Donc, pour cette première rencontre avec Antoine Bourbon, pour mon « premier jet », j'ai

• Henry Wallis, *Chatterton*, 1856, Yale Center for British Art, Paul Mellon collection.

travaillé la scène du suicide de *Chatterton* d'Alfred de Vigny. Moi qui maintenant fais tout pour que l'on « déromantise » l'envie première de nos postulants, j'étais en plein dedans. Et j'ai répété ça chez moi. Chatterton s'empoisonne avec un flacon. Donc il fallait que j'aie ce flacon, il fallait que j'emporte ce flacon pour jouer ce poète maudit. J'aurais bien aimé qu'il y ait aussi quelques marches pour que je puisse m'écrouler comme Jean Marais dans *L'Aigle à deux têtes*, c'est ça que j'avais en tête… La question était : quel flacon ? En cours de dessin au lycée de Mulhouse, où l'on nous mettait un casque de pompier avec ombres à dessiner, nous faisions aussi des essais d'écriture avec la plume à palette et de l'encre de Chine. Nous étions obligés d'acheter un flacon d'encre de Chine pour le cours de dessin. Donc j'ai pris le flacon de l'année précédente et je l'ai précautionneusement et consciencieusement lavé ; c'est très difficile d'enlever l'encre de Chine, il faut mettre de l'eau chaude, tout ça dans le lavabo de la salle de bains… Et je suis allé avec mon flacon d'encre de Chine passer ma scène du suicide de Chatterton. Mais il n'y avait pas de marches.

J'ai passé ça d'un bout à l'autre, en faisant des effets… Bourbon m'a laissé terminer. Il y avait d'autres élèves mais en petit nombre, dont René Ehni, auteur dramatique, romancier, qui a écrit des pièces comme *Que ferez-vous en novembre ?*. Bourbon a écouté, puis une sorte de silence pesant s'est fait. J'entends encore ce silence. Je ne me souviens pas exactement de la phrase qu'il m'a dite, mais elle signifiait : « C'est pas mal, il va falloir maintenant épurer tout cela. Nous ne travaillerons pas ça, nous travaillerons autre chose. » C'était un homme impressionnant et caustique. Alors péremptoire, je rétorquai : « Je veux travailler Iago d'*Othello*, la scène avec Rodrigo, "mets de l'argent dans ta bourse". » Il me l'a fait travailler et m'a dit par la suite : « Il faudra quand même travailler des raisonneurs, Cléante de *Tartuffe*. » Et j'ai dû travailler Cléante de *Tartuffe*. Bien des années plus tard, au 3e tour du concours du Conservatoire de Paris – à l'époque des scènes imposées individuelles –, on m'a imposé Cléante de *Tartuffe*…

Antoine Bourbon est arrivé à Strasbourg après son Conservatoire de Paris ; il y était du temps d'Edwige Feuillère, et il me semble qu'il a été chez Jouvet. Il était de Saint-Jean-de-Luz, a eu l'opportunité d'aller à Strasbourg faire l'acteur et le conférencier et a passé toute sa vie à Strasbourg. Il y est enterré. Il a fini par être une personnalité strasbourgeoise, cercle plutôt fermé. J'allais le voir tous les mardis rue du Jura à Mulhouse. C'était à la rentrée 1953, j'avais donc 16 ans. Auparavant, j'avais joué Sganarelle à 14 ans dans une distribution unisexe au cercle catholique Saint-Étienne. Mes parents ne s'y étaient pas opposés car nous étions sous la direction de l'abbé Scheder qui faisait aussi le catéchisme, et je lui ai carrément imposé *Le Médecin malgré lui*.

Je me suis donc retrouvé dans la classe de diction-comédie d'Antoine Bourbon, la seule classe d'art dramatique de Mulhouse. Antoine Bourbon venait trois heures par semaine et repartait à Strasbourg par le dernier train du soir.

Que serait-il advenu de moi si mon père m'avait tout interdit ? Mon père, dès la saison 1953-1954, m'avait permis de prendre un abonnement dramatique aux galas Karsenty qui venaient à Mulhouse les mercredis et jeudis soir. Durant ma 2de, ma 1re et mon année de philo, j'ai bénéficié de cet abonnement. Les galas Karsenty, c'étaient les tournées chic et dans le programme figurait toujours après le nom de l'acteur la mention « dans le rôle qu'il a joué à Paris » ou « dans le rôle qu'il a créé à Paris ». C'était indispensable. Là, j'ai vu un tas de choses. La base, le vrai démarrage, ce sont les tournées que j'ai pu voir à Mulhouse ; mais il n'y avait pas que les galas Karsenty. L'abonnement dramatique comportait également les France-Monde Productions d'Elvire Popesco et Hubert de Malet, les galas Herbert, le Centre dramatique de l'Est, la Comédie-Française. Sur une année scolaire, l'abonnement comportait 18 ou 19 spectacles, ce qui est déjà bien.

Nous étions toute une bande de gosses de mon âge (enfin, on avait 16-17 ans) ; nous étions chasseurs d'autographes mais j'ai perdu tous les programmes. J'avais Maurice Chevalier, Pierre Fresnay, Pierre Brasseur, Fernand Ledoux, Maria Casarès, Marguerite Jamois[4]…

Mon Premier Jet à moi, ce furent à la fois les premiers vers en allemand du *Faust* de Goethe, Sganarelle du *Médecin malgré lui*, la scène du suicide

30 **de Chatterton et l'apprentissage de l'activité théâtrale en allant au théâtre dix-neuf fois par saison.** Très important, aussi, d'avoir vu Maurice Chevalier, Gilbert Bécaud, les étoiles de l'Opéra de Paris avec Serge Lifar qui dansait et Max Bozzoni. Pour gagner de l'argent en dehors de l'Opéra de Paris, les étoiles organisaient des tournées avec un seul pianiste, sans orchestre. Et puis j'ai aussi vu les spectacles du Centre dramatique de l'Est, dirigé par André Clavé : *On ne badine pas avec l'amour*, *Le Misanthrope*, *Intermezzo*. Cela a conforté ma vocation. Grâce à ces acteurs « décentralisés », je me suis rendu compte que c'était ce que je voulais faire, jouer ces personnages, aller vers ces textes. Mais quand les galas Karsenty arrivaient, avec Pierre Fresnay dans *Les Cyclones* de Jules Roy, Edwige Feuillère dans *La Dame aux camélias* (le jeune premier était joué par Jacques Dacqmine[5]), Maurice Escande dans *Andromaque*, etc., je me disais : « Il faut que j'aille à Paris, c'est bien joli les histoires de ces types qui viennent de Strasbourg pour jouer Molière, mais la reconnaissance du public c'est ceux des Karsenty qui l'ont. » Les gens prenaient l'abonnement mais donnaient leurs places à des cousins quand c'était une représentation du Centre dramatique de l'Est; les abonnés se déplaçaient pour les vedettes… Je me trouvais donc face à ce dilemme : « Le fait d'acter de grands textes est une chose que je veux absolument faire, mais je ne peux pas rester en Alsace. » Quand je voulais être curé, c'était pour être pape. En voulant devenir acteur, je n'avais qu'un seul rêve : être sociétaire de la Comédie-Française.

Nous habitions loin de la gare de Mulhouse, les cours du lycée terminaient à midi moins vingt. À la maison, nous déjeunions vers midi et quart, et il fallait être à l'heure. Le mercredi, j'allais à midi moins vingt du lycée à la gare de Mulhouse acheter *La Semaine de Paris* qui sortait le mercredi et ne se vendait qu'au kiosque de la gare pour les gens qui allaient à Paris; à l'époque je courais bien, et je faisais en sorte d'être à table à midi vingt à l'autre bout de la ville.

Mes parents occupaient un appartement de fonction au-dessus de la Caisse d'assurance accidents agricole que mon père dirigeait; l'appartement avait la même superficie que les bureaux du dessous, j'avais une très grande chambre avec une salle de bains attenante. Mon père m'avait donné son bureau à tiroirs. Après le déjeuner, je m'y installais et lisais à haute voix *La Semaine de Paris* : « Opéra de Paris, lundi 20 heures, *Les Indes galantes*, Jean-Philippe Rameau, mise en scène Maurice Lehmann… » Entre parenthèses, il y avait le nom des personnages – Pierre Dux (Alceste), Jean Debucourt (Philinte) ; ça n'existe plus de nos jours, ni dans *Pariscope* ni dans *L'Officiel des Spectacles*. L'ordre était immuable : Opéra, Opéra-Comique, Comédie-Française salle Richelieu, Comédie-Française salle Luxembourg, après venaient les théâtres de boulevard. Et je lisais à haute voix les distributions entières : *Donogoo* de Jules Romains (énormément de personnages), puis *Horace* : Jean Yonnel (le vieil Horace), Paul-Émile Deiber (Horace), André Falcon (Curiace), Thérèse Marney… avec une voix de stentor, et personne ne venait me déranger, mon père et ma mère me laissaient lire. C'était comme faire une annonce radiophonique avant les représentations. À l'époque, il y avait des retransmissions de théâtre le dimanche à 13 h 20, en différé mais présentées comme du direct. À la Radiodiffusion française, l'onctueux speaker Jean Toscane annonçait les distributions ; on entend sa voix dans *Les Diaboliques* de Clouzot, ronronnant le succulent « Mesdames, messieurs vous avez entendu *On ne badine pas avec l'amour d'Alfred…* ». Il commentait aussi, « le rideau se lève, Untel est un peu dans l'ombre, il s'approche… », et dès que les acteurs parlaient il se taisait bien sûr ; j'imitais Jean Toscane.

J'avais la frénésie du mercredi : acheter *La Semaine de Paris*. Elle faisait partie à l'époque d'un groupe de presse qui s'appelait Jean-Pierre Mauclaire qui éditait aussi des revues pornographiques, avec des publicités où je voyais des seins, c'était important ça ! Je regardais la distribution de la Comédie-Française et en dernière page on lisait « Achetez *Paris-Hollywood* ». Je n'aurais jamais osé acheter *Paris-Hollywood* à la gare de Mulhouse… Donc en 2de et en 1re (d'ailleurs j'ai redoublé ma 2de), le mercredi matin j'achetais *La Semaine de Paris* et le soir j'allais au **théâtre**. Le mercredi était le jour le plus important de la semaine. Les cours de diction-comédie, c'était le mardi après le lycée, de 5 heures à 7 h 30, puis l'ineffable mercredi, qui précédait le jeudi, alors jour de congé.

MAJESTIC FILM
présente
LOUIS JOUVET
SIMONE RENANT
BERNARD BLIER
et SUZY DELAIR
dans un film de
HENRI-GEORGES CLOUZOT
QUAI DES ORFEVRES
GRAND PRIX INTERNATIONAL A LA BIENNALE DE VENISE

• Affiche de *Quai des orfèvres*, Henri-Georges Clouzot, 1947.

• Affiche de *La Beauté du diable*, René Clair, 1949.
• Gérard Philipe et Michel Simon, *La Beauté du diable*.

• Marianne Schönauer et Ewald Balser, *Eroica*, Walter Kolm-Veltée, 1949.
• Ewald Balser, *Eroica*.

J'allais aussi au cinéma, bien sûr. À Mulhouse, il y avait le Vox, le Casino, le Palace et le Corso. Et le Thalia, au fond d'une cour, qui projetait les séries B américaines. C'était une très belle salle, un peu vaudeville. Pendant la guerre, j'y allais avec mes parents pour voir des revues de fin d'année. Mais aller au cinéma n'était pas dans la ligne exacte de l'évêché de Strasbourg. À l'époque paraissait *Radio Cinéma*, qui est devenu *Télérama*, la grande édition des dominicains qui se vendait à la porte de l'église. Après ma communion solennelle, je vendais les journaux catholiques à la porte de l'église Saint-Étienne avec un copain, on faisait ça de 7 heures à midi, on vendait les hebdomadaires des évêchés de Strasbourg et de Metz qui étaient rédigés en français et en allemand. À la fin de la guerre, il y avait énormément de journaux allemands, et notamment ceux de l'évêché, comme le *Christliches Völkisches Tagblatt*. *La Vie catholique* venait de Paris. J'allais à la messe très tôt le matin pour pouvoir aller au stand ensuite. Le mercredi, je voyais des pièces comme *Un nommé Judas* de Claude-André Puget avec Paul Meurisse, qui n'était pas vraiment aux yeux de l'Église la vision orthodoxe de Judas…

À partir de 1952, j'allais voir pratiquement tous les films qui sortaient. *Quai des orfèvres* et *La Beauté du diable* m'ont beaucoup marqué. Mais l'argent de poche me manquait, j'y allais deux ou trois fois par semaine. Il fallait que j'aille au cinéma à 16 heures pour être rentré à 18 heures. Et il m'est arrivé d'ouvrir le porte-monnaie de ma mère et d'y prendre de l'argent pour aller au cinéma. Ma mère avait remarqué mes larcins, elle n'en a jamais rien dit et laissait même son porte-monnaie en évidence pour que je puisse y puiser. On ne m'a jamais fait de reproches, on ne m'en a jamais parlé. Je n'ai jamais volé d'argent pour autre chose. À 18 heures, j'étais rentré. À l'époque, je préférais l'hiver à l'été parce qu'il faisait sombre plus tôt. En rentrant, je ne parlais pas du film que je venais de voir. Ma culture cinématographique est vraiment due à ce porte-monnaie boursouflé et ventru de ma mère. C'était un admirable non-dit, puisqu'elle mettait ce porte-monnaie en vue, exprès. De temps en temps, j'allais aussi au cinéma avec mes parents. Ce

• Affiche d'*Une place au soleil*, George Stevens, 1951.
• Montgomery Clift et Elizabeth Taylor, *Une place au soleil*.

n'étaient pas les mêmes films. C'étaient des films plutôt bien-pensants, *Monsieur Vincent* de Maurice Cloche avec Pierre Fresnay, par exemple. Ce qui gênait mes parents, c'étaient les bandes-annonces des films à venir. Elles avaient toujours des scènes un peu corsées, il fallait faire de l'accroche.

Je faisais des classements avec des notes : Dany Robin 7,5 sur 20… **Je mettais des notes aux films et aux acteurs, déjà…** La meilleure note revint à Ewald Balser[6], un acteur allemand qui jouait Beethoven dans *Eroica*, en compétition à Cannes en 1949. Il y avait trois éléments. La note des films, les critiques que j'écrivais et les notes des acteurs. Je suis tombé amoureux fou d'Elizabeth Taylor après avoir vu *Une place au soleil*. Je voulais fuir Mulhouse et me rendre à Hollywood pour la rencontrer. Je suis resté deux jours au lit prétextant une fièvre, en fait j'étais malade d'amour. J'en ressens encore les effets…

Je me souviens de *La Tunique*, le premier film en cinémascope mais j'aimais beaucoup les films français. J'ai toujours mal noté Fernandel sauf dans *Meurtres*[7]. Danielle Darrieux, en revanche, obtenait toujours des notes exceptionnelles. Il y avait des paradoxes : je notais mal Françoise Arnoul alors qu'elle m'excitait terriblement. Le puceau de bénitier que j'étais à 15 ans ne pouvait qu'être affolé par Françoise Arnoul qui n'en avait que 19 dans *Nous irons à Paris* de Ray Ventura, que 22 ou 23 dans des films aux titres tentateurs : *La Rage au corps* (Ralph Habib), *La Plus Belle Fille du monde* (Christian Stengel), *Le Désir et l'Amour* (Henri Decoin), *Le Fruit défendu* (Henri Verneuil). En voyant Françoise Arnoul, dont je guettais gloutonnement l'arrivée des films à Mulhouse, ma détermination d'aller à Paris grandissait à la mesure de l'effet physique qu'elle me procurait. Je notais donc bien Danielle Darrieux, qui était d'une extrême sensualité pour un jeune homme, mais Arnoul m'excitait plus. Tous ces documents étaient dans le tiroir de mon bureau. Quand j'étais au lycée, on ne pouvait pas ne pas les consulter, mes parents étaient sûrement au courant. On savait que j'avais vu tel ou tel film… Le film que je n'ai pas vu à cette époque, c'est *Le Blé en herbe* de Claude Autant-Lara, parce que le maire en avait interdit la projection par décret pour « troubles à l'ordre public ».

• Gérard Philipe et Renée Faure,
La Chartreuse de Parme, Christian-Jaque, 1948.
• Renée Faure, *La Chartreuse de Parme*.
• Danielle Darrieux, « La Maison Tellier »
dans *Le Plaisir*, Max Ophüls, 1952.

Évidemment, je me basais sur les appréciations de l'Office catholique du cinéma qui paraissaient dans *Radio Cinéma*. Je les prenais en considération, d'une part, pour me conformer à ce qui était l'usage pour ma famille et ma religion et, d'autre part, pour courir voir des choses déconseillées et à l'index. *Radio Cinéma* faisait double emploi. Cette fréquentation assidue des salles obscures grâce aux subventions de ma mère a été elle aussi déterminante dans ma vocation.

Il y a cinq ou six ans, j'ai organisé un déjeuner avec les anciens collègues de mon père et je les ai sondés. Je savais, même si c'était un autre non-dit, que mon père avait une maîtresse à Mulhouse. Je ne sais pas si ma mère était au courant ou non, en tout cas, c'est à cette époque qu'elle s'est mise à boire… Mon père partait tôt du bureau en voiture pour se rendre dans un coin de la ville où il rejoignait cette dame de 5 à 7. C'est parce qu'il avait cette maîtresse et que je le savais en ville – une ville de province somme toute de grandeur moyenne – que j'avais cette permission tacite de me faire des toiles en douce. Il savait que je pouvais le rencontrer, d'ailleurs je l'ai vu un jour dans sa 202 avec sa dulcinée à l'intérieur… il a donné un coup de volant pour m'éviter, en vain… Nos regards se sont croisés. Il savait qu'il n'avait plus l'autorité pour m'interdire d'aller au cinéma, il avait la frousse que je cafte au dîner.

C'est à cette affaire adultérine qu'est due ma petite culture cinématographique qui m'a amené à vouloir être sociétaire de la Comédie-Française, pas comme André Falcon qui ne faisait pas de cinéma mais comme Louis Seigner et Debucourt. Je rêvais qu'un jour j'irais à la grand-messe du dimanche à l'église Saint-Étienne à Mulhouse au bras de Renée Faure, brillante jeune sociétaire de la Comédie-Française qui faisait du cinéma. Pendant un certain temps, elle a été la femme idéale, plus que Danielle Darrieux que je trouvais plus inaccessible… et qui n'était pas à la Comédie-Française !

Le cinéma, c'était pour faire le métier différemment et le faire dans sa plénitude, la télévision n'existant pas, bien entendu. **Le répertoire classique n'était pas suffisant et je ne voulais pas jouer les bellâtres, je voulais jouer ce que jouait Jean**

Debucourt. Je rêvais de jouer du Montherlant. Je ne sais pas pourquoi j'avais cette admiration pour Montherlant qui est vraiment passée depuis… Il y a une vacuité du style qui n'a aucun rapport ni avec l'engagement que l'on demande à un jeune acteur, ni avec son potentiel émotionnel. Montherlant est une statue grecque en plâtre. J'avais aussi beaucoup d'admiration pour lui parce que j'avais lu *Les Jeunes Filles*; j'aimais son attitude à l'égard des femmes; j'ai beaucoup évolué là-dessus. C'était alors l'auteur dramatique le plus joué. On était dans les hautes sphères. C'était l'époque de la création de *Port-Royal*. Lors d'un voyage à Paris avec mes parents, j'ai vu Debucourt dans le rôle de Péréfixe, paré de son merveilleux habit d'archevêque à la Philippe de Champaigne. C'est cela que je voulais jouer. Debucourt avait une élégance que je rêvais d'acquérir. Je n'avais pas forcément envie d'être cité au-dessus du titre. Au cinéma, Debucourt l'était très rarement. J'ai toujours voulu être sociétaire de la Comédie-Française comme Jean Debucourt, à qui je donnais inlassablement d'excellentes notes. Il était partout, dans tous les films, il n'arrêtait pas de tourner. Il jouait Philinte, Cléante, tous ces rôles-là, et il faisait du cinéma avec André Cayatte, Yves Allégret, Sacha Guitry aux côtés de tous les grands… Quand j'avais 15-16 ans, un critique de cinéma a conclu un papier dans un journal de Mulhouse par : « Toujours aussi excellent ce Jean Debucourt, qui vient de mourir. » J'ai écrit au journal, disant que M. Debucourt jouait ce soir-là à la Comédie-Française et qu'il était bien vivant. Ils ont fait un rectificatif. Je n'ai jamais rencontré Jean Debucourt. Quand je suis entré au Conservatoire en octobre 1957, il y était professeur mais il était atteint d'un cancer et n'enseignait plus beaucoup; il est mort en mars 1958. Je l'ai croisé deux ou trois fois au Conservatoire, il avait une barbe genre albinos et on chuchotait dans les couloirs : « C'est M. Debucourt, il est très malade. » J'ai assisté à son enterrement et j'en ai écrit un récit.

Je suis resté chez Antoine Bourbon de septembre 1953 à juin 1955. À l'un des concours de fin d'année du conservatoire de Mulhouse, j'ai fini par passer ce fourbe de Iago qui me tenait tant à cœur. Pendant ma 2e année, – j'étais en philo –, nous avons créé avec des camarades de

• Jean Debucourt et Annie Ducaux, *Port-Royal* de Montherlant, mise en scène Jean Meyer, Comédie-Française, 1954.

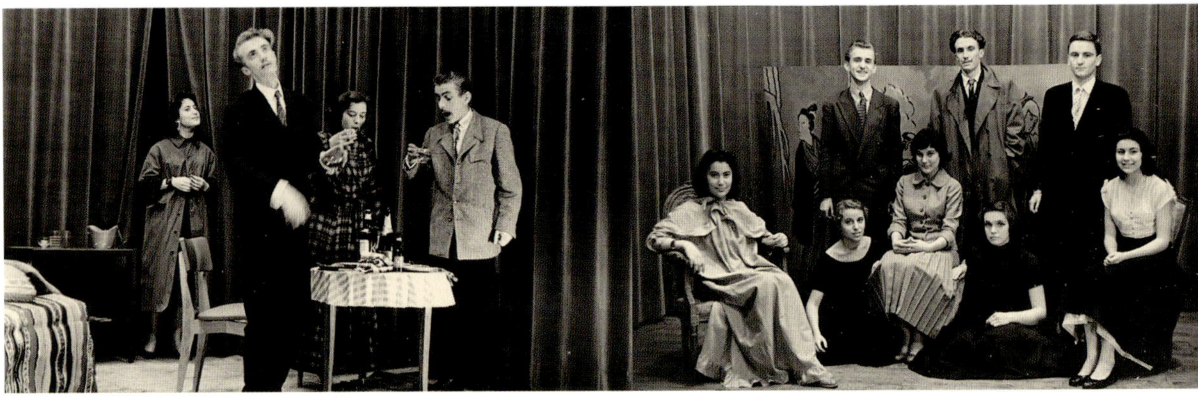

la classe de Bourbon le Théâtre de Poche de Mulhouse. Il était abrité par le conservatoire de Mulhouse parce que la fille du directeur, Suzanne Bergmann, en faisait partie. Nous avons joué dans la salle où nous avions cours, rue du Jura. Sous la direction de Paulette Schlegel, qui est devenue par la suite professeur au conservatoire de Mulhouse, nous avons joué *Les Jours heureux* de Claude-André Puget. La pièce, créée par François Périer, était très à la mode. Je jouais Olivier, le frère cynique qui n'était pas du tout heureux de l'intrusion d'un jeune aviateur qui séduisait sa sœur. C'était déjà un méchant. Je ne voulais pas jouer les jeunes premiers. Je ne me plaisais pas, je n'avais aucun désir de séduire le public. J'avais envie d'inspirer la terreur et la pitié. Ça a duré très longtemps : à mon dernier concours du Conservatoire de Paris en juillet 1960, j'ai passé Salluste de *Ruy Blas*. Curieuse continuité… Chatterton, c'était le héros romantique, et ça s'est transformé en terreur et pitié. Je trouvais que pour s'imposer sur une scène, c'était plus intéressant.

Après avoir joué *Les Jours heureux*, j'ai passé le bac. J'avais dit à mon père : « Après le bac, je vais à Paris. » Il m'a dit : « Tu vas aller à Strasbourg, tu auras le même professeur. » Donc propédeutique à Strasbourg, dans une chambre d'étudiant chez un peintre qui s'appelait Albert Heckenhauer ; il a fait mon portrait. Au conservatoire de Strasbourg, j'ai rencontré Jacques Charrier[8] dont le père était militaire à Strasbourg. Brialy était parti l'année précédente, son père y avait aussi été militaire.

Le Théâtre de Poche de Mulhouse existait toujours. En janvier-février 1956, nous avons joué *La Lune est bleue* de Hugh Herbert. J'avais lu cette pièce dans *Paris-Théâtre*, elle avait été créée par Jacques Dacqmine. Je jouais son rôle. Je voulais jouer le rôle de Dacqmine et pas celui de Gérard Séty qui faisait l'embobineur marrant. Dacqmine s'était vieilli, il s'était grisonné, alors à 19 ans, je me suis grisonné les tempes. C'est moi évidemment qui avais imposé la pièce. J'étais toujours puceau et je me souviens très bien qu'une des femmes les plus belles de Mulhouse, qui avait dans les 50 ans, m'a fait une cour incroyable après une représentation. Je regrette toujours

• Au Théâtre de Poche de Mulhouse : *La Lune est bleue* de Hugh Herbert, février 1956 ; soirée Courteline/Prévert, mars 1956.

• Au conservatoire de Mulhouse, en réplique à deux scènes de fin d'année : *Les Plus Beaux Yeux du monde* de Jean Sarment (Napo) ; *Antigone* d'Anouilh (Créon).

de n'avoir rien fait avec elle. Pourquoi cette femme de 50 ans était-elle attirée par un gosse de 19 ans qui voulait en paraître 40 ?

Au conservatoire de Strasbourg, j'ai travaillé des textes comme *Le Bout de la route* de Giono, *Maître après Dieu* de Jan de Hartog… Et j'ai concouru dans *Le Maître de Santiago* de Montherlant. Pourquoi ce personnage à la Zurbaran ? Toujours ce danger qui rôde : le choix littéraire au lieu du bon choix de la crédibilité juvénile ! J'ai eu un 2e prix et un 1er prix de diction. J'avais choisi la scène avec tous les ministres. J'avais sept camarades – dont Jacques Charrier – qui me donnaient la réplique avec des costumes de l'Opéra de Strasbourg ! Et Bourbon m'a laissé faire… Le concours de diction consistait en un déchiffrage et un poème. Je le faisais très bien, pour un Alsacien germanophone.

Quand j'ai eu ces prix, j'ai dit à mon père : « Je prends le train de Paris pour passer le concours d'entrée du Centre de la rue Blanche… »

• Christian Croset, chargé de cours depuis vingt ans, tire le starter

Moteur

Moteur est l'échéance de 1re année qui se déroule juste avant Noël. Elle a pour objet de faire travailler aux élèves l'improvisation, la technique, l'énergie vocale, et de mettre en évidence la sensibilité et les capacités d'expression au cours d'exercices collectifs et individuels.

Avant, je faisais dire des textes sans bouger, en solitaire, cela s'appelait *La Parole*. C'était extrêmement balisé. Je voulais que cela ressemble à la solitude du chanteur de lieder dans son creux de piano, absolument sans mise en scène.

Aujourd'hui, il s'agit d'une sorte de parcours libre enserré dans une technique et un texte de référence choisi par le chargé de cours (poème, extrait de roman…). À un certain moment, il y a eu aussi de la lecture à vue. Je l'ai abandonnée… parce que, maintenant, des gens de belle qualité ne savent pas lire et les soumettre à cet exercice serait néfaste… et malgré la sacro-sainte pluridisciplinarité voulue dans notre maison, je n'en suis pas encore à ouvrir des classes d'alphabétisation.

Du temps de *La Parole*, c'était très dirigiste. Je me souviens d'une année *Georges Simenon* : tout le monde devait lire un roman et en présenter une description suivie d'une adresse dialoguée.

J'ai fini par remarquer qu'il valait mieux laisser faire les chargés de cours, d'une part, pour apparaître moins directif et, d'autre part, pour ouvrir la fenêtre à des influences nouvelles pour que la richesse de l'héritage pédagogique de mes collaborateurs s'épanouisse mieux. Chaque chargé de cours est libre de choisir le thème, cependant, il ne peut y avoir de textes de théâtre. Le travail de « scènes » est exclu. Certains chargés de cours font écrire leurs élèves. Je me souviens d'un chargé de cours qui avait donné : « Parle-moi de ta mère. »

Nous avons une obligation sévère dans notre maison : les échéances **doivent** avoir lieu, coûte que coûte. On ne peut pas les annuler. Mon devoir est de faire travailler les élèves. Il faut garder la façon de faire de mon lycée d'antan : des interrogations orales et des compositions. Les trois années sont truffées d'échéances qui s'apparentent à un contrôle continu des connaissances en langage universitaire. Cette périodicité de regards permet de mieux évaluer la perfectibilité. J'ai remarqué que les échéances sont relativement redoutées : il y a des gens qui calent devant

une échéance, qui partent juste avant. Parfois, je me dis que j'aurais plus de paix s'il n'y avait pas d'échéances, mais les gens travailleraient moins. Seules les échéances permettent un travail régulier ; c'est dans les derniers jours, les dernières heures avant une première que l'on met les bouchées doubles et, dans la formation, il faut garder l'angoisse du lever de rideau.

Le mot « moteur » est d'une évidence lumineuse : on démarre, on passe la première et on y va.

Bien sûr, cela renvoie aussi au démarrage d'un plan au cinéma : mettre en route l'ensemble des pressentiments d'expression qui bouillonnent, mettre en action les ressorts des possibilités supposées et entrevues. Quand j'ai imposé « Moteur », je ne pensais pas du tout au clap du cinéma, mais à la clé du démarreur. J'aimerais presque utiliser le mot anglais *ignition*. L'allumage, l'instant où l'on met l'étincelle. C'est presque plus proche du *Feu partout* d'Offenbach[9]. Le but est d'éveiller l'élève à la tâche de l'acteur ; du plaisir peut-être, de la corvée théâtrale et réactive sûrement. Le trac, ce trac qui accompagnera l'acteur tout au long de sa vie.

Premier Jet est une photo d'identité. Moteur, au bout de trois mois de cours, est un diagnostic plus affiné de la personnalité. Lors de cette échéance, on sonde – et c'est diablement difficile – une double progression objective et diffuse. Objective, donc mesurable pour nous ; diffuse, car intimement éprouvée par la personnalité qui se présente à nous. Nous nous devons de déceler si l'apprenti comédien commence par avoir un point de vue critique sur lui-même. Il est indispensable que les élèves passent d'abord un par un pour que le « mesurable » – note et commentaires – soit transcrit dans le *Parcours pédagogique*. Ensuite, un exercice collectif permet un échange moins… militaire.

Moteur comporte de l'improvisation, mais ce sont des improvisations dirigées. On n'improvise pas au moment de l'échéance, elles ont déjà une forme. De mon temps, on ne faisait pas d'improvisations. C'est venu après 68. Je ne suis pas un thuriféraire de l'improvisation car c'est un exercice qui peut bloquer certaines personnes, mais il faut en faire ; d'ailleurs, les élèves le demandent. Il convient d'en saupoudrer mais de ne pas en abuser. Je crois qu'il y a des acteurs extraordinaires qui sont des gens compassés et je veux que les compassés aient droit de cité dans mon école. Je me donne un devoir de non-violence à leur égard. Chaque être a sa part d'expression à lui. De mon admiration passée pour Montherlant me reste cette phrase de ses *Carnets* : « Et si mon naturel à moi était de ne pas être naturel ? » Et pourquoi pas ?

Nous mettons également en œuvre un travail technique. Le travail technique qui nous incombe consiste à faire en sorte que l'intimité parvienne aux autres. C'est le passage de la scène à la salle, ce fameux « passer la rampe » qui n'appelle pas automatiquement la force, la puissance vocale. J'oppose « énergie » à « force ». Il est inutile de trompéter le texte. Il convient de connecter la voix et la pensée afin d'entrelacer au mieux la pensée et le discours. L'auditeur dressera alors son oreille d'instinct, comme un chat. Le temps est révolu où il fallait avoir une voix de stentor pour jouer la comédie, et la singularité vocale de chacun est désormais beaucoup mieux préservée. Dans le passé, le travail technique était collectif; je crois au contraire qu'il est individuel, de l'ordre du repentant et du confesseur. **Il s'agit pour nous de mettre en évidence des résonateurs sans dénaturer les résonances de l'être.** C'est difficile mais très captivant. La technique est la mise en action des capacités corporelles et mentales qui permettent de refaire les choses, de les établir et de les fixer. La voix ne doit pas être considérée uniquement comme le porte-voix de la chose théâtrale, de la scène vers la salle. Il faut trouver des moyens pour que la technique propre de l'élève lui apparaisse de plus en plus. C'est une des raisons pour lesquelles je suis fluctuant dans les modules, on n'approche pas de l'idéal; je pense que faire les exercices de diction de Gravolet[10], etc., c'est dépassé. Parce qu'il n'y a pas de recette à donner aux copains. « Moi, je fais comme ça mais je ne sais pas si toi, tu dois faire comme ça. » En tout cas, il y a une part de mystère dans la technique personnelle, une part de brevet que l'on n'a pas envie de vendre. Codifier une technique d'expression n'est pas souhaitable dans la formation. C'est pour cela que chez nous il n'y a pas de « méthode » mais un « programme ». « Jeter dans l'esprit des semences et non des plantes toutes venues », disait Joubert. D'ailleurs tous ceux qui s'illustrent dans ce métier vilipendent tout ce qui est codification d'une technique.

Moteur se doit aussi d'être un moment pédagogique qui tisse de nouveaux liens entre le chargé de cours et l'élève. Une sorte de cordée pour le restant de la 1re année. Il faut qu'après quelques mois passés avec un chargé de cours il reste un souvenir, même ténu, mais un souvenir qui persiste des années et des années. Un mot, une attitude, un ridicule même suffisent, une relation particulière entre l'élève et la singularité pédagogique de son chargé de cours dans un double exercice individuel et collectif. L'exercice collectif est là pour que les rapports s'intensifient, pour que la mayonnaise prenne dans le groupe et il faut une échéance avant Noël pour que le groupe reste soudé.

Le but du chargé de cours est de mettre à jour un potentiel émotionnel chez l'élève. **Les chargés de cours, les artistes formateurs, sont entre le psychanalyste, la sage-femme et Bernadette Soubirous.** Leur travail n'est pas fondé par la psychanalyse, parce que je crois que les surprises pathologiques en psychanalyse sont extrêmement constructives pour l'art de l'acteur et qu'elles doivent être préservées. Un peu sage-femme, c'est vrai ; nous sommes là pour faire re-naître. Bernadette Soubirous aussi ; chez le formateur, je cherche l'émerveillement pour faire contrepoids à l'esprit critique. Dénicher un chargé de cours est devenu ma tâche la plus délicate. Je n'aime pas du tout le mot « professeur », parce que le professeur est quelqu'un qui inculque des connaissances, et je trouve que les chargés de cours, les formateurs, sont des épanouisseurs, des accoucheurs-accoucheuses, des sages-femmes. Il y a quelque chose de ce genre. Je n'aime pas non plus le mot de « pédagogue », qui est péjoratif, notamment chez Molière : « Il lui faut un mari et non pas un pédagogue, etc. » Je trouve qu'aucun des termes n'est adéquat. Et je cherche depuis quarante ans. Le terme de « chargé de cours » est le moins pire. Je n'écarte pas, dans une acception large, le mot « maître ». Pas pour le côté « il a un grand nom, il a des titres », mais comme quelqu'un qui accompagne par sa sagesse, son savoir… Je n'ai

pas de mot idéal. Alors j'ai mis « chargé de cours ». Il est important de préciser qu'un cours de théâtre au sens où je l'entends n'est pas une auberge espagnole, on y fait des choses calibrées et programmées. C'est en vertu des connaissances que vous avez de l'individu en face de vous que vous pouvez repérer son monde émotionnel. C'est pour cela que je reste convaincu que notre pédagogie – utilisons le mot qui est commode – est d'abord singulière et ne peut pas passer par le canal de l'Internet. Elle demande une proximité physique continuelle à la fois des partenaires et de celui qui guide. Le formateur, c'est celui qui doit, quand il parle d'un personnage (je reviendrai sur le mot « personnage ») ou quand il met en route un personnage avec l'élève, savoir quelles sont les priorités émotionnelles de ce dernier, savoir d'où il vient et qui il est pour tracer sa « courbe émotionnelle », à nulle autre pareille.

La moitié des chargés de cours sont acteurs et l'autre metteurs en scène. Je crois que quand on est chargé de cours, on ne peut pas être totalement acteur et totalement metteur en scène. Là où la route bifurque, c'est qu'un metteur en scène doit avoir un résultat de spectacle alors que nous avons à insuffler des vérités premières. Les chargés de cours viennent d'horizons divers car je veux que l'École soit ouverte à des gens très différents. Même les chargés de cours qui ont été élèves à l'École ont des appropriations artistiques, dues à leurs rencontres, qui ne sont plus les miennes. Les jeunes acteurs qui sortent de notre École de formation doivent pouvoir répondre aux sollicitations de n'importe quel metteur en scène qui a envie de les employer. S'il y a des chargés de cours acteurs et d'autres metteurs en scène, je privilégie toujours le chargé de cours acteur. Le metteur en scène a tendance à oublier qu'il est avant tout pédagogue, formateur, souvent le virus de la mise en scène réapparaît. Le chargé de cours acteur n'a pas cette démangeaison permanente. Bien entendu, il faut faire appel à des acteurs qui ont une réflexion sur la fonction de l'acteur. Une heure avant la première d'un spectacle, le trac du metteur en scène n'est pas de même nature que celui de l'acteur. Le metteur en scène est absent de l'action dramatique au moment où elle se passe. Le trac de l'acteur implique la totalité de son être. C'est sans conteste une des grandes qualités de l'École : **les élèves peuvent entendre des discours complètement différents. Mais il ne faut pas que ce soit trop tôt. Ils doivent apprendre qu'en art, personne n'a totalement raison mais que l'on peut avoir terriblement tort.** Je garde des chargés de cours qui me hérissent mais dont je pense que la pédagogie apporte quelque chose à l'École. Sinon il n'y aurait pas dans cette maison la vie qu'il y a. L'honnête homme du XVIe siècle – je dis bien du XVIe – que j'essaie d'être veut garder cette confrontation, quitte à me faire du mal.

À mon avis, le Conservatoire manque de professeurs issus du privé. Pourquoi n'y verrait-on pas un André Dussollier ou un Jean-Pierre Darroussin ? Il faudrait quelqu'un qui ait la comédie chevillée au corps. La tendance à la catéchèse et au misérabilisme me gêne. Certains formateurs sont incapables de monter une scène comique, même parmi mes collaborateurs. La formation au Conservatoire ne doit pas être exclusivement tournée vers ce que produit le théâtre dit public. Il y a là un impérialisme.

Un chargé de cours n'est vraiment intéressant que s'il a des manques. **Ce sont les manques qui font la saveur, fût-elle vinaigrée, de la vie.** Au-delà de tous les héritages artistiques dont ce chargé de cours peut se prévaloir, il lui faut absolument avoir une capacité de séduction sur les élèves. À l'opposé, un chargé de cours qui ne cherche qu'à séduire les élèves est suspect. Mais s'il n'y a que de l'aversion, on n'arrive pas à grand-chose non plus. Si un chargé de cours a cette démarche sadique de se dire « je veux que l'on me haïsse » – ça existe –, c'est aussi pernicieux que « je veux que l'on m'aime ».

Je suis très attaché au professeur principal qui, par nature, prend en compte le destin commun d'une classe, qui sait intégrer la singularité de chacun dans un dessein collectif, qui ausculte durant toute une année les impatiences, les essoufflements, les turbulences du cœur, qui veille à la cohésion, qui ramène les attardés, qui oblige à une éthique. Le professeur principal se doit d'être un généraliste qui met ses envies, ses délectations propres de côté pour traiter à égalité

• Jean Meyer et Julien Green, répétition de *Ombre*, Théâtre Antoine, 1956.

tous les genres, qu'ils soient de divertissement ou d'apologétique politique, d'un autre temps ou d'aujourd'hui, qu'il sache faire travailler aussi bien Chrétien de Troyes que Neil Simon, parler avec le même respect de Cecil B. DeMille et d'Ozu et qui, plus que tout, prend autant à cœur le défrichage des débutants que le maniement des élèves comédiens en fin de cursus.

■

Mon Moteur à moi, mon ignition personnelle, ce fut indiscutablement la locomotive qui s'ébranle de la gare de Mulhouse pour mon installation à Paris. En juin 1956, j'ai pris le train avec Jacques Charrier pour passer le concours de la rue Blanche. Mon père n'était pas tout à fait d'accord, mais il n'y avait pas de désaccord fondamental non plus. La rue Blanche, c'était l'antichambre du Conservatoire. Jean Meyer était directeur artistique de la rue Blanche et professeur d'ensemble au Conservatoire. Je me présente rue Blanche dans Pyrrhus d'*Andromaque*, « La Grèce en ma faveur… ». Et je suis reçu pour la rentrée du 24 septembre 1956.

Le 10 juillet 1956, je suis parti avec ma grand-mère aux États-Unis. Nous nous sommes envolés d'Orly en Super-Constellation pour rallier New York en quatorze heures. Pourquoi allait-on là-bas ? Ma grand-mère avait 69 ans et allait voir ses frères et sœurs pour la première fois de sa vie. Son père s'appelait Albert Dischler et était parti aux États-Unis avec des copains en 1888. Il s'est établi là-bas. On faisait venir les femmes plus tard. Sa femme, Alphonsine, habitait chez des amis à côté de Mulhouse et ces amis n'ont jamais voulu qu'elle parte avec son bébé qui venait de naître. Alphonsine est partie sans son bébé, qui devait partir plus tard avec un autre convoi. Mais ses parents adoptifs, les Schlienger, qui n'avaient pas d'enfants, n'ont pas voulu laisser partir le bébé. Albert et Alphonsine ont eu d'autres enfants aux États-Unis, et ma grand-mère a grandi à côté de Mulhouse, elle a rencontré mon grand-père, ma mère est née, la Première Guerre mondiale a éclaté… Albert et Alphonsine ne sont pas revenus la chercher quand elle était enfant. Il y a une énigme. Alphonsine est revenue en Alsace en 1929, donc quarante ans plus

• Aux États-Unis, été 1956.

tard. Elle a vu sa fille mariée, lui a parlé de ses frères et sœurs, et elle est repartie. Albert – mon arrière-grand-père donc – est venu en 1937 ; sur une photo, je suis dans ses bras. Il est reparti et ils sont morts dans les années 1940. Il y a eu échange de lettres, des colis après la guerre, envoyés par l'un des frères de ma grand-mère, l'oncle Louis.

En 1956, ma grand-mère a décidé d'aller en Amérique pour enfin connaître ses frères et sœurs, et elle a voulu que je l'accompagne. Nous avons atterri à l'aéroport d'Idlewilde, puisque à l'époque Kennedy n'était que candidat à la vice-présidence avec Adlai Stevenson. Tous les frères et sœurs étaient à l'aéroport, sauf l'aînée, Anna. Elle était très malade, à l'hôpital. Nous sommes allés la voir, ma grand-mère et elle se sont parlé en alsacien. Trois jours après, Anna mourait. Il y avait une grande différence d'âge entre ma grand-mère et son plus jeune frère qui est mort il n'y a pas si longtemps. On passait quinze jours chez l'un, quinze jours chez l'autre. C'était l'année de *Bus Stop* et de *The King and I*. J'ai été au Radio City Music Hall et j'ai vu Edward J. Robinson au théâtre. Nous étions beaucoup chez l'oncle Louis. Il est devenu maire de sa ville, à côté de Jersey City. C'était celui des frères et sœurs qui changeait de Cadillac chaque année. Il m'a dit : « Si tu restes ici, je ferai ton destin et ta carrière aux États-Unis. » Je lui ai dit non : « Je veux faire du théâtre à Paris. » Le 10 septembre 1956, nous sommes rentrés.

À la rue Blanche, je ne m'appelais plus Eichholtzer mais Florent. Les Eichholtzer sont venus en Alsace aux alentours de 1680, Louis XIV voulant repeupler l'Alsace avec des Autrichiens catholiques cédés par Léopold Ier, car les Suédois avaient massacré les catholiques rhénans pendant la guerre de Trente Ans. Les Eichholtzer seraient originaires des environs de Linz, c'est un ambassadeur d'Autriche en Thaïlande qui me l'a appris. Saint Florent a été évêque de Strasbourg, le prénom était donc très répandu dans le Bas-Rhin, comme Richarde et Odile, les deux saintes du coin. Mon grand-oncle s'appelait Aloïs et mon grand-père Florent. Aloïs et Florent ont quitté la ruralité de Heiligenberg pour la cité ouvrière de Mulhouse. Florent travaillait à

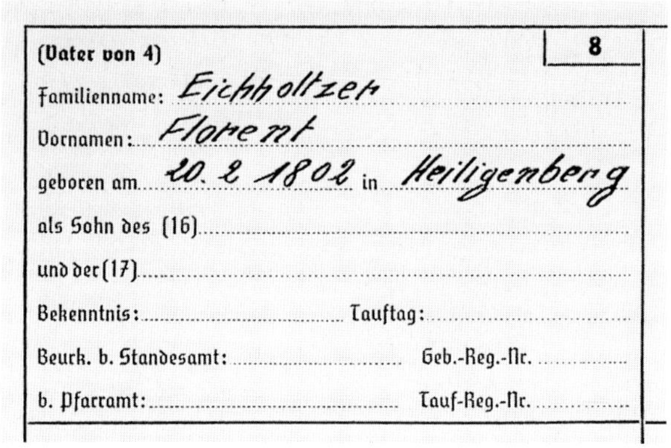
(Vater von 4) 8

Familienname: Eichholtzer

Vornamen: Florent

geboren am 20. 2 1802 in Heiligenberg

als Sohn des (16)

und der (17)

Bekenntnis: Tauftag:

Beurk. b. Standesamt: Geb.-Reg.-Nr.

b. Pfarramt: Tauf-Reg.-Nr.

• Extrait d'un livret de famille.
Ce Florent Eichholtzer est l'arrière-grand-père de François Florent.

• Daniel Lecourtois à l'École de la rue Blanche, vers 1960.
• *La Vérité sur Bébé Donge*, Henri Decoin, 1952. Au centre, Daniel Lecourtois.

l'octroi de Mulhouse. Il est mort en 1931 à 49 ans, je ne l'ai pas connu, il était boursouflé sur les photos; Aloïs, je l'ai bien connu, il n'est mort qu'en 1955. J'ai été baptisé François-Xavier Florent Charles Eichholtzer. On a laissé tomber Xavier, le nom de mon grand-père maternel, que j'ai repris pour mon fils. Le 3 décembre, je fête toujours la saint François-Xavier, la fête de mon grand-père, celle de mon fils, celle de mon collaborateur François-Xavier Hoffmann et la mienne. Eichholtzer, c'était difficile à l'époque, la francité régnait à outrance, beaucoup de gens avaient des pseudonymes, donc j'ai choisi François Florent. Qu'est-ce qu'aurait été un Cours Eichholtzer ? Il y avait quelque chose dans le FF, et Florent était plus rare que Charles. Les vieux s'appelaient Charles, y compris Charles de Gaulle; Florent était un peu plus inhabituel. Et puis zut, mon père s'appelait Charles. J'ai donc passé le concours sous le nom de Florent et cela a été accepté. Ce n'est qu'au début des années 1990 que mon pseudonyme Florent est devenu officiel, accepté, légal, à la mairie du IVe.

En entrant au Centre de la rue Blanche, j'eus la ferme conviction que je venais à Paris pour toujours. Je repense souvent à cette rentrée quand je vois des nouveaux arriver chez nous. Je n'étais vraiment pas à l'aise en poussant le portail du 21, rue Blanche ce 24 septembre 1956. Tous ces garçons et ces filles qui entraient en 2e année se bécotaient à bouche-que-veux-tu; on s'embrassait, on s'embrassait et les nouveaux venus se tenaient à l'écart, et je me sentais à l'écart des nouveaux venus… C'était une telle nouveauté pour moi, les élèves du conservatoire de Strasbourg ne s'embrassaient pas, ça ne se faisait pas à l'époque dans nos régions. Les hommes politiques ne s'embrassaient pas non plus, Khrouchtchev mis à part. Il était impensable que des hommes politiques puissent se tutoyer. J'avais envie d'être à Paris et en même temps j'étais gêné. Je rougissais beaucoup. Je ne voyais pas comment acquérir l'aisance qu'avaient certains avec les filles au bistrot, dans les couloirs, sur scène bien sûr; ça me paraissait inaccessible.

J'étais dans une classe dirigée en intérim par Jean Dalmain; le titulaire de cette classe, Maurice Donneaud, sociétaire de la Comédie-Française, s'était suicidé très peu de temps auparavant, ou

était mort d'une overdose. Il était cocaïnomane, on lui enlevait des rôles au Français ; un jour il avait pris la parole devant le rideau pour dénoncer ce qui était magouille à ses yeux.

À l'époque, le concours du Conservatoire avait lieu en octobre ; à peine entré au Centre, je me suis présenté, tête baissée, au Conservatoire dans les stances de *Polyeucte*. *Le Maître de Santiago* et Pyrrhus en juin, et les stances de *Polyeucte* en octobre ! J'ai eu le 1er tour et j'ai raté le 2e. J'ai toujours prétendu que Meyer et compagnie voulaient que je reste au Centre… C'était l'excuse que je donnais à mon échec. Je suis retourné au Centre, meurtri. On distinguait les stagiaires et les élèves, lors des examens trimestriels on pouvait passer « élève » mais, au départ, tout le monde entrait comme stagiaire ; il y avait déjà en ce temps-là une sorte d'accord avec la Sécurité sociale. J'étais donc stagiaire.

Dalmain a été très vite remplacé par Daniel Lecourtois, devenu titulaire de la classe. Il portait bien son nom, il était charmant et extrêmement bien élevé. Il joue le frère de Gabin dans *La Vérité sur Bébé Donge*. C'était le seul qui n'était pas affolé quand Meyer arrivait au Centre. Meyer l'a réengagé à la Comédie-Française quand il a remonté *L'École des femmes* ; Meyer hennissait Arnolphe et Lecourtois modulait Chrysalde avec suavité. J'avais vu cet acteur discret et élégant dans *Lorsque l'enfant paraît* d'André Roussin à Mulhouse, avec Gaby Morlay. Il avait beaucoup joué avec Gaston Baty, notamment Octave des *Caprices de Marianne*. C'était un judicieux et pas un théâtreux et j'aimais bien passer devant lui. Mais il n'est pas arrivé à me faire changer d'emploi. Je passais Ruy Blas, Don Carlos dans *Hernani*, toujours des vers. Je devais faire un peu d'emphase. Quand la langue française n'est pas sa langue maternelle, on la profère autrement, même quand on n'a plus d'accent. Je redoutais beaucoup la prose de Molière, je n'ai jamais travaillé Cléante de *L'Avare* ou Cléonte du *Bourgeois gentilhomme* alors que j'aurais dû. Je travaillais des princes, des Premiers ministres, des nantis qui n'étaient pas issus de la cité ouvrière de Mulhouse. Lecourtois ne m'a jamais détourné de cela. Je ne voulais surtout pas aborder Marivaux, la francité extrême m'est étrangère, me disais-je alors. De Marivaux, il y a cinquante ans, nous n'avions à notre

• *Coriolan* de Shakespeare, Comédie-Française, salle Richelieu, 1956. Jean Marchat, Paul Meurisse et Annie Ducaux.
• *Les Misérables* adapté par Paul Achard, Comédie-Française, salle Luxembourg, 1956. Annie Girardot et Robert Etcheverry ; Henri Tisot debout à gauche, Jean-Laurent Cochet assis au centre, Robert Etcheverry et Yves-Marie Maurin à droite.

disposition que trois ou quatre pièces en Classiques Larousse, le reste était publié dans la Pléiade, financièrement inaccessible.

Cette année-là, Meyer montait *Coriolan* de Shakespeare salle Richelieu et *Les Misérables* adapté par Paul Achard salle Luxembourg. Il lui fallait une troupe de jeunes pour jouer les citoyens, les étudiants, etc., et il les avait piochés au Centre avant que je n'arrive, ainsi qu'au Conservatoire ; il y avait Jean-Laurent Cochet, Claude Giraud, Henri Tisot entre autres. J'étais très jaloux de ces gaillards qui allaient répéter au Français ; Paul Meurisse jouait Coriolan, il y avait Jean Marchat, Georges Chamarat[11], Jacques Sereys, Jean Deschamps, Annie Ducaux, Claude Winter. J'ai pu intégrer la troupe de *Coriolan* en remplacement d'un camarade du Centre engagé *in extremis* par Guy Rétoré à Rennes. Dans *Coriolan*, il n'y avait pas de texte, sauf pour deux élèves du Conservatoire. *Coriolan* a été un superbe bide. Dans *Les Misérables*, j'avais des phrases ; Clariond jouait Thénardier. Cela dura toute la saison. On était payés et cela me confortait, au bout de deux mois à Paris, de jouer à la Comédie-Française… J'ai découvert les machinistes, les cintriers, les bulletins de service : c'était solennel.

Événement important : en ce temps-là, il y avait deux concours d'entrée par an au Centre de la rue Blanche, en juin et en octobre ; Marie-Thérèse Izar (la mère de Xavier Florent) a été reçue au concours d'octobre 1956, à 17 ans. Il ne s'est rien passé durant les deux premières années mais on sortait beaucoup ensemble en camarades : on allait au théâtre, au concert, à l'opéra. Marie-Thérèse était la fille du directeur du Capitole de Toulouse, elle était allée à Bayreuth à 16 ans, nous avions des choses à nous dire… Cette vitre qui me séparait des autres s'évanouissait à son contact.

Paris, la ville, m'allait bien, j'aimais l'odeur du métro et *La Semaine de Paris* était désormais à portée de main. Mais les gens… Je me sentais rustique au regard de tous ces urbains, et j'avais cette perpétuelle peur de rougir. J'évitais beaucoup d'endroits parce que je savais que j'allais rougir et me couvrir de ridicule. Je suis très à l'affût des jeunes qui rougissent chez Florent, je

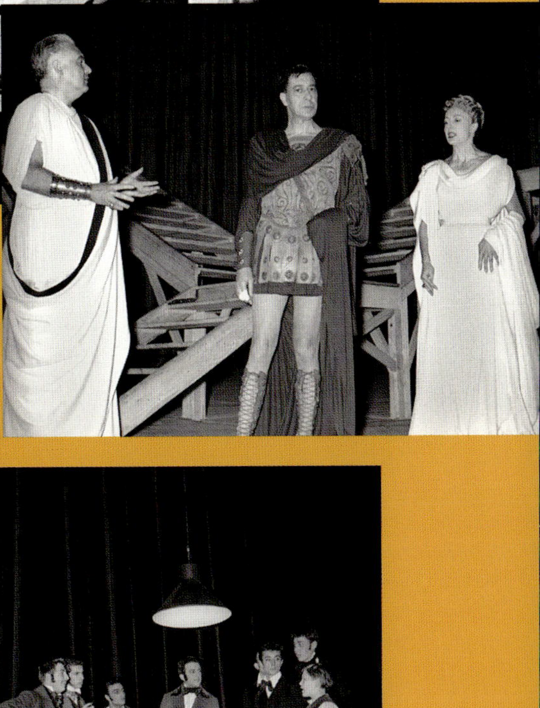

• Marie-Thérèse Izar.
• Marie-Thérèse Izar et François Florent à Paris, boulevard des Capucines.

les cajole. Il m'a fallu du temps pour sortir de cette obsession. Ça s'est amélioré à partir du moment où Marie-Thérèse a été enceinte.

Je ne savais pas danser, je ne savais pas nager et je me rongeais les ongles jusqu'au sang. Que de choses qui m'éloignaient des autres ! (Je ne sais toujours pas danser, je ne sais toujours pas nager, je me ronge moins les ongles mais je m'arrache les peaux.) Le Moteur était plutôt grippé au départ. Mais je gardais le cap. À l'examen de Noël, je suis resté stagiaire ; à l'examen de Pâques, je suis resté stagiaire avec le monologue de *Don Carlos*. Des spectacles se jouaient au Centre, et j'étais la doublure de Stéphane Fey, qui jouait Clotalde, le précepteur, dans *La vie est un songe* de Calderón.

Je ne suis jamais passé élève au Centre de la rue Blanche, je suis resté au fond du panier. Cela plaisait peu à mon père… Je n'étais pas très heureux, je ne parlais pas à M. Manuel, à M. Meyer comme les autres le faisaient, j'étais toujours sur ma réserve. Au Français, on s'habillait dans les sous-sols, je ne suis jamais allé dans les étages ; on n'avait pas le droit de toute façon, on n'avait pas le droit non plus d'entrer par la grande entrée des artistes, on entrait par l'entrée des machinistes ; on n'avait pas le droit de prendre l'ascenseur, on montait à pied à l'étage de la scène. Je garde de cette année 1956-57 le souvenir d'un démarrage en trombe avec moult ratés.

Heureusement, il y eut ma grande amitié avec Daniel Valranges, un élève du Centre très mélomane, et fou de Richard Wagner. J'allais souvent écouter de la musique chez lui, dans un grand appartement bourgeois de la rue Pierre-Curie. Avec Valranges et Marie-Thérèse Izar, je m'entretenais plus du Venusberg[12] que de la querelle du *Tartuffe*. Cet été 1957, Valranges a eu la possibilité d'avoir des billets pour le Festival de Bayreuth. Ma famille s'est cotisée pour m'offrir mes billets. De Mulhouse où j'étais en vacances, j'ai rejoint Valranges à Karlsruhe, changement à Nuremberg, pour aller à Bayreuth. Nous avions une chambre chez l'habitant. Nous avons tout vu, la *Tétralogie* plus *Parsifal* plus *Les Maîtres chanteurs* plus *Tristan*. Les mises en scène étaient

• *Siegfried*, mise en scène Wieland Wagner, Festival de Bayreuth, 1951.
• Le public de Bayreuth à l'entracte de *Siegfried*, 1957. François Florent est le seul à être plongé dans le programme.

• Paul-Émile Deiber dans *Horace* de Corneille et dans *Mademoiselle* de Jacques Deval.

toujours des frères Wagner, Wieland et Wolfgang. Bayreuth a été un événement considérable dans mon parcours artistique. Je me sentais à l'aise, ce n'était pas du marivaudage. *Tristan* avec Birgit Nilsson et Windgassen, Astrid Varnay dans Brünehilde, Hans Hotter dans Wotan… **C'est sur la colline sacrée que le moteur s'est remis à tourner comme il faut : « Oui, je suis de force à entrer au Conservatoire-Walhalla ! » C'était tellurique.** À mon retour à Paris en septembre 1957, je n'avais qu'une idée en tête : le Conservatoire. Tous les élèves et les stagiaires du Centre se présentaient. Je remis *Polyeucte* sur le tapis, mais j'abandonnai le personnage de Polyeucte pour celui de Sévère, la scène du début de l'acte II avec Fabian. L'Alsacien croyant tenait à imposer, après un premier échec, la « tragédie chrétienne » de Corneille. J'ai à nouveau le 1er tour. Marie-Thérèse convainc son père de parler de moi à Henri Rollan, à Robert Manuel, à tout ce petit monde qu'il rencontrait par ses fonctions ou lors de convents… Au 2e tour, je repasse Sévère et je suis reçu.

Le lendemain, Robert Manuel convoque rue Blanche tous ceux qui ont été reçus au 2e tour pour faire un commentaire en vue du 3e. Il m'a dit : « Florent, tu nous as surpris, mais il ne faut pas que tu passes avec le même gilet. » J'avais un costume trois-pièces avec un gilet dépareillé, en laine, un peu écossais. Je pense que Robert Manuel et Jean Meyer s'étaient rangés à l'avis d'autres membres du jury, cela augmentait le nombre de reçus du Centre de la rue Blanche. Je me suis dit : « Il faut que j'aille voir Paul-Émile Deiber, il est au jury, il est alsacien, sociétaire de la Comédie-Française, il y joue la tragédie. » J'aurais bien aimé devenir un Paul-Émile Deiber à la Debucourt ! J'ai obtenu un rendez-vous le jeudi avant le lundi du 3e tour : j'osai monter dans les étages de la Comédie-Française pour aller dans sa loge. Il jouait *Horace* ce soir-là, il était très pressé, il se préparait pour le IV, je le revois en jupette lie-de-vin. En guise de conseils, il lâcha un impérieux : « Ne passe pas de tragédie ! La tragédie, c'est fini ! » et il s'éclipsa. En alternance, il jouait salle Luxembourg un valet porté sur la boisson dans *Mademoiselle* de Jacques Deval ; la presse avait loué son inattendu côté comique. Pour le 3e tour, j'avais prévu Xipharès, la première

• Dans l'opérette *Rose de Noël*, 1960.

de *Mithridate*. Je me revois dévalant le fameux escalier des sociétaires, fou de rage et maugréant : « Je passerai Xipharès lundi. » On m'avait imposé comme deuxième scène Cléante de *Tartuffe*, aussi des vers. J'ai été reçu 3e en octobre 1957. Mon père m'a dit au téléphone : « Alors maintenant les affaires sont dans le sac ! » **Les premiers mots que m'a dits René Simon quand je suis entré dans sa classe huit jours plus tard ont été : « Plus de tragédie ! »**

L'année au Centre a été une année de purgatoire. Je ne m'occupais ni des théâtres privés ni du cinéma, alors que Jacques Charrier tournait *Les Tricheurs* ; il y avait les gens qui dansaient la rumba dans *Les Tricheurs* et ceux qui étaient au Conservatoire. Je me disais : « Le Conservatoire, c'est l'autoroute, trois ans et puis le Français. » J'ai obtenu l'autorisation de monter une *Soirée Baudelaire* au Centre, avec Daniel Valranges, Georges Montillier[13], Marie-Thérèse, Francine Bergé[14], Jacques Kraemer[15].

Les choses se mettaient en route avec Marie-Thérèse. La première année où j'étais au Conservatoire, je passais donc beaucoup de temps au Centre de la rue Blanche où Marie-Thérèse était élève. Nous avons d'abord été très amis, j'avais d'autres flirts. Et puis je suis entré en 2e année au Conservatoire en octobre 1958 et Xavier est né le 26 août 1959. Il a donc été conçu aux alentours du 11 novembre 1958. Nous n'habitions pas ensemble, Marie-Thérèse et moi. Elle est tombée enceinte et nous l'avons annoncé à nos parents respectifs ; dans ma famille, il n'était pas question de ne pas avoir cet enfant. Il n'y a pas eu d'opposition explicite de la part de Izar père, c'était plutôt la mère qui penchait pour l'avortement… Nous nous sommes préparés à nous marier le plus vite possible, comme cela se faisait dans les bonnes familles. Le mariage a eu lieu civilement à la mairie du IXe arrondissement et religieusement à l'église de la Trinité en mars 1959, et nous avons emménagé au 53, rue Pigalle. La position du père Izar était ambiguë, à la fois assez bienveillante à mon égard et avec le regret énorme que sa fille ne se soit pas mariée

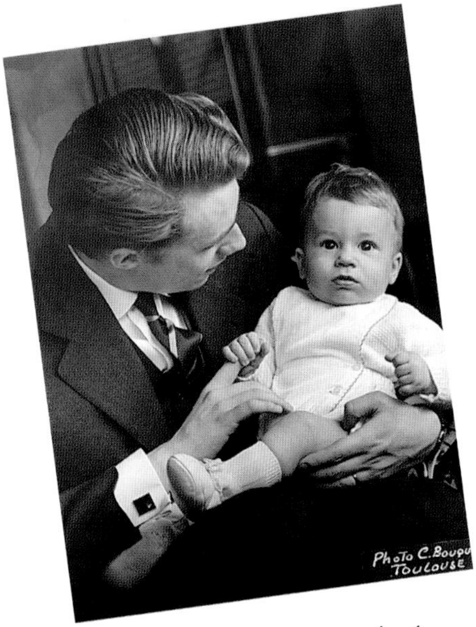

• François Florent et son fils Xavier.

avec Roberto Benzi, un chef d'orchestre prodige qui est d'ailleurs le parrain de mon fils Xavier. Izar aurait aimé pour son enfant unique un destin plus faramineux, mais il s'est occupé de moi, de me trouver du travail. C'est pour cela que j'ai beaucoup versé dans l'opérette, ses collègues directeurs m'engageaient. Par son entremise, j'ai joué *Rose de Noël* de Lehar pendant des années, j'ai travaillé à l'Opéra de Lyon, j'ai fait *Pierre et le loup* avec Roberto Benzi et l'orchestre du Capitole. Il m'aidait bien, et c'étaient des choses que j'aimais beaucoup faire. J'ai été ravi de la naissance de Xavier, j'étais un peu maladroit, je ne savais pas langer, j'étais très vieille école, c'était aux femmes de s'occuper de cela…

Ce mariage est bien sûr arrivé trop tôt dans ma vie et dans celle de Marie-Thérèse. Maintenant nous nous parlons beaucoup, elle est relativement proche, c'est quelqu'un qui, d'une certaine façon, continue à faire partie de ma vie. Dans ces années-là, je n'avais pas la fidélité chevillée au corps, ce qui a amené tout naturellement Marie-Thérèse dans les bras de Jean-Claude Barbier, qui était avec moi au Conservatoire. Il venait beaucoup à la maison, et là s'est nouée leur liaison… qui dure toujours. Nous nous sommes séparés en 1962 et, après des bagarres judiciaires, le divorce a été prononcé en 1964. Marie-Thérèse est repartie à Toulouse avec Xavier, j'ai très peu vécu avec lui. On m'a refusé la garde. Heureusement, je n'ai été mis en présence de ce problème qu'une fois dans ma vie. Cela m'a guéri pour l'existence entière.

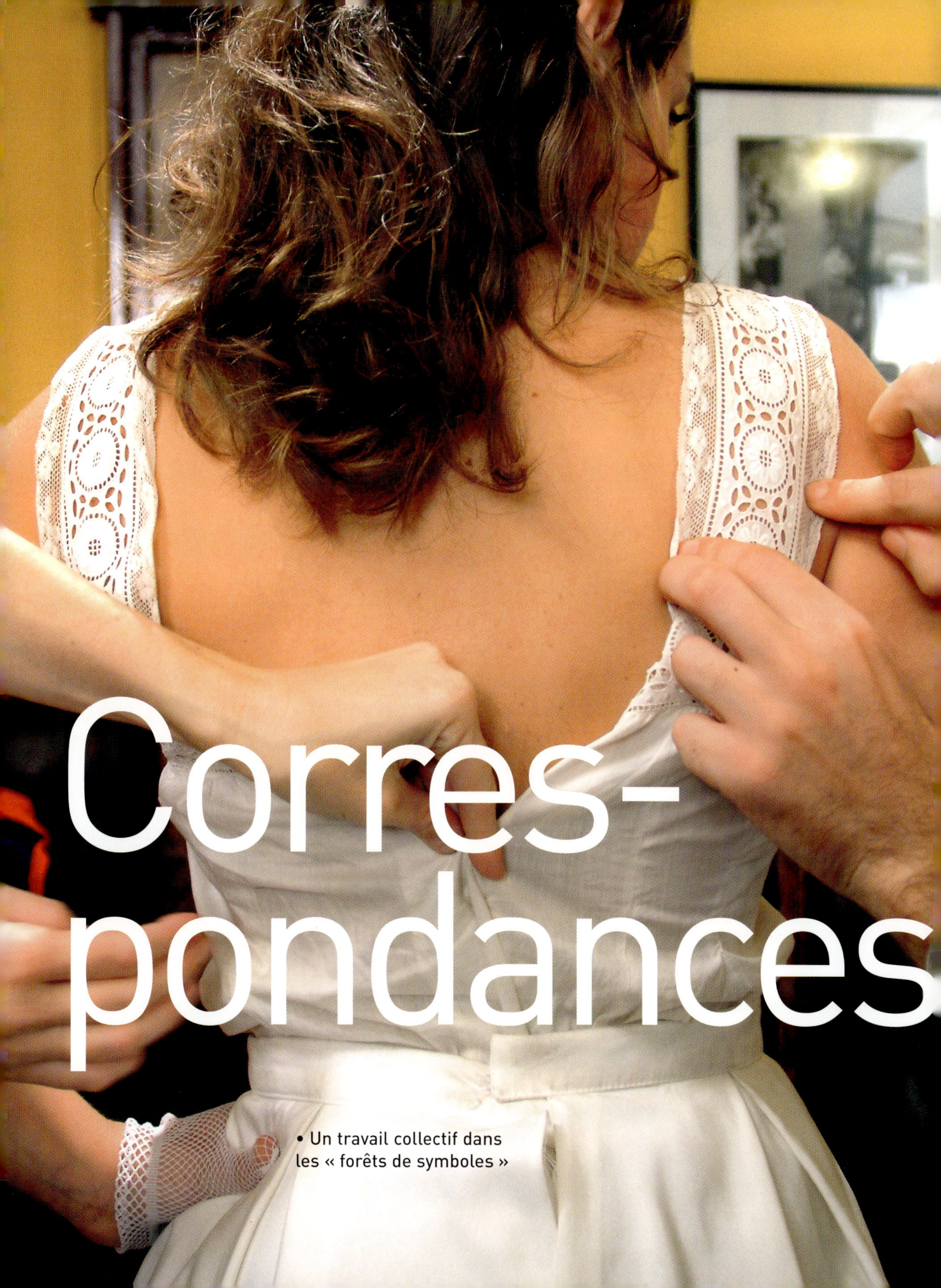

Corres-pondances

• Un travail collectif dans les « forêts de symboles »

62

Lors de cette échéance, il s'agit de faire un travail sur l'imaginaire au travers des relations du corps avec soi et les autres, d'improvisations thématiques et d'essais d'écriture en prenant appui sur la peinture, la musique, la photographie…

Le nom de Correspondances vient du sonnet de Baudelaire. Le but est de faire correspondre les arts, de faire connaissance avec les mouvements de la peinture, de l'architecture et de familiariser nos chères têtes blondes et autres avec les soubresauts de l'Histoire. La pratique de l'art théâtral suppose une osmose avec les autres arts. Nous devons faire en sorte que le futur acteur ne soit pas uniquement obsédé par la pratique théâtrale, mais qu'il soit imprégné des antagonismes de l'humanité. Cela enrichit l'âme de se dire que nous sommes une portion de ce qui qualifie la beauté et le scandale de la vie. **L'expression de l'art dramatique est confrontée non seulement aux autres arts mais aussi et surtout aux éruptions physiologiques immédiates de l'homme face à la douleur, à l'injustice et naturellement face à la mort.** Les personnes qui se barricadent dans l'« exclusive » en art manquent de vraie culture. « C'est un étrange rétrécissement d'esprit que d'aimer un art ou une science à l'exclusion des autres… On peut donner des préférences mais pourquoi des exclusions ? La nature nous a donné si peu de portes par où le plaisir ou l'instruction peuvent entrer dans notre âme, pourquoi n'en avoir qu'une ? » proclamait Émilie du Châtelet. La curiosité sous toutes ses formes, les aspects très opposés de la vie doivent se refléter dans le parcours. Je suis content quand les élèves parlent de gastronomie et d'autres choses concrètes. Après Moteur, l'*ignition*, Correspondances est le *turning point*, le moment où l'avion quitte le sol. Correspondances est un moment charnière de la 1re année au cours duquel les élèves doivent encore mieux se rendre compte qu'avancer dans notre domaine n'est pas exactement ce qu'ils pensaient auparavant. Correspondances se vante de donner à nos jeunes un nouveau regard sur la matière artistique.

À l'usage, l'exercice se révèle d'une telle difficulté qu'il n'est pas impossible que je le bascule un jour prochain dans le programme de 3e année.

Cette échéance est née de deux éléments déclencheurs. En 1988, l'École a participé pour la première fois au Festival des Écoles de Bratislava où nous avons présenté *Normal Heart*, une pièce américaine de Larry Kramer sur le sida mise en scène par Raymond Acquaviva. De nombreuses écoles y participaient, notamment la Central Academy of Drama de Pékin. Dans cette classe dirigée par Chang Ren Li, devenu un ami très cher, il y avait Gong Li, élève de dernière année. Ils ont présenté un travail très curieux et très intéressant, ce n'était pas de l'improvisation, ce n'était pas une pièce, ils parlaient très peu, ce n'était pas de l'Opéra de Pékin, c'était autre chose. C'était une histoire à peu près muette qui se passait à un arrêt de bus, il pleuvait, il y avait du vent. Un ensemble d'éléments naturels participait à ce « moment dramatique ». Ils jouaient les éléments, les parapluies, je me souviens d'une machine à faire du vent, il n'y avait pas de bande-son. Tout était « fait main ». C'était extraordinaire. Ce n'était pas très long, il n'y avait pas d'overdose verbale. Je me suis dit qu'il fallait que l'on arrive à faire ça. Ce « moment » aura été l'un des plus importants de ma démarche pédagogique.

La deuxième origine est la comédie musicale de Stephen Sondheim *Sunday in the Park with George*. Pour moi, la quintessence de la comédie musicale. Je l'ai vue à New York en 1989 ou en 1990. Le tableau de Georges Seurat *Un dimanche après-midi à l'île de la Grande-Jatte* en est le sujet et l'objet. Le Ier acte nous présente ce dimanche après-midi à l'île de la Jatte ; les 30 personnages du tableau arrivent au fur et à mesure nous exposer leur vie et à la fin du Ier acte le tableau est complet, paysage et personnages. Au premier plan, on voit Seurat en train de peindre le tableau, en bisbille avec sa petite amie qui elle-même prend place dans le tableau. Le IIe acte se passe de nos jours : le tableau est suspendu dans un musée que l'on visite, on regarde le tableau, on le commente. Les personnages du tableau se mettent à répondre, glosent sur les visiteurs, et vice versa. Correspondances me vient de Pékin et de New York. En réunissant ces deux éléments, je savais ce que je voulais faire. Un jour, chez Barnes and Nobles en face du Metropolitan à New York, Frank Rich, le puissant critique dramatique du *New York Times*, signait un de ses livres,

• Georges Seurat, *Un dimanche après-midi à l'île de la Grande-Jatte*, 1884-1886, The Art Institute of Chicago.

une compilation de ses articles. Dans un très court entretien, il m'a affirmé mordicus que c'était *Sunday in the Park with George* qui avait été le spectacle le plus mémorable de ses années de chroniqueur théâtral. Correspondances a donc au moins 15 ans. À part l'inamovible Présentation de la Scène individuelle, c'est la plus ancienne de nos échéances actuelles.

Correspondances coïncide avec le moment où le metteur en scène, qui n'a pas la manie du « décalage » et du « défloutage » et, avant de commencer les répétitions d'une pièce, montre des tableaux et parle de l'époque dans laquelle se déroule la pièce. Je choisis des tableaux et des photos qui montrent des hommes et des femmes en société. Le premier Correspondances était consacré à Hopper. Après il y eut Picasso, ce fut un ratage total.

Dans le temps, j'affichais des reproductions de tableaux dans la salle Michèle Morgan, et on allait travailler dans cette salle. Maintenant on travaille avec des catalogues ou des livres d'art, c'est plus pratique. Correspondances fait aussi appel à l'œuvre de grands photographes. Doisneau fut au programme en 2006. La distorsion n'est évidemment pas aussi grande qu'avec un Kirchner ou un Beckmann, mais le Paris de Doisneau n'a plus rien à voir avec celui de nos jeunes gens : les imprimeries clandestines, l'entrée des chars dans Paris, les prisonniers allemands, la résistance, le concert Mayol. En ce moment, je lis par bribes le *Journal inutile* de Paul Morand. J'aime bien ce genre littéraire parce que l'on peut ouvrir le bouquin à n'importe quelle page. Morand est toujours agaçant et extraordinaire. Il parle du Paris de son enfance : vers 1908, rue Marbeuf, à l'endroit actuel du Marignan, on mettait les chevaux… Je crois qu'il faut décoller les élèves du cliché télévisuel. Je les oblige à s'intéresser à autre chose que ce qui passe sempiternellement devant leurs yeux et à développer leur curiosité. Doisneau, c'est pour qu'ils comprennent ce que pouvait être une autre époque pas si lointaine, celle de leurs grands-parents, quand il y avait des cartes de ravitaillement, quand on mangeait du pissenlit et des rutabagas, quand on se passait les frusques de père en fils ; une époque dangereuse, avec des balles qui sifflaient, des prises d'otages en plein Paris. En 2006 est sorti en France un film allemand remarquable de

Marc Rothemund sur Sophie et Hans Scholl, ces étudiants allemands qui ont créé le mouvement de résistance *La Rose blanche* et qui ont été fusillés. Le film parle très bien de tout ça. Il est important que les nôtres sachent que des gosses de leur âge risquaient leur peau il y a peu de temps dans notre Union européenne qu'ils ont tant de mal à accepter.

Le but de Correspondances n'est pas uniquement de raconter l'histoire que l'on peut voir sur le tableau mais de s'appuyer sur le trait de la peinture. Pourquoi la scène du tableau est-elle traitée comme ça ? On pourrait imaginer que M. Rembrandt, M. Watteau, M. Courbet et M. Dalí aient peint la même scène. Il ne s'agirait pas de la même histoire ! C'est une chose extrêmement difficile, ça achoppe toujours plus ou moins parce que l'on reste souvent au ras des pâquerettes. On raconte une historiette, mais on n'arrive pas à déformer, ou à réformer, ou à reformer l'histoire et à la mettre en résonance avec soi-même. En l'occurrence, il s'agit bien de l'imaginaire : quelle distorsion peut-on apporter à une histoire apparemment simple dans un tableau ? Cette échéance permet de déceler les capacités d'établir une distance entre soi et un personnage. Même si le personnage est plus ou moins créé par l'élève puisque c'est aussi un travail d'écriture. Dans une pièce de théâtre, un personnage est un ensemble de signes, eh bien, dans la peinture, c'est pareil. C'est la prise en compte d'un personnage vu et rêvé sur un tableau au lieu qu'il soit entrevu au travers des signes d'un livre. Les signes d'un livre sont toujours plus abstraits : on peut imaginer de jouer Elmire et Tartuffe loin l'un de l'autre mais, quand deux personnages sont accolés dans un tableau, il est très difficile de les envisager à dix mètres l'un de l'autre. Je milite pour les tableaux d'ensemble qui impliquent beaucoup de personnes ; ainsi l'on restreint la tentation de la scène individuelle qui – on l'aura compris – n'est toujours pas au programme à ce moment-là. Cela permet une certaine sauvagerie dans la présence. Il y a souvent

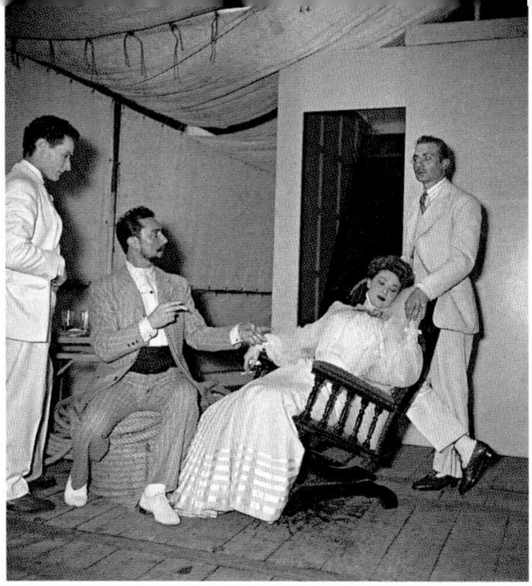

• Jean-Louis Barrault, Pierre Brasseur, Edwige Feuillère et Jacques Dacqmine, *Le Partage de Midi* de Paul Claudel, Théâtre Marigny, 1948.

en peinture, voire en photographie, plus d'impudeur dans les relations physiques que dans les signes d'un livre qui demandent une incarnation – disons – plus cérébrale.

Dans Correspondances, on va de l'improvisation thématique, inspirée par les tableaux, vers l'écriture. L'improvisation est un moyen. Je les pousse à écrire pour Correspondances, je pousse à ce que l'on couche sur le papier ce que l'on a sur le cœur, et tant pis si c'est du charabia. Ils peuvent aussi faire des choses en musique, ou muettes, la parole n'est pas obligatoire. Le départ du fameux « moment dramatique » des étudiants chinois de 1988 était sûrement muet. Ils avaient dû partir d'une improvisation un peu bêtasse qui s'est sublimement étoffée par le travail. Et puis je ne suis pas contre une certaine naïveté dans Correspondances, une certaine primarité des choses, celle du Douanier Rousseau par exemple ; cette naïveté peut être le reflet d'un *background* culturel. La primarité est une sensation, une sensualité qui vous envahit et la critique ne filtre qu'après. Il ne faut pas commencer par avoir un esprit critique sur les choses. C'est capital en 1re année. L'esprit critique est à l'opposé de ce que j'appelle « une certaine distance avec le personnage ». L'émerveillement d'abord. Bourvil était un émerveillé qui savait mettre une distance. Il est difficile pour un acteur d'entretenir cet émerveillement mais, s'il y arrive, c'est formidable. Un bon acteur doit avoir une faculté d'innocence et d'émerveillement dans la construction d'un rôle.

C'est plus difficile pour les acteurs intellectuels parce qu'ils prennent plaisir à compliquer la chose. Pour bien jouer Claudel, il ne faut pas pérorer sur tous les toits qu'on l'aime.

« Il ne faut pas comprendre, mon bon monsieur, il faut perdre connaissance[16]... »

Claudel est un musicien qui harmonise les cinq éléments et la métaphysique ; je pense à Pierre Brasseur, qui était sensible, très artiste mais pas, alors pas du tout clôôdélien. **De temps en temps, je me dis que Claudel, c'est très simple, il faut avoir des gros godillots, s'imaginer que l'on est dans l'Aisne et qu'il fait très mauvais.** Chez Claudel, il y a avant tout la Révélation et la glèbe. Ceux qui ne veulent pas entrevoir le sens de la grâce et le sens de la terre et ne voient en lui qu'un poète génial se trompent. Pour certains, jouer Claudel, c'est comme recevoir l'eucharistie en état de péché mortel…

Je n'oppose pas les acteurs intellectuels aux acteurs d'instinct car je ne crois pas à l'instinct, je crois à l'intelligence singulière de l'être humain. Lorsque l'on dit de quelqu'un qu'il sait faire quelque chose d'instinct, ce n'est rien d'autre que son intelligence à lui qui se met en mouvement. Les acteurs intellectuels sont différents des acteurs intelligents. Il ne faut pas faire de ce que l'on appelle des acteurs d'instinct des béotiens, des imbéciles, des idiots de village… Ils ont la chance d'avoir une réflexion instantanée. Jacques Villeret, par exemple, apparaît comme l'« acteur d'instinct » par excellence. Je l'ai bien connu. Il n'y avait pas de personnalité plus préoccupée d'elle-même, de ce qu'elle était en train de faire, de ce qu'elle était en train d'évoquer, de ce qu'elle suggérait aux autres, que Villeret. Dans le temps il y avait cette idée stupide : le petit gros est un acteur d'instinct et le grand mince un acteur d'intelligence.

La belle interprétation est celle où l'on oublie la prouesse de l'acteur et je suis toujours mal à l'aise lorsque je lis des critiques qui se terminent par : « Mais quel jeu d'Untel ! » Le grand acteur est celui que l'on ne remarque pas mais dont l'interprétation s'agrippe à vous une fois la pièce achevée.

Si le chargé de cours doit avoir des manques, l'acteur aussi. Un acteur qui ne laisse pas apparaître qu'il est un pécheur au sens théologique du mot est moins captivant. Il y a des acteurs que j'aime beaucoup mais je déplore qu'ils n'aient pas de péchés. Et ce sont pourtant de bons acteurs. S'ils avaient des péchés, ils seraient de très grands acteurs. Les pires sont ceux qui ont envie de pécher et qui ne le font pas par convenance sociale ; ce sont les sournois. Et il y a ceux qui ignorent le péché, ce sont des acteurs livresques, qui n'ont pas conscience que des vers ou des phrases peuvent leur sauter à la gueule, sauter du livre. Dans *All that Jazz*, une danseuse pleure à un moment parce qu'elle n'arrive pas à faire un mouvement et le personnage de Bob Fosse, joué par Roy Scheider, lui dit : « Je ne sais pas si je peux faire de toi une grande danseuse, je ne sais

• Otto Dix, *La Journaliste Sylvia von Harden*, 1926, Paris, Musée national d'Art moderne, Centre Georges Pompidou.

pas si je peux faire de toi une bonne danseuse, mais je sais que je peux faire de toi une meilleure danseuse. » Cette phrase fait partie de ma profession de foi.

Correspondances arrive après deux échéances où l'élève est seul (à part l'exercice collectif de Moteur) ; il passe d'une chose très individuelle à une chose de groupe. Au bout du troisième mois de la 1re année, il est grand temps de passer au travail d'ensemble. Le groupe doit primer sur l'individu. C'est Rachel, à qui l'on demandait : « C'est quoi le théâtre ? », qui répondait : « Un monsieur me parle et je lui réponds. » Il m'arrive d'interdire les monologues. Ce n'est pas tout de dire une scène en scène ; la préparation d'un spectacle conditionne un résultat. Je voudrais que nos élèves apprennent la solidarité, l'indulgence à l'égard de l'autre, qu'il soit partenaire ou machiniste, régisseur. Qu'il s'agisse du travail sur scène ou de celui devant la caméra, bien sûr. C'est aussi cet apprentissage qui se fait à travers Correspondances.

Prenons un exemple. Il y a eu un Correspondances sur la *Neue Sachlichkeit* (Nouvelle Objectivité) avec le tableau d'Otto Dix *La Journaliste Sylvia von Harden*. Les élèves sont donc censés se renseigner sur l'époque de ce mouvement, sur cette femme qui a existé, etc. Dans ce tableau, on cherche la couleur, le climat de l'époque, on cherche aussi un débit ; je trouvais que ce portrait prédisposait à un débit particulier et je me souviens d'une fille qui avait pris un débit lent, un peu doctoral. La difficulté, c'est le contenu. En général, les élèves parlent de leur vie, qui est très différente de la vie quotidienne des années 1920 en Allemagne, et ils ne se rendent pas compte de l'abîme qui existe entre les deux. Ils peuvent utiliser un vocabulaire actuel mais il faut que les préoccupations de cette dame apparaissent. Il ne s'agit pas de faire une reconstitution historique, il s'agit de lier les préoccupations supposées de Sylvia von Harden avec ce que ce tableau dit à une jeune femme d'aujourd'hui. Si l'on réfléchit un peu et que l'on regarde le tableau, cette dame ne peut pas dire des stupidités comme on en entend dans la télé-réalité. À partir de ce tableau, un élève pouvait très bien inventer un « personnage », ne pas partir de la vraie Sylvia von Harden, il pouvait faire parler sa grand-tante. Ou alors il peut évoquer un souvenir, un moment fugace avec quelqu'un qu'il a juste croisé. Il s'agit de mettre en concordance un moment d'existence à soi avec un moment d'existence de quelqu'un d'autre, et c'est la chose la plus difficile. On peut mettre la même robe, les mêmes lunettes, se coiffer pareil que le personnage du tableau mais encore faut-il faire entendre le contrepoint entre le personnage du tableau et soi.

Il y a quelques années, j'avais mis au programme Hogarth, jumelé avec la musique de Benjamin Britten. Les élèves utilisaient la musique comme intermède et cela n'a pas donné grand-chose. Alors que, dans mon esprit, la musique fait partie intégrante de l'échéance. Ils doivent arriver à construire un univers avec une musique, en relation avec la peinture. La musique ne doit pas être uniquement illustrative, elle doit être intimement liée au climat et l'activer, comme dans cette scène extraordinaire où Chaplin dans *Le Dictateur* rase un quidam sur une *Danse hongroise* de Brahms…

L'aspect essentiel de Correspondances, c'est lire, se renseigner, se défaire du ronron consumériste, se rendre compte que **l'expression dramatique demande un effort, une mise en pièces de la pensée dominante**, qu'il ne s'agit pas uniquement d'apprendre un texte et de « ressentir un personnage ». Lorsqu'un élève me demande de lui dire ce que « ressent [son] personnage », je vois rouge. Je n'aime pas le mot de « personnage » tel qu'on l'utilise. L'usage que l'on fait du mot me déplaît. Ne parlons pas de « rentrer dans la peau du personnage »… Le personnage n'existe pas, il s'agit plutôt d'enfiler une écriture, des signes, on enfile un verbe qui doit se faire chair. Dans Shakespeare, ça s'appelle *dramatis personae*, je préfère cet intitulé : des personnes (voire des personnalités) soumises à une action dramatique. Je préfère « rôle » à « personnage » ; le personnage est le signe littéraire et le rôle l'incarnation. On dit : « Il est bon dans ce rôle. » Le « rôle » est un habillage charnel du personnage. Les gens représentés sur les tableaux sont des personnes qui vivent un moment de temps suspendu, alors qu'au théâtre le temps se déroule. Dans Correspondances, on travaille sur ce qui s'est passé avant et ce qui se passe après le moment suspendu voulu par le peintre. Bon palier pour les textes ultérieurs à travailler.

• Pietro Longhi, *Le Rhinocéros*, 1751, Venise, palais Rezzonico, Museo del Settecento.

Prenons un autre exemple. Le tableau intitulé *Le Rhinocéros* de Pietro Longhi, sur Venise au XVIIIe siècle, représente bien sûr un rhinocéros et des gens qui le regardent. Ce tableau permet de travailler la surprise de voir un être inconnu de soi, la découverte par une foule de quelque chose d'étrange. Pour chaque tableau, j'ai une idée derrière la tête mais j'écarte la nudité, la perversion, et des choses extravagantes. Je louvoie entre la proximité physique et l'impudeur. En parlant d'impudeur, je me souviens du Premier Jet d'une classe où tous les hommes faisaient un strip-tease et montraient leur quéquette. Cela n'avait aucun intérêt. Pour moi, l'impudeur, c'est tout à fait différent. C'est la capacité progressive que l'on donne à l'élève de vaincre la pudeur qui le bride. C'est pour cette raison que je suis pour une certaine impudeur. Je tiens à ce que le corps devienne insolent et que la parole devienne élégamment subversive, au fur et à mesure de la formation. Oser se montrer davantage, être plus à l'aise dans son corps et, d'autre part, ne pas tonitruer les choses, mais qu'elles deviennent au contraire de plus en plus aiguës et contestataires, dans l'élégance de l'expression. Il faut avoir des bouffées d'impudeur qui sont au fond de nous et que l'on n'ose pas dévoiler. Mais il ne faut pas abandonner la pudeur. De toute manière il y aura toujours à osciller entre la pudeur et l'impudeur, entre la timidité et l'exagération, etc. C'est le parcours fondamental de l'acteur. **Je crois que l'impudeur d'un acteur dans un rôle ne peut vraiment apparaître et ne peut avoir de réelle signification que si elle est nimbée d'une pudeur extrême.**

Il n'y a jamais eu de Correspondances sur la sculpture mais il faudrait le faire. Peut-être avec des sculptures du Louvre. Je voudrais aussi faire travailler sur Max Klinger, un illustrateur allemand, ou sur un livre sur la peinture au temps de Proust. Cette époque les obligerait à abandonner les éternelles Adidas. C'est important. La vraie chaussure anoblit le sexe. Il faut savoir être élégant dans les costumes du répertoire.

Correspondances est extrêmement formateur parce qu'il oblige la pensée à se mettre en route, loin du par cœur préétabli, loin du « Comment Florent veut-il que je joue cette scène de Molière ? ». Je tiens à le répéter, il n'y a pas de « méthode » Florent mais des programmes dont le but est de faire éclore la personnalité de l'élève au travers d'une progression programmatique : la découverte de soi, puis la mise en route d'une dynamique de l'imaginaire dans une structuration de plus en plus aiguë du langage. Je reste de l'avis que l'âme va au corps et que le corps ne va pas à l'âme. Il y a un côté *Flûte enchantée*, on passe des épreuves.

Je sais que l'on a dit à des élèves lors de concours ou d'auditions : « Vous faites du Florent. » C'est une totale fumisterie. Ils disent « c'est du Florent » quand ils savent que les gens viennent de chez Florent. J'en conclus qu'il faut que les gens passent anonymement les auditions et les concours extérieurs. Si c'était le cas, on ne reconnaîtrait pas les élèves de chez Florent. Mais je suis fier qu'il y ait des « fondamentaux » reconnaissables : une certaine élégance de la profération, un point de vue sur le répertoire classique… Que l'on dise : « Ah, c'est *au moins* du Florent ! » Peut-être y a-t-il une sorte de « franc-maçonnerie florentine », mais ça n'a rien à voir avec les techniques de l'acteur. Il n'y a pas de moule Florent. Les élèves sont différents les uns des autres, parce que je ne suis ni un idéologue du théâtre ni un metteur en scène et que **je ne privilégie aucune forme de théâtre, j'aime faire cohabiter Brecht et le Boulevard**.

Certains metteurs en scène disent parfois qu'ils trouvent, lors d'auditions, les élèves de l'École « efficaces ». Efficacité n'est pas un gros mot pour moi. En audition ou lors d'essais, il s'agit d'être efficace vis-à-vis de l'attente du metteur en scène. On peut ergoter sur la définition, on pourrait peut-être trouver un autre mot, mais ce qui est important, c'est d'arriver à s'approcher le plus possible de la vision qu'a le metteur en scène du « personnage », ou *dramatis persona*. Si d'aucuns considèrent « efficace » comme un gros mot, si on l'utilise pour parler de quelque chose de trop formaté, de trop glabre, de trop fini, trouvons-en un autre. Il faudrait savoir ce que chacun entend par le mot « efficace ». Si en face on met le mot « inefficace », tout est dit. Faut-il être inefficace ? Il est de bon ton de honnir le mot « efficacité ». Toutefois, on n'a pas envie de voir en scène un acteur uniquement efficace, c'est asséchant, c'est archétypal, etc. Mais une pédagogie se doit d'être efficace, c'est-à-dire compréhensible, claire, de donner des directives frappantes, intelligibles et non tortueuses. L'efficacité du discours du formateur doit prévenir de toute « efficacité » d'interprétation.

■

À y regarder de plus près, cette envie de faire Correspondances remonte à mon adolescence. Au lycée, j'avais un professeur d'histoire-géographie, Paul Stintzi, grand spécialiste de l'histoire de l'Alsace, qui faisait « correspondre » l'Histoire tout court avec celle de ma *Heimat*, ma « petite patrie », la Rhénanie supérieure. Il faisait automatiquement correspondre les événements politiques avec les mouvements picturaux et musicaux… Parlait-il de la Hollande, nous avions droit à une fantastique digression sur Franz Hals, Rembrandt… Il parlait de Holbein, du retable de Mathias Grünewald, des primitifs au musée Unterlinden de Colmar, du musée de l'Œuvre Notre-Dame de Strasbourg, des statues de la cathédrale, il nous parlait avec fougue du musée de Bâle où j'ai vu mes premiers Picasso, mes premiers impressionnistes, et surtout les Holbein. Paul Stintzi aussi est à l'origine de Correspondances. Il nous immergeait dans l'humanisme de la Renaissance, dans les tribulations séculaires de cette région qui s'étend de Bâle à Mayence. Le musée de Strasbourg contient beaucoup d'œuvres du XVIIIe siècle grâce aux cardinaux de Rohan ; on connaît *La Belle Strasbourgeoise* de Nicolas de Largillière. À Sélestat se trouve la Bibliothèque humaniste du XVIe siècle fondée par Beatus Rhenanus. J'aurais aimé m'appeler Beatus Rhenanus. Paul Stintzi arrivait à nous faire croire que la cathédrale de Strasbourg, Mathias Grünewald et Érasme étaient les trois piliers de l'histoire du monde. Dernièrement, je suis allé me recueillir sur sa tombe en compagnie de mon fils, de mon petit-fils et de sa mère à Kappelen dans le

Sundgau. C'est l'école publique concordataire qui m'a initié à la correspondance entre les arts et la métaphysique.

Mes parents m'ont fait aimer la musique. Mon père avait joué de l'alto. Mes parents ne parlaient pas de l'art comme d'une chose essentielle de la vie, il n'était qu'ornement de la foi. Pourtant, mon père avait un grand amour pour Wagner, cet hérétique.

La pratique religieuse était de première importance dans ma famille ; elle était devenue pour moi, quand l'effroi de la damnation éternelle ne me torturait pas, du lyrisme sublime, c'était de l'art, pas forcément du théâtre mais de l'art : les vitraux, les peintures, le grégorien… Ma vie était rythmée par une liturgie de l'âme.

Mon père lisait *Paris Presse-L'intransigeant*, ma mère ne lisait pas du tout, je crois même qu'elle avait une aversion pour la lecture qu'elle estimait corruptrice. J'étais comme mon père, j'ai commencé très jeune à dévorer les journaux. Mon père travaillait beaucoup ; imprégné de foi par ses parents, il répugnait à l'introspection ; s'il avait des doutes, il les étouffait, il les trouvait encombrants.

J'ai commencé tard à lire des romans, j'ai toujours lu quantité de biographies. J'ai été très vite attiré par la littérature dramatique à cause des dialogues. De la bibliothèque municipale à Mulhouse, je crois que j'ai tout emprunté, tous les auteurs de théâtre. Il n'y avait pas énormément de livres chez moi. J'achetais les Classiques Larousse à la librairie catholique Union, beaucoup de tragédies, Molière, *Ruy Blas*.

Enfant, j'allais à l'école allemande, j'ai appris le gothique manuscrit, avec *Heil Hitler* en entrant dans la salle de classe sous le regard du directeur qui venait de Thuringe. Au début des bombardements de 1944, nous avons quitté Mulhouse pour Soppe-le-Haut où j'ai eu comme instituteur Adrien Hentz. Instituteur français avant 1940, faisant cours en français et enseignant l'histoire de France, il devint instituteur allemand faisant cours en allemand et enseignant l'histoire allemande.

• Le professeur Jean Cuiller et la classe de 2de du lycée de Mulhouse. François Florent est assis à sa gauche.

Je ne suis pas allé à l'école d'octobre 1944 à avril 1945, la Libération m'a fait manquer presque une année complète. Dès avril 1945, à l'école des Frères (aujourd'hui collège Jean-XXIII), on se mit au français. J'ai fini mon primaire chez ces bons frères avant mon entrée en 6e au lycée de garçons de Mulhouse.

Le jour de la rentrée – j'avais 10 ans –, le prof d'allemand, une terreur du nom de Jean Full, nous fit faire une dictée : *Der treue Eckart* de Goethe ! J'ai fait mille fautes. Je connaissais des mots, mais je ne comprenais rien. En ce temps-là, il en fallait un bagage pour être digne de la 6e !

En 2de, j'eus comme professeur principal de français-latin un amoureux du XVIe siècle, Jean Cuiller. Il m'a fait découvrir Ronsard, Agrippa d'Aubigné, Jodelle, *La Cléopâtre captive*, etc. Il m'a entr'ouvert le clapet de la francité, il m'a rapproché de Racine, de Péguy, il m'a fait passer de l'autre côté des Vosges, m'a fait apprécier la « douceur angevine » de Du Bellay. J'ai entendu dans sa bouche des noms comme ceux de Pontus de Thyard et de Baïf.

Un jour, Jean Cuiller a été inspecté par Pierre Clarac, le spécialiste de La Fontaine. Après, il nous a raconté qu'il n'était pas d'accord avec Clarac qui lui demandait de nous faire traduire *jubeo* par « faire faire » alors que Cuiller tenait à traduire *jubeo* par « ordonner ».

Hommage à ces exotiques et admirables professeurs du lycée de Mulhouse qui m'ont ouvert toutes grandes les portes de la culture paneuropéenne et celles de l'art.

J'ai découvert Shakespeare très tard, c'était un autre monde. Mon premier Shakespeare, ce fut *Macbeth* au Centre dramatique de l'Est en 1952. Il y avait des meurtres, cela m'avait impressionné.

Avec Correspondances, j'essaie de retrouver les arômes de ce que j'ai appris au lycée de Mulhouse de ma dixième à ma seizième année.

• Savoir lire entre les lignes

Ébauches

Ébauches est une échéance qui existe maintenant depuis plus de quinze ans. Il s'agit de faire lire aux élèves une dizaine de pièces choisies par les chargés de cours, appartenant de préférence au théâtre classique, de travailler la diction, de faire du travail à la table[17], de mettre en route et mettre en mouvement des extraits des pièces choisies.

Ébauches est le travail qui doit être fait avant de peaufiner la scène individuelle. Le travail d'une scène implique un regard sur la totalité du rôle. C'est une hérésie de travailler Hermione dans sa scène avec Pyrrhus sans savoir qui est Andromaque ou Oreste.

Il faut faire comprendre ce qu'est le travail à la table. C'est une réflexion à apporter autour de l'œuvre afin de la remettre en perspective. C'est le démarrage du travail théâtral sur un rôle, tel qu'on le fait professionnellement, la mise en place des fondements pour le travail de scènes. Le titre est choisi pour ça : il s'agit d'ébaucher un travail.

Je ne veux pas que l'on aille vers le spectaculaire immédiatement. Dans certaines publicités d'autres cours, je vois comme accroche « présentation au public ». Les élèves en ont envie mais il faut retarder cette « présentation » et donner des « fondamentaux ». J'ai compris cela à l'étranger, dans ces écoles comme le Max-Reinhardt Seminar de Vienne, où l'on ne travaille pas de scène en 1re année. Mais je ne veux pas désespérer Billancourt, alors on fait des scènes en deuxième partie de la 1re année chez Florent !

Je suis très sensible à ce que chaque mot dit en scène naisse d'une réflexion, qu'il n'y ait pas un mot dit pour rien. Les élèves ont beaucoup de difficulté à saisir les images. Dans Musset, par exemple, ils adorent Perdican, Camille, mais les images sur le couvent, sur les phoques qui rampent, les images florales les gênent. L'une de nos missions est de renverser la vapeur, de leur faire aimer ce qui les rebutait au départ et de rendre le texte concret, afin de susciter chez eux des images. Les leurs.

Dans Ébauches, il y a de la lecture, des essais de mise en espace mais aussi une esquisse de ce que l'on appelait le « contre-emploi » : ménager la possibilité de donner quelques répliques du Maître de philosophie du *Bourgeois gentilhomme* alors que l'on se croit « destiné » à jouer Fortunio dans *Le Chandelier* de Musset… C'est important que des exercices de ce genre soient en opposition avec la « présentation » de la scène classique.

En outre, il peut y avoir un exercice un peu collectif, des scènes qui échappent au travail des scènes individuelles. La scène des ministres dans *Ruy Blas* qui précède « Bon appétit, messieurs… », par exemple.

Je laisse toute liberté aux chargés de cours pour qu'ils soient le plus près possible de l'intitulé. C'est un *work in progress*, expression que l'on utilise à New York aussi bien pour les cantonniers qui refont les rues que pour les acteurs en répétition. En tout cas, j'aimerais qu'Ébauches ne soit pas une présentation léchée. Une trop grande préparation m'irrite. Les élèves doivent faire confiance à l'impromptu.

La marque du grand acteur, c'est d'avoir répété deux mois et de donner l'impression que tout est inventé à la seconde. C'est très difficile de faire appréhender cela aux débutants et cette échéance les en rapproche.

Certains acteurs sont brillants aux répétitions et nuls en représentation, d'autres sont nuls aux répétitions et brillants en représentation. Il y a des acteurs nuls en lecture et brillants quand ils savent le texte. Il y a des « acteurs de répétition », qui sont d'ailleurs souvent aussi des « acteurs de restaurant ».

Dans Ébauches, il faut pourtant ménager un moment un peu solennel lors de la présentation de cet exercice à nos « visiteurs pédagogiques ». J'y assiste rarement. L'année passée, on a remis la Légion d'honneur à Jean-François Balmer à Colmar ; j'étais son parrain. Il a fait un discours où il parlait du Conservatoire, de la Suisse, de la cuisine de ma compagne, de moi, et c'est la première fois que quelqu'un a parlé de moi comme d'un « patriarche ». Pour la première fois, on m'a affublé de ce mot. Il ne faisait pas allusion aux vieillards de la Bible qui avaient une nombreuse descendance ni aux évêques orthodoxes, ni à tous ces gens à la barbe fleurie et blanche qui ont une grande sagesse de vie et qui se croient déjà assis à la droite du Seigneur. Dans l'esprit de Balmer, cela voulait dire que j'arrivais à rassembler autour de ma table des gens qui n'avaient pas d'occasions de se voir. Un *pater familias* en somme, le père de l'enfant prodigue, il y a peut-être de cela… À partir du moment où je suis un « patriarche », il va de soi qu'il y a des échéances comme Ébauches où il vaut mieux que je n'aille pas.

L'autre jour, j'ai déjeuné au ministère de la Culture avec un haut responsable qui m'a beaucoup parlé de la transmission de notre établissement. Je lui ai répondu que, de toute façon, quand on est mort, on est mort ; on ne sait pas ce qui se passe, même si l'on a pris des dispositions. J'aimerais que cette maison continue après moi. Mais ce ne peut être qu'un vœu.

Je n'ai pas de souvenirs précis d'Ébauches. J'ai de très bons souvenirs de la façon dont ça se déroulait, et de très mauvais souvenirs du cafouillis que cela engendrait. C'est une ambiance qui relève du désordre mais d'une ouverture sur des choses. Dans une classe, il y a quelques années, on portait un regard sur un personnage dans son entier. Toutes les filles passaient un bout d'Hermione et ainsi on n'avait pas uniquement les scènes très connues. Quelques passages étaient sus d'ailleurs. Les lectures à la table sont souvent trop spectaculaires, on est en représentation, sur scène en train de lire. C'est le contraire du travail à la table.

Depuis des années, on cherche à faire évoluer cette échéance, notamment en préparant moins. Ce qui est sûr, c'est qu'il ne faut pas supprimer Ébauches. Je tiens absolument à garder ce moment, d'abord pour différer au maximum la présentation de la scène travaillée « tête faite », et pour consacrer dans le cursus de formation des moments qui relèvent de la « boutique » théâtrale. Que ce soit en 1re, 2e ou 3e année.

Le travail théâtral intègre beaucoup plus d'éléments que monter une scène en chantilly. La scène classique est un miroir extraordinaire de ce que l'on est, de ce que l'on fait, elle suppose style, élégance, connaissance, promptitude. Ce n'est pas pour déshabiller la « scène individuelle » que je fais faire ces exercices préliminaires, c'est pour mieux l'habiller.

A contrario, je connais un Prix d'excellence du Conservatoire qui n'avait pas lu en entier la pièce qu'il passait. Le talent arrivait à masquer cette carence, cette paresseuse carence. Le talent arrive à masquer presque tout pour le commun des mortels. Le talent est du domaine du mystère, ou de la révélation, ou de la prédisposition. Un élève qui travaille énormément ne peut arriver au niveau d'un élève qui a plus de talent et qui travaille moins. Mais je suis très sensible au talent qui sait temporiser, à l'acteur qui ne fait pas étalage de son talent.

Les chargés de cours sont souvent face à cette forme d'injustice : ils voient des élèves doués qui ne travaillent pas du tout et des élèves qui travaillent énormément et qui ne sont pas très bien.

Pourtant, dans certains rôles, un laborieux peut plaire énormément. Beaucoup de laborieux évoluent et il vaut toujours mieux aller d'un point zéro à un point sept que d'un point dix à un point cinq. Je suis plus que satisfait quand je vois des laborieux avancer.

Qu'est-ce qu'un laborieux ou une laborieuse qui avance ? C'est une individualité qui arrive à passer du non-charme au charme. Le charme est un mot très large. Il signifie « intérêt que l'on porte à quelqu'un ». Lorsque je me dis : « cette personne a un potentiel de charme qui éclot », je suis très heureux. Surtout quand j'ai d'abord pensé : « C'est vraiment un tas. » Combien de fois m'est-il arrivé de l'écrire ? J'ai la dent un peu dure au début, c'est pour cette raison que je demande toujours à mes collaborateurs de faire une synthèse et de ne pas communiquer mes commentaires tels quels aux élèves.

Le charme, c'est quelque chose qui opère, c'est une potion magique du domaine des fées et du prodigieux. Dans le sens « on est ensorcelé », pas du tout dans le sens « il est charmant ». Cela s'oppose d'une certaine façon à la « séduction ». La séduction peut être volontaire, alors que le charme s'exerce en dépit de la personne. La séduction, on peut en rajouter quand on sait qu'on en a. Communiquer du charme est beaucoup plus compliqué que distiller de la séduction.

Ce qui pour certains tiendra lieu de « talent » peut apparaître plus tard, au bout d'un ou deux ans. J'ai souvent assisté à ce phénomène. Ce n'était pas dû au fait que l'élève avait travaillé davantage, c'était dû au fait que la vie l'avait travaillé davantage. Pour que cela puisse éclore, il est primordial de donner confiance aux élèves.

Sans mettre les nouveaux arrivants en confiance, on ne peut pas avoir de résultat. Sans tomber dans la flatterie, il ne faut pas, quand ils commencent, les mettre devant des embûches énormes ou de trop grandes difficultés. Combien de fois n'ai-je pas entendu : « Untel n'a pas eu le Conservatoire mais moi je l'engage parce qu'il est extraordinaire ! » ou « Il est au Conservatoire, je ne l'engagerai jamais ! »... Au départ, il n'y a pas de loi fondamentale d'impossibilité. On ne peut pas dire que quelqu'un est mauvais au départ. Quand on est réalisateur ou metteur en scène, on peut dire sur un essai ou une audition : « Il est mauvais, je ne peux pas le prendre parce que j'ai telle exigence vis-à-vis du métier ou de la production. » Mais nous, nous n'avons pas de contraintes à l'égard du métier ou de la production.

Dans un premier temps, il faut essayer de donner confiance. Si on lève le sourcil ou si on fait la moue devant quelqu'un, on raie d'emblée un ensemble de possibilités. Confiance veut dire : parler à l'intelligence de la personne pour lui faire comprendre que tout n'est pas rose, qu'elle n'est pas au sommet de son art, qu'au contraire, elle doit gravir un chemin de croix, un Golgotha, mais que, nonobstant, cela vaut la peine de le grimper. On essaie de lui faire dire : « Ce qui me passionne, c'est de monter ce calvaire pour ressusciter le troisième jour ! »

Dominique Blanc a dit : « Chaque individu possède des possibilités qu'il est beaucoup plus facile de bloquer que de faire éclore. » Cela arrive malheureusement toujours. On ne peut pas débourrer les personnalités à 100 % et en même temps garder intacte leur singularité. Au fur et à mesure que les années passent, il me semble que j'en ai fait éclore quelques-uns. Le palmarès en fait foi, ainsi que les retours élogieux et nostalgiques de beaucoup d'anciens. Dominique Blanc dit une vérité absolue qui concerne tout formateur. Notre héritage culturel et notre personnalité propre ont la fâcheuse tendance à marquer de prétendues vérités au fer rouge. De temps en temps, certains pédagogues metteurs en scène mettent trop en avant leurs envies essentielles d'homme de théâtre et sautent par-dessus l'enclos pédagogique.

Dans notre domaine, un vrai pédagogue – gardons le mot ! – est quelqu'un qui sait faire fi de ses penchants et de ses envies naturelles ; ce qui ne veut pas dire qu'il faille être lisse. La belle phrase de Maurice Béjart est toujours d'actualité : « On peut tout faire, mais pas n'importe quoi. » Nous devons faire en sorte que l'éclosion de la personnalité artistique prime, se fasse de façon harmonieuse et non pas échevelée.

Il n'y a pas que l'idéologie qui « bloque », d'autres phénomènes font surface : une relation tordue avec un apprenti comédien, par exemple, mais il y a des relations très intimes qui ont un résultat artistique heureux et d'autres un résultat artistique désastreux. « Ne pas bloquer » signifie ne pas rendre hostiles les relations entre le formateur et l'élève. **Quelquefois, l'hostilité entre un metteur en scène et un acteur donne un résultat extraordinaire ; là encore, c'est paradoxal.** L'hostilité dans le cadre de la formation signifie un empêchement, moral ou physique, qui fait que la personne qui se soumet à vous ne peut pas respirer à pleins poumons. C'est souvent à son insu que le pédagogue rate sa cible. Je ne parle pas du « conflit » ; en la circonstance, dialogue et argumentation restent ouverts ; l'hostilité, elle, signifie que l'on n'a plus de cartouches, que l'on est sans armes vis-à-vis de l'autre. L'apprenti comédien, lui, peut avoir des armes vis-à-vis du formateur qui l'éclairent ou même quelquefois le confondent, il faut l'accepter. Souvent, l'autorité du formateur renaît quand il sait accepter qu'on lui cloue le bec.

Me revient en mémoire une pensée de Joubert : « Enseigner, c'est apprendre deux fois. » Nous avons l'obligation d'épanouir une personnalité, mais aussi celle de mettre les élèves en face d'obstacles à passer ; s'il n'y a pas d'obstacles, il n'y a pas de résultat possible. Les empêchements sont souvent dus, en ce qui me concerne, à une incompatibilité épidermique : il y a des gens que l'on « sent » mieux que d'autres, ou qui vous sentent mieux que d'autres, souvent on ne peut pas s'en sortir, sauf à changer de classe. C'est pour cette raison que je suis en faveur des grandes écoles, importantes, parce que l'on peut s'adresser à d'autres pédagogues au sein de la même maison qu'on apprécie par ailleurs. Au Conservatoire, on avait le même professeur pendant trois ans, et il était très mal vu de changer de classe… Certains changent d'école parce qu'ils n'aiment pas l'architecture de la mienne. Je n'aime pas du tout cette idée fallacieuse qu'ont certains de vouloir aller dans un petit cours parce que, croient-ils, on s'y occupera mieux d'eux. C'est un péché capital. Il ne faut pas changer de formateur à chaque obstacle. L'incompatibilité épidermique peut exister au départ et très curieusement évoluer, comme dans beaucoup d'histoires de haine et d'amour. Tout à coup, on a une tendresse envers une personne qui vous déplaisait ; cela m'est arrivé, à la fois dans l'ordre sensuel et intellectuel : une réaction intelligente et inattendue au détour d'une indication, un certain regard qui vous transperce… Le blocage psychophysiologique est anecdotique, c'est assez rare que l'on rende les gens muets ou invalides… L'aspect fondamental de ce blocage, c'est l'obligation à penser d'une certaine façon, et, du coup, soustraire une liberté. Il faut faire attention à l'utilisation du mot « blocage » ; « uniformisation artistique » me va mieux. Hélas, il y a trop d'acteurs qui n'ont plus qu'une vision univoque de leur devenir artistique ou de leurs possibilités. Et c'est là que nous intervenons principalement, il s'agit de donner un choix d'orientation au regard des capacités de départ. Certains sont plus compétents dans certaines expressions théâtrales que dans d'autres, il faut essayer de les en approcher et ne pas les en exclure sous des prétextes idéologiques. Nous devons faire en sorte que l'acteur ait la possibilité d'échapper à une pensée dominante.

Quand Dominique Blanc a été refusée pour la deuxième fois au Conservatoire, j'ai compris qu'elle n'entrait pas dans un certain moule. Je ne lui ai pas dit cela la première fois où elle s'est présentée ; au contraire, j'avais toujours l'espoir qu'elle y entrerait, au vu de ses qualités et de cette vision extrêmement cosmique qu'elle avait déjà de l'expression scénique. Il m'était très douloureux de la voir échouer, mais à cette époque je crois que le Conservatoire désirait des gens un peu plus simples et d'un physique plus classique… Quand comprendra-t-on que la perception des physiques et des possibilités d'acteurs n'est pas du tout la même au début et à la fin de la formation ? Quand on entend faire partie d'un jury, il faut être doté d'un sixième sens.

Au fur et à mesure que les années passent, les écluses deviennent de plus en plus étroites. Il y a des gens qui partent parce qu'ils ne suivent plus, ou parce que ça ne les intéresse plus de suivre. Souvent, ils donnent des raisons fumeuses pour partir. En fait, dans la majorité des cas, ils comprennent que cela ne vaut pas la peine de continuer. Mais ils ne l'avoueront jamais.

La formation a notamment pour office de faire prendre conscience à tout un chacun des possibilités et des impossibilités à exercer cette profession. Si tout le monde peut être acteur, tout le monde ne peut pas être acteur de profession. Je pense que la personne, en se frottant aux obstacles qui jalonnent notre programme, doit découvrir elle-même par la suite, après notre cursus, si elle est faite ou non pour la profession. Je dis toujours : « Il y a un moment de votre vie où vous devez décider d'y rester ou de ne pas y rester. » Dans *Match Point*, ce chef-d'œuvre de Woody Allen, la mère du jeune garçon riche, qui fraie avec cette starlette jouée par la magnifique Scarlett Johansson, lance à un moment : « Il serait temps qu'elle se rende compte qu'elle ne marche pas dans ce métier. » La réplique est violente mais c'est ça : il y a un moment où l'on n'a plus le droit de perdre sa vie. Il faut savoir la faire bifurquer, notamment grâce aux études faites chez nous.

■

En octobre 1957, j'entre au Conservatoire dans la classe de René Simon. J'étais très malheureux de ne pas être nommé dans la classe de Jean Yonnel[18]. Je voulais être dans sa classe afin de travailler la tragédie. Les résultats étaient donnés du haut de l'escalier par un élève appariteur. J'ai rempli cet office par la suite, j'avais un plaisir trouble, sournois, à donner les résultats.

Les professeurs choisissaient leurs élèves et les résultats étaient donnés par classe. Béatrix Dussane[19], la doyenne, choisissait en premier. Je l'ai peu connue. Dussane était trop mondaine

pour moi, trop parisienne, trop « poudrée » ; elle avait une coiffure étonnante, un peu Régence.
Elle allait prendre le thé avec les élèves au salon de thé de la rue Saint-Fiacre, je ne me trouvais pas assez calamistré. Aujourd'hui, je regrette de ne pas l'avoir connue davantage, elle savait dire des choses sur les cycles de l'histoire du théâtre, sur la boutique théâtrale. Me reste son : **« Mon petit, ne confonds pas les traditions avec la tradition. »**

Puis venait René Simon, qui avait été nommé au Conservatoire sous le Front populaire. Il avait gardé son cours, à l'époque c'était permis ; Raymond-Girard[20], qui avait un cours privé rue Vavin, et Jean-Laurent Cochet ont aussi été professeurs au Conservatoire ; l'interdiction d'officier à la fois dans le « public » et le « privé » n'est venue qu'après.

Le soir, je rentre donc chez moi, 53, rue Pigalle, triste, dépité et furieux de ne pas être chez Jean Yonnel. Je voulais jouer la tragédie, je voulais dire des vers dans un corset argenté, je voulais avoir comme professeur un sociétaire de la Comédie-Française. René Simon n'était pas à la Comédie-Française. Il était seulement le fondateur du célébrissime Cours Simon.

Le lendemain matin, j'avais ma première classe avec René Simon et ça ne me disait rien du tout. Je descends la rue Notre-Dame-de-Lorette, je passe rue Richer devant les Folies Bergère, et je m'arrête au bistrot qui fait l'angle avec la rue de Trévise. J'avale deux calvados pour avoir moins peur. J'entre dans la salle, il y avait déjà des gens installés (dont Jean-Laurent Cochet), et ils se connaissaient tous. J'étais terrorisé. On s'assied. Simon entre, s'assoit, prend son carnet, et pose des questions : « Tu as changé d'adresse ? », etc., puis : « Alors, les nouveaux. Florent, ton adresse ? » Je réponds « 53, rue Pigalle », et lui : « Ah, tu dois pas t'emmerder ! » Je suis devenu rouge comme une pivoine. Je me suis dit : « Ça commence bien… » Il fait le tour de tout le monde, puis il revient à moi, et me dit : « Ton concours m'a beaucoup intéressé, d'ailleurs je t'ai choisi en premier, mais maintenant, plus de tragédie ! » Simon m'a tout de suite donné un ensemble de scènes. C'est ce que tous les profs faisaient et c'est ce que j'ai fait à mes débuts. Il me voyait dans Valère de *Tartuffe*, des rôles comme ça. Au fur et à mesure, j'en suis arrivé à ce que j'appelle l'emploi des « nobles désargentés », comme Steinberg dans *Bettine* de Musset, ou des hobereaux allemands, Zelten dans *Siegfried* de Giraudoux…

À la fin du cours, j'étais plutôt rassuré. Simon n'était pas l'homme que je pensais ; j'ai vite remarqué qu'il était très multiforme, il savait parler des classiques avec une belle acuité, une belle modernité, un sens historique de l'écriture et de la composition.

Les patrons des cinq principaux cours privés du siècle : Simon, Périmony, Cochet, Brigaud, Florent étaient au Conservatoire au même moment.

Périmony, Cochet, Brigaud et moi avons reçu tous les quatre la même formation au même endroit au même moment et pourtant, nos quatre écoles sont complètement différentes.

Si Périmony a très peu connu Simon – il avait comme professeurs Pierre Dux d'abord puis Robert Manuel –, Cochet et moi étions dans la même classe chez Simon, et pourtant nos perspectives pédagogiques n'ont rien à voir à ce qu'il me semble.

Jean-Laurent était professeur au Conservatoire quand Jacques Rosner en a pris la direction. Il y eut alors un fracassant divorce entre les modernes et les classiques et, en rejetant les réformes voulues par la nouvelle direction, démissionnant en fanfare de son poste, Cochet s'est retiré sur l'Aventin.

Je suis tributaire d'une double, d'une triple, voire d'une quadruple culture. Enfant, j'ai subi le joug de l'Allemagne nazie. Mais le fait d'avoir été allemand m'a permis par la suite de ne pas considérer le génie français comme seul phare du monde ; le fait d'avoir de la famille aux États-Unis, où je suis allé très tôt, m'empêche de tomber dans l'américanophobie viscérale ; la séduction de l'Extrême-Orient, où je réside beaucoup, sont des facteurs qui m'éloignent d'une droite artistique hexagonale, surtout si elle se dit de gauche.

Aujourd'hui, je ne regrette plus de n'avoir pas été nommé chez Yonnel ; il me semble que si j'avais été chez lui, mon destin en eût été affecté.

J'ai revu Yonnel quand j'ai joué *L'Aiglon* au Châtelet en 1963-1964, avec Pierre Vaneck, Jacques Dumesnil, Renée Saint Cyr, Lucien Nat ; il jouait l'empereur François Ier d'Autriche.

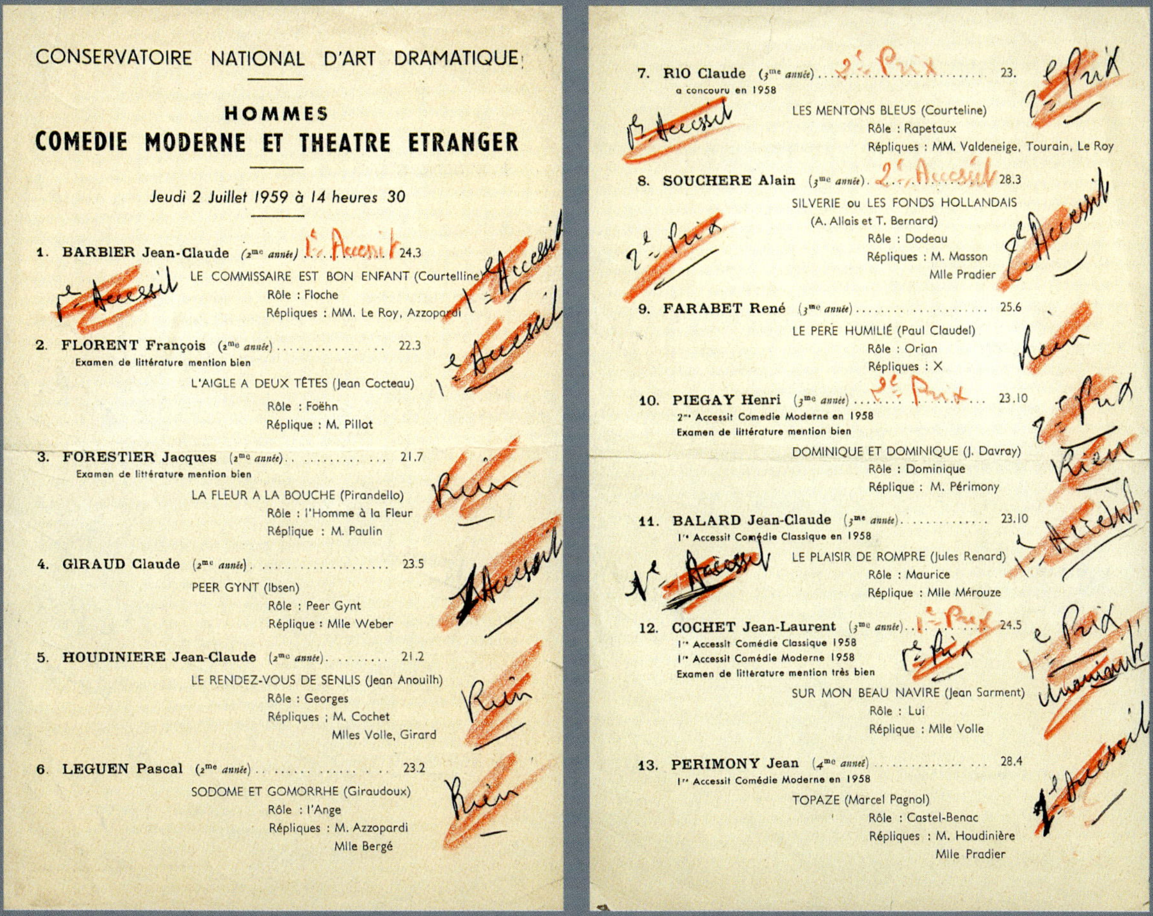

CONSERVATOIRE NATIONAL D'ART DRAMATIQUE

HOMMES

COMEDIE MODERNE ET THEATRE ETRANGER

Jeudi 2 Juillet 1959 à 14 heures 30

1. **BARBIER Jean-Claude** *(2me année)* 24.3
LE COMMISSAIRE EST BON ENFANT (Courteline)
Rôle : Floche
Répliques : MM. Le Roy, Azzopardi

2. **FLORENT François** *(2me année)* 22.3
Examen de littérature mention bien
L'AIGLE A DEUX TÊTES (Jean Cocteau)
Rôle : Foëhn
Réplique : M. Pillot

3. **FORESTIER Jacques** *(2me année)* 21.7
Examen de littérature mention bien
LA FLEUR A LA BOUCHE (Pirandello)
Rôle : l'Homme à la Fleur
Réplique : M. Paulin

4. **GIRAUD Claude** *(2me année)* 23.5
PEER GYNT (Ibsen)
Rôle : Peer Gynt
Réplique : Mlle Weber

5. **HOUDINIERE Jean-Claude** *(2me année)* 21.2
LE RENDEZ-VOUS DE SENLIS (Jean Anouilh)
Rôle : Georges
Répliques ; M. Cochet
Mlles Volle, Girard

6. **LEGUEN Pascal** *(2me année)* 23.2
SODOME ET GOMORRHE (Giraudoux)
Rôle : l'Ange
Répliques : M. Azzopardi
Mlle Bergé

7. **RIO Claude** *(3me année)* .... 23.
a concouru en 1958
LES MENTONS BLEUS (Courteline)
Rôle : Rapetaux
Répliques : MM. Valdeneige, Tourain, Le Roy

8. **SOUCHERE Alain** *(3me année)* 28.3
SILVERIE ou LES FONDS HOLLANDAIS
(A. Allais et T. Bernard)
Rôle : Dodeau
Répliques : M. Masson
Mlle Pradier

9. **FARABET René** *(3me année)* 25.6
LE PERE HUMILIÉ (Paul Claudel)
Rôle : Orian
Répliques : X

10. **PIEGAY Henri** *(3me année)* 23.10
2me Accessit Comedie Moderne en 1958
Examen de littérature mention bien
DOMINIQUE ET DOMINIQUE (J. Davray)
Rôle : Dominique
Réplique : M. Périmony

11. **BALARD Jean-Claude** *(3me année)* 23.10
1er Accessit Comédie Classique en 1958
LE PLAISIR DE ROMPRE (Jules Renard)
Rôle : Maurice
Réplique : Mlle Mérouze

12. **COCHET Jean-Laurent** *(3me année)* 24.5
1er Accessit Comédie Classique 1958
1er Accessit Comédie Moderne 1958
Examen de littérature mention très bien
SUR MON BEAU NAVIRE (Jean Sarment)
Rôle : Lui
Réplique : Mlle Volle

13. **PERIMONY Jean** *(4me année)* 28.4
1er Accessit Comédie Moderne en 1958
TOPAZE (Marcel Pagnol)
Rôle : Castel-Benac
Répliques : M. Houdinière
Mlle Pradier

• Programme du concours du Conservatoire de Paris annoté par Marie-Thérèze Izar, 2 juillet 1959.

Nous nous sommes parlé, je lui ai fait raconter son histoire de Shakespeare. Shakespeare, prétendait-il, était venu lui parler la veille de sa première de *Hamlet* au Français en 1940. Il disait que c'était pour ça qu'il était très bien et qu'il avait eu de bonnes critiques. Tout le monde riait de cette histoire. Je jouais l'Attaché français, nous n'étions du IIe acte ni l'un ni l'autre, et un jour je lui ai dit : « Maître, j'aimerais en avoir le cœur net, j'ai entendu parler de cette visite de Shakespeare que vous auriez eue quand vous avez joué Hamlet… » Et il m'a répondu : « Florent, demain tu viens dans ma loge, et je te raconte l'histoire ! » Le lendemain, il m'a dit : « Assieds-toi, on a le temps. Ce n'est pas une blague ! C'était pendant le Blitz. Après la générale, je suis rentré chez moi, il était minuit, et au moment de me coucher quelqu'un frappe à ma porte. Je demande qui c'est, on me répond "Shakespeare". Tu penses bien que je ne l'ai pas cru, je me suis dit que c'était un gars qui était à la générale. Je voyais mal son visage, il s'assied, il m'explique ce que je devais faire dans la scène des fossoyeurs. Il m'a parlé de la pièce, il m'a dit des choses que je ne soupçonnais pas et que personne ne pouvait savoir à part lui. Je suis convaincu que c'était Shakespeare. » J'aurais dû noter tout ce que Yonnel m'a dit, il m'a tout raconté, avec des exemples précis, notamment sur la scène avec Gertrude.

René Simon était pupille de la nation ; blessé pendant la guerre de 14-18, il faisait partie des « gueules cassées ». Après la guerre, il a fait le Conservatoire ; il est entré à la Comédie-Française en 1925 comme pensionnaire. Il y a là un mystère, il faudrait voir dans les archives, mais sur le site internet de la Comédie-Française il est écrit « entrée 1925 ; sortie 1925 ». Il prétendait qu'il y avait joué Harpagon, or il était encore jeune… Il y a peut-être une falsification de l'histoire de son séjour à la Comédie-Française. Qu'a-t-il joué à la Comédie-Française ? Pourquoi en est-il sorti si vite ? La version officielle de la responsable du Cours Simon est qu'il a volontairement quitté la Comédie-Française pour se consacrer corps et âme à l'enseignement et qu'il a sacrifié

• Concours du Conservatoire de Paris,
René Simon et Jean-Laurent Cochet, 1959 ;
Françoise Fabian et Jean Périmony.

sa carrière d'acteur. Il a merveilleusement réussi son cours, qui a été un grand cours, mais je ne crois pas qu'il ait « sacrifié » sa carrière pour enseigner.

Le Cours Simon représentait une rupture par rapport à ce qui existait, ces cours donnés par les sociétaires dans leur loge. Dans *On passe dans huit jours* de Sacha Guitry, l'actrice que le metteur en scène veut évincer implore : « Est-ce que vous voulez que je prenne des cours chez Mme Kolb ou chez Mme Leitner ? » À l'époque, il y avait des dames qui faisaient cours dans leur salon. Je crois que Simon a été l'un des premiers à avoir créé et structuré un vrai cours.

En 1930-1931, c'est l'avènement du cinéma parlant (*Le Chanteur de jazz* est de 1929). Simon a immédiatement compris qu'il fallait faire travailler les gens de façon plus proche, en « plan américain », et il a eu une très grande audience. À tel point qu'en 1936-1937, lorsque la volonté du ministre du Front populaire Jean Zay a été de renouveler la façon d'enseigner au Conservatoire, il y a nommé René Simon.

Il y avait le Simon du Conservatoire et le Simon du cours privé… Il ressentait un besoin, qui n'a jamais été le mien, de faire son one-man-show une fois par semaine. Il avait besoin d'un public. Il aurait pu l'avoir soir après soir à la Comédie-Française ! Il faisait donc le cabot le lundi soir, à son cours privé, boulevard des Invalides, dans le VIIe. Le Cours Raymond-Girard était aussi dans le VIIe. Autres temps !

C'était la grande cérémonie, cette grand-messe du lundi soir. Nous, les élèves du Conservatoire, notre devoir était d'y aller. On n'y allait pas tout le temps. Il y avait 200 ou 250 personnes. (Francis Huster m'a souvent demandé quand est-ce que j'allais faire mes cours du lundi soir !) Les élèves ne passaient pas de scènes, c'est Simon qui était en scène. Il parlait, il « hâblait », il jouait des scènes tout seul et faisait rigoler. Ça durait une heure et demie à peu près. C'était un méli-mélo qui allait de *La Mort du loup* de Vigny à des aphorismes sur l'hygiène corporelle, et ça se terminait par des « thèmes », on dirait aujourd'hui des improvisations, qu'il faisait tout seul : je me rappelle de « l'enterrement » ; il contrefaisait tous les gens qui étaient à l'enterrement. C'était un vrai one-man-show. Il était

• René Simon au Conservatoire de Paris, 1948 ; en séance du lundi soir au Cours Simon en 1942.

très brillant. Il voulait que le public se dilate la rate. Il l'interpellait, il tournait le projecteur vers quelqu'un et disait : « T'es mal fagotée ce soir ! » Après son cours, les élèves repartaient, mais nous, les élèves du Conservatoire, on était reçus dans son bureau. Il était en sueur, il se rinçait au whisky. C'était comme Bécaud sortant de scène à l'Olympia. Il s'affalait en disant : « Ah, j'étais mauvais ce soir ! » et nous le redisait en boucle au Conservatoire le mardi matin. Il se donnait des notes.

Il y avait un gouffre entre le Simon que nous avions neuf heures par semaine au Conservatoire qui nous parlait avec grande sensibilité de Musset et le Simon des lundis soir. Au Conservatoire, il ne faisait jamais faire d'improvisations.

Je n'ai pas le don de me donner en spectacle ; mais je comprends que l'on puisse exploiter ce filon, bien que je reste de l'avis que faire le métier que je fais ne doit pas être un pis-aller. Pour René Simon, enseigner n'était certainement pas un pis-aller, mais je ne sais pas ce qui serait advenu de lui si on lui avait dit : « Vous n'avez plus le droit de faire votre numéro du lundi. »

Il se targuait de n'avoir pas fait d'études et sa façon d'enseigner et d'être s'en ressentait indiscutablement. Il se disait autodidacte. Cela m'a toujours un petit peu fait tiquer. Il se réfugiait beaucoup dans l'histoire du théâtre de sa jeunesse. Il parlait beaucoup des sociétaires du Français qu'il avait connus, qui étaient professeurs dans les années 1910-1920. D'un certain Jules Truffier notamment, qui a écrit des textes sur la formation de l'acteur, qu'il faudrait ressusciter. De Le Bargy[21] aussi. Il racontait qu'il était allé donner une réplique dans la classe de Le Bargy, dans une scène où, en déclarant son amour à une jeune fille, il resta debout trois-quarts dos, Le Bargy l'engueula en lui disant : « Monsieur, quand on déclare sa flamme à une jeune fille, on se met à genoux ! » Il avait une réelle vénération pour ces gens-là, tout en disant qu'il avait apporté une rupture.

Il y avait un côté *Cinémonde* chez René Simon. On parlait beaucoup du Cours Simon dans *Cinémonde*, Michèle Morgan, Martine Carol, Pierre Mondy, Daniel Gélin n'avaient fait que le Cours Simon et pas le Conservatoire. Ce qu'il faisait dans son cours privé passait pour être en divergence avec la formation traditionnelle de l'acteur. Mais, au Conservatoire, il n'avait d'yeux

• Michèle Morgan en couverture de *Cinémonde*, 1946, pour la sortie du film *La Symphonie pastorale* de Jean Delannoy d'après le livre d'André Gide.

que pour de vieux professeurs comme Léon Bernard. À mes yeux, il avait l'avantage extraordinaire sur Jean Meyer, qui était un autodidacte devenu terroriste, d'avoir su se couler dans le mouvement qui s'amorçait avec le théâtre de l'absurde… Meyer était professeur d'ensemble au Conservatoire et directeur artistique du Centre de la rue Blanche. La Comédie-Française était à sa botte, il y jouait et y montait ce qu'il voulait. Meyer était omnipotent.

René Simon était beaucoup moins formel que les autres professeurs du Conservatoire. Il n'indiquait pas trop les places, il laissait respirer les choses. Mais il n'allait jamais vers une originalité qui nous aurait surpris ou déstabilisés. On ne se disait pas : « Qu'est-ce qu'il me fait faire, je ne comprends pas. » J'ai toujours très bien compris ce qu'il demandait. Il essayait de rendre les choses primaires. Il lui importait que les choses soient modernes en accentuant leur primarité. Je tiens aussi beaucoup à cela. Ne pas mettre trop de sauce intellectuelle ni trop de traditions. Il savait très bien naviguer entre une tradition et une sorte de modernité mais il était tout de même enserré dans ce Conservatoire figé des années 1950. Il ne pouvait pas aller plus loin. Le Conservatoire était raillé par Vilar, la Nouvelle Vague, les metteurs en scène du théâtre de l'absurde. Il était déjà un franc-tireur dans le privé, il avait donc intérêt à se « recadrer ». Au sein du Conservatoire il n'avait pas le pouvoir de se démarquer. Il est resté bien-pensant en comparaison des Roger Blin ou des Jacques Mauclair.

Je crois que René Simon n'a jamais prononcé le nom d'Antonin Artaud. Moi je le prononce très peu, mais volontairement. Il citait un peu Giraudoux, parce qu'il le connaissait. Il parlait bien sûr du Théâtre Libre d'Antoine ; il prônait un naturalisme saupoudré de poésie. Ce naturalisme se démarquait de ce qui se faisait chez Yonnel. Simon faisait en sorte que les scènes du répertoire soient un peu du cinéma français de qualité, profil Jean Desailly. Je ne me souviens pas que Simon ait pris le contre-pied de quelque chose qui faisait partie de mon credo artistique.

J'estime qu'il ne s'est pas assez tenu au courant de l'évolution des choses. Il sortait très peu.

• Gérard Philipe
et Jean Vilar,
répétition du *Cid*
pour le Festival
de Suresnes, Théâtre
national populaire, 1951.
• Jean Martin,
Germaine de France,
Georges Adet, *Fin de partie*
de Samuel Beckett,
mise en scène Roger Blin,
Studio des Champs-
Élysées, 1957.

• René Simon avec sa pipe.

Il ne mettait que parcimonieusement en perspective les changements du théâtre et du cinéma français. Cela restait fragmentaire.

Contrairement aux autres, il ne proclamait pas que l'on était faits pour ça ou ça. Il nous faisait comprendre qu'il serait bien pour nous de nous attaquer à ça et à ça. Ce n'était pas rien à l'époque.

Il arrivait à susciter une intimité entre l'auteur et nous, il ne nous éloignait pas des auteurs en en faisant des statues équestres. Il métamorphosait ces statues en personnes proches et ordinaires. Il nous faisait comprendre en quoi les auteurs parlaient de nous. Il savait parler de Molière ou de Racine comme s'ils étaient nos contemporains immédiats. Dans son cours privé, il faisait travailler des scènes de cinéma.

Au Conservatoire, Simon n'avait pas ce besoin d'être en scène. Ce n'était pas la même frénésie que le lundi soir, il restait plutôt assis derrière sa table avec sa blague à tabac, il fumait la pipe. Cette pipe était sûrement un instrument très important de sa pédagogie, une espèce d'alliée à sa bonhomie. René Simon n'était pas un « chef de troupe » mais un leader. Un fédérateur. Un magnétiseur.

Les comportements de René Simon pendant un cours constituent un alliage précieux pour une pédagogie. Il était parfois extrêmement profond et extrêmement perçant sur certains points et d'autres fois très Almanach Vermot. Il avait besoin de maximes à l'emporte-pièce, pas tant pour se faire aimer ou se faire mal voir que pour déclencher quelque chose chez l'autre. J'essaie aussi de le faire. De temps en temps c'est raté quand le trait d'humour neutralise l'aide que l'on pensait apporter. René Simon faisait en sorte que, même dans la critique, il y ait toujours un marchepied. C'est ce qu'il faut essayer de faire. On ne doit pas scier les barreaux de l'échelle mais tendre un marchepied.

J'ai concouru deux fois au concours de sortie du Conservatoire. En mai, nous passions un examen pour savoir si nous pouvions concourir en juin ; ne pas être sélectionné en 2e année était une énorme claque.

À la fin de ma 2e année, j'ai passé Dom Juan et le Comte de Foehn dans *L'Aigle à deux têtes* de Cocteau. Je n'ai pas été bien et je n'ai rien eu.

J'ai eu un premier accessit à mon deuxième concours ; j'ai présenté Don Salluste de *Ruy Blas* au concours classique et, au concours moderne, sur indication de Simon, j'ai passé *Le Voyageur et l'Amour*, une pièce de Paul Morand créée par Jean Yonnel (encore lui) en 1934. Simon a été perspicace, c'était pour moi, ce rôle. C'était Bérangère Dautun[22] qui me donnait la réplique. L'écriture de Morand est d'une élégance infinie. La veille du concours, je passe la scène avec Dautun, il y avait beaucoup de gens dans la salle, tout le monde était soufflé et me prédisait un premier prix. On pensait que j'allais entrer au Français, puisque à l'époque les premiers prix entraient à la Comédie-Française.

Durant ma 3e année, j'étais stagiaire au Français, j'avais notamment repris le rôle du jeune premier dans un lever de rideau de quarante minutes, *Le Voyage à Biarritz* de Jean Sarment, avec Georges Chamarat, Andrée de Chauveron et Danièle Lebrun.

Salluste s'était plutôt bien passé. Et je me suis écroulé dans *Le Voyageur et l'Amour*, je n'ai rien eu. Aujourd'hui, j'analyse bien ce qui s'est passé : pendant le passage de la scène, je me suis vu jouer la scène. J'étais spectateur de moi-même. Au moment crucial, mes origines provinciales, alsaciennes, m'ont rejeté à l'extérieur de ce personnage de Paul Morand.

Pourtant, la veille, j'étais bien !

Mais au moment où ça devait éclater aux yeux de tous, ce n'était pas bien. La panique s'est emparée de moi à l'instant que je pensais être le pivot de mon existence. En ce temps-là, le concours de sortie changeait une destinée.

Pompidou raconte que, la veille de l'agrégation, leur professeur leur a dit : « Messieurs, vous en êtes tous au même point, mais demain les nerfs feront la différence. »

Paul Morand est mort en 1976. En 1960, il habitait Paris et cuvait son échec à l'Académie. Aujourd'hui, je me demande pourquoi je n'ai pas harcelé cet homme pour le voir, qu'il me parle. Je me dis souvent que s'il m'avait parlé j'aurais assuré. Rien n'allait, mon costume Delaveine n'allait

• Jacques-Émile Blanche, *Étude pour le portrait de Paul Morand*, Rouen, musée des Beaux-Arts.

pas, il aurait dû venir d'un tailleur du VIIIe arrondissement… J'étais loin de l'attaché d'ambassade, du « jeune homme pressé ». Je m'arrachais beaucoup les ongles, ce n'était pas très « Paul Morand » non plus. Et pourtant Simon avait eu raison de me donner à travailler ce rôle. Il voulait me faire changer de cap.

En fait, mes « emplois » étaient les jeunes premiers de tragédie, Curiace… Si j'avais réussi le Morand et renoncé à Salluste (si le nez de Cléopâtre…), je serais peut-être entré au Français. Et que m'aurait-on fait jouer ? Je ne sais pas trop. Quand on entre au Français, votre « emploi » rajeunit. J'aurais joué Valère de *Tartuffe*, des fils de famille dans Pirandello, ces rôles-là.

Mais je me suis écroulé dans *Le Voyageur et l'Amour* !

Je ne pense pas que le reste de ma destinée professionnelle soit due à cela. Je montais déjà des choses au Centre de la rue Blanche, je faisais travailler des scènes. **René Simon m'a donné envie d'enseigner. Il a essayé de trouver une concordance entre ce que je représentais et qui j'étais.**

C'est lui qui m'a donné l'envie de trouver chez les autres la concordance entre qui ils sont et ce qu'ils représentent.

Il m'a fait progresser. En fait, je ne sais pas si je suis quelqu'un qui a beaucoup progressé mais il est arrivé à me décorseter, à desserrer le nœud de la cravate.

Il m'a beaucoup plus appris sur la façon d'appréhender les autres que sur la façon de compléter ou de chambouler mon bagage personnel de comédien. Il savait parler aux gens pour leur indiquer ce qui pouvait être le plus cohérent pour affiner leur personnalité et leur crédibilité professionnelle.

Il m'a appris aussi à communiquer un point de vue à mes collaborateurs, loin de toute idéologie. J'aime une certaine contradiction pédagogique dans notre maison. Mais l'exécution du programme amène la synthèse. Je me sens toujours maître du programme, mais il doit permettre des variantes. Le programme m'appartient comme héritage culturel, c'est peut-être le seul moyen d'être à la fois le patron que je dois être et le promoteur d'une diversité d'opinions.

• François Florent
pose pour son book.

J'ai revu Simon une fois, lorsque j'ai remplacé comme professeur à son cours mon camarade Philippe Brigaud, par la suite créateur du Studio 34. Dès sa sortie du Conservatoire, Simon a demandé à Brigaud d'enseigner au Cours Simon, où il est devenu professeur titulaire très tôt. Un jour, il me demanda de le remplacer pendant quatre ou cinq séances. J'étais alors professeur au conservatoire du XVIIe. J'ai fait cours dans la grande salle où Simon faisait ses numéros du lundi soir. Plus tard, j'ai appris que René Simon avait un « perroquet » dans son bureau. Le président de la République n'a pas le droit d'aller à l'Assemblée nationale mais il peut écouter les séances avec ce « perroquet ». Chez Simon, le micro dissimulé dans la salle de cours s'apparentait à l'espionnage – ça, je ne l'ai jamais fait, et je ne le ferai jamais.

Simon ne s'est jamais ouvert à moi de ce qu'il pensait du jeune professeur que j'étais…

En me remémorant aujourd'hui René Simon, c'est, en plus voyou, à Marcel Pagnol qu'il me fait penser. Il portait une grande admiration à l'auteur de *Topaze* et ce n'était pas sans raison. Je leur trouve une vision similaire des « vices unis à l'humaine nature ». Chez Simon, il n'y avait ni cigales ni ferry-boat mais des saucées automnales et des éclaircies qui disent la même chose. Chez les deux le pessimisme était optimiste et l'optimisme, pessimiste.

Simon m'a pour toujours inculqué cet adage de vie, ce précepte pour l'action. On est aux antipodes du divan ; la galéjade est plus acerbe que la sentence, l'introspection plus futile que la badinerie. La pédagogie de René Simon, c'est ce balancier permanent qui va du cri d'amour de Rellys pour Manon des Sources aux calembredaines amères de l'heure du pastis.

À ma connaissance, il n'existe aucun écrit de René Simon – « Mon enseignement est oral, pas d'écrits », claironnait-il. Était-ce par conviction ou par fainéantise, ou encore par crainte ? Dans le domaine de la pédagogie dramatique, l'oralité énergique, voire spectaculaire, prime, mais nous perdons beaucoup aujourd'hui (je perds beaucoup aujourd'hui) à n'avoir aucune trace écrite de ce Pagnol du Nord.

• Où l'on voit que celui que l'on croyait être
diffère de celui que l'on vous dit être

Travail à la caméra

100

Il m'a fallu un certain temps pour que l'échéance « Travail à la caméra » se mette en place car autrefois les instruments de captation étaient beaucoup plus lourds et bien plus chers qu'aujourd'hui. En devenant plus accessibles, les nouveaux instruments ont permis à cette échéance de voir le jour. Il y a vingt ans, je rêvais de louer un studio de cinéma, car il fallait un studio pour faire un travelling ou pour avoir une caméra valable et une perche pour le son. À présent, il est possible de faire autrement et certaines écoles de cinéma internationales préconisent cette façon de faire avec un matériel minimaliste. Il y a vingt ans, je n'ai pas voulu créer un impossible « Travail à la caméra » même si des confrères météoriques le faisaient car je savais qu'ils n'avaient pas le matériel pour et donc qu'ils faisaient semblant de… Or il est important qu'il y ait une captation d'images, un regard, à la fois du chargé de cours et de l'intéressé lui-même.

Je l'ai appelé « Travail à la caméra » et non « Cinéma » car le mot « caméra » est plus générique que « cinéma » et recouvre une réalité : il faudrait faire une statistique sur le nombre d'acteurs sortant d'écoles (nationales ou pas) qui font plus de télévision (séries, publicités…) que de cinéma. Quel est le pourcentage ? Et j'ai tenu au mot « travail », pour confondre le fainéant qui se contente du « je me regarde dans ma vidéo ».

Il y a deux fois Travail à la caméra, une fois en 1re année et une fois en 3e année. Avant, ce n'était qu'en 2e et 3e années. Il m'a fallu du temps pour calibrer le travail à la caméra. J'ai essayé beaucoup de choses. Il serait complètement invraisemblable qu'une école comme la nôtre ne s'intéresse pas au travail devant la caméra et ne le pratique pas mais, pour des jeunes de 1re année, trouver la synthèse des contradictions entre ce qu'indiquent un professeur dit « de théâtre » et un réalisateur dit « de cinéma » est quelquefois entreprise difficile. Il arrive souvent qu'un élève nous dise qu'en cinéma, on lui avait dit de faire autrement, et inversement. En ce moment, on auditionne les élèves comédiens de 3e année pour la réalisation d'un film. Ils vont tourner dix jours au Touquet. En 1re année, tous les élèves font un travail à la caméra par classe avec des inter-

venants cinéastes, alors qu'en 3e année, il s'agit d'une audition ou d'essais pour un cinéaste qui réalise un film. Au printemps 2007, ce fut Pierre-Henri Dufresne. Faire du cinéma et s'occuper du concours du Conservatoire en même temps est chose extrêmement délicate, seuls des *happy few* y parviennent.

Il y a deux aspects dans Travail à la caméra : d'abord une prise de conscience d'un espace nouveau (c'est important d'avoir des plans d'ensemble, et il faut des lieux pour, comme notre plateau Max Ophüls) ; il y a des classes entières qui sortent le long du canal quai de Loire et font des extérieurs, on constitue une équipe dans la classe, ils intervertissent les postes. Mais je demande à l'issue de ce module que nous soyons en mesure d'individualiser les élèves, que chacun ait quelque chose à faire, même deux minutes, en plan moyen ou en gros plan. Ce Travail à la caméra est du ressort de chaque intervenant caméra et il m'est plus difficile d'imposer une façon de faire et de flécher. La seule chose que j'ai pu imposer aux intervenants caméra – qui fonctionne grâce aux monitors de plus en plus grands – est d'être en mesure de voir chaque élève comédien dans un travail isolé, un bout de scène, ou écrit par lui ou pioché dans un *Avant-Scène Cinéma*.

Il va de soi que nous ne pouvons pas réaliser un produit qui demande une deuxième équipe technique, une virtuosité de caméra, des vues aériennes, etc. Nous devons rester dans une simplicité d'exécution. J'utilise le mot « produit » pour l'opposer au mot « spéculation pédagogique »… En fin d'études, ce petit film doit être regardable par un public. Depuis Dogma[23], on est moins frileux pour réaliser ce genre de produits. C'est la miniaturisation progressive des outils qui permet à notre travail de se rapprocher du travail professionnel.

Ces chargés de cours sont des réalisateurs qui ont une expérience. Il va de soi qu'il est impossible d'avoir des noms que tout le monde connaît. Au fur et à mesure des années, je me suis séparé de quelques-uns et j'en ai gardé d'autres. Nous faisons maintenant appel à un ensemble de réalisateurs jeunes et moins jeunes qui font des longs-métrages, qui ont des prix… Nous les pistons dans des festivals, comme le Festival du court-métrage de Clermont-Ferrand.

Jean-Christophe Berjon, patron de la Semaine de la Critique à Cannes, ancien élève et chargé de cours, nous indique aussi des gens. Dans le lot, un ou deux anciens florentins sont devenus réalisateurs, comme Chad Chenouga ou Grégoire Vigneron ; je rêve d'y inclure le florentin Guillaume Canet, le florentin Yvan Attal, le florentin Sam Karmann. Il n'y a pas assez de relations entre les professeurs de théâtre et les intervenants cinéma. J'aimerais monter un partenariat avec une école de cinéma mais encore faut-il qu'au sommet nous ayons des convergences d'idées. De temps en temps, des écoles nous demandent des acteurs pour leurs travaux. Je dois avouer que je ne suis pas parvenu, aujourd'hui encore, à avoir une collaboration continue et adéquate, un vrai échange organique avec une école de cinéma. Les écoles de cinéma sont pour la plupart centrées sur le travail technique, les instruments, et elles ne placent pas le travail de l'acteur en première ligne. Il y a des ponts, mais pas d'échange. Dans l'autre sens, personne n'est venu pour proposer des échanges de professeurs. Je voudrais également établir des relations avec une école de scénographie, qui fait des décors, pour nos Travaux de fin d'études. Nous avons des lieux pour ; nous pouvons les fabriquer. Cela fait partie de mes manques. À Pékin, par exemple, nous avons un partenariat avec le Conservatoire libre du cinéma français.

Notre fervente obligation est d'amener à la prééminence du théâtre. Il faut leur faire comprendre qu'André Dussollier, Jean-François Balmer, d'autres encore, sont de très grands acteurs de théâtre. Quand j'étais jeune, il y avait des théâtreux diablement mauvais au cinéma… Prenons *La Maison Tellier* d'Ophüls. Je me passe et me repasse *Le Plaisir* et je vois des acteurs très mauvais, et d'autres sublimes à côté de Gabin. J'ai eu comme professeur un de ceux qui sont très mauvais, et il ne tenait pas ses partenaires en odeur de sainteté, surtout ceux que je trouve très bons aujourd'hui. À l'époque, les gens étaient mauvais différemment d'aujourd'hui. Étaient alors mauvais les gens que l'on n'entendait pas, qui n'entraient pas bien en scène, pas comme il fallait, c'est-à-dire sur les ergots, qui ne montraient pas une activité fébrile, qui n'avaient pas une diction en cul de poule, qui n'avaient pas d'allure. C'est très différent. C'est pour ça que l'on trouvait atroces des

• Charles Granval avec des figurines d'artistes du début du XXe siècle, dont Mounet-Sully, Polaire...

gens que l'on a trouvés bien par la suite, comme Alain Cuny chez Fellini et Rosi. Il est vrai qu'il était doublé ! C'est exactement l'opposé aujourd'hui. Aujourd'hui, on trouve mauvais ceux qui montrent trop de théâtralité, qui montrent trop ce qu'est l'acteur.

Au cinéma, dans les films des années 1930-1940, on a l'impression qu'on n'entend qu'un seul phrasé – à d'extraordinaires exceptions près. Quand on est un peu cinéphile, il est très intéressant d'observer les différents acteurs dans ces films. Par exemple, Charles Granval, le premier mari de Madeleine Renaud, était extraordinaire au cinéma (bien mieux qu'elle), il avait une puissance étonnante. Granval était, aux dires de René Simon, extraordinaire au théâtre. Charles Vanel était allergique à toute formation, il a même eu des mots assez sévères là-dessus, mais il n'a presque jamais fait de théâtre. Je parle de ces acteurs qui arrivaient à se débarrasser de leur peau première comme les serpents pour être au cinéma autrement qu'au théâtre. Ils savaient être redondants au théâtre et rectilignes au cinéma. Il y a des acteurs de théâtre dans le cinéma des années 1930-1940 qui font plus modernes que d'autres. Jean Gabin et Michel Simon sont évidemment hors concours. Quelques-uns sont restés. En ce moment, je m'intéresse à la filmographie de Fernand Ledoux (elle est prolifique). Ledoux, tout en étant sociétaire du Français, tout en jouant Molière, Pirandello, était extrêmement présent à côté de Gabin dans *La Bête humaine*, il avait la modernité qui convenait. Aimé Clariond dans *Le Colonel Chabert* de René Le Hénaff, Jacques Baumer[24] et beaucoup d'autres (Debucourt bien sûr) sont extraordinaires de modernité. Ces gens-là étaient-ils en rupture avec les calamistrés ? Les déjeuners sur les tournages étaient-ils extrêmement virulents ou tout cela se noyait-il dans le muscadet ?

J'ai participé à une émission sur France Culture où l'on a entendu Charles Dullin dans Harpagon et Louis Jouvet dans Tartuffe. Charles Dullin dans le monologue d'Harpagon est inécoutable, insupportable plutôt. Et pourtant Jouvet et Dullin ont été des novateurs en matière théâtrale, mais ils étaient des novateurs en tant qu'hommes de théâtre et non en tant qu'acteurs de

• Fernand Ledoux et Simone Simon, *La Bête humaine*, Jean Renoir, 1938.
• Jeanne Moreau et Fernand Ledoux, *Tartuffe*, Comédie-Française, 1951.

théâtre, je l'ai compris alors que l'émission se déroulait. Nous n'avons pas de captation du Dom Juan ou du Tartuffe de Jouvet; le son seul est révélateur. On voit ça avec Gérard Philipe, il y a un fossé entre ce que représentait Gérard Philipe dans le Cid et ce qu'il nous en reste sur le disque... Les novateurs eux-mêmes restent tributaires de ce qu'ils ont appris. **Au théâtre (je dis bien au théâtre), Jouvet et Dullin sont des acteurs d'hier et des hommes de théâtre de demain. C'est très curieux.** Ils ont apporté à l'art de l'acteur une réflexion dramaturgique. Je me suis demandé pourquoi Jouvet avait été choisi pour cette émission, alors qu'il n'est vraiment pas bien (tandis que Monique Mélinand est très bien dans Elmire...) et pas Fernand Ledoux qui était beaucoup plus actuel, beaucoup plus simple dans Tartuffe. Jouvet et Dullin demeurent historiquement de grands professeurs, mais en écoutant ce Tartuffe et cet Harpagon, il faut reconnaître qu'ils ne font pas du tout ce qu'ils recommandaient. La formation à l'époque était beaucoup plus dictatoriale parce qu'il n'y avait pas de pressions opposées, par le micro, par la télé, par les médias. Quand ces gens-là ont été formés, avant la guerre de 14, il n'y avait pas de gros plans. C'était une seule éducation, issue du drame romantique et du mélodrame; le naturalisme d'Antoine faisait encore figure d'avant-garde.

■

La caméra m'a toujours beaucoup impressionné, elle m'impressionne toujours. Lorsque je fais un petit exposé ou un petit discours, la caméra, devenue certes indispensable, me gêne; je préfère de beaucoup l'éphémère. Pourtant, en même temps, j'ai envie qu'il y ait une caméra pour que les choses ne se perdent pas.

Bien entendu, j'aurais voulu faire davantage de cinéma; en 1960, quand je suis sorti du Conservatoire, on faisait du cinéma, pas de la télévision. Je n'ai pas beaucoup cherché de travail dans ce domaine. Je m'en préoccupais peu, certainement à tort. À Mulhouse, j'ai ingurgité énormément de cinéma; je voulais faire du cinéma, les acteurs de cette époque me tenaient à la

peau, je les voyais beaucoup et j'appréciais les Noël Roquevert[25], les Paul Frankeur[26]… Chaque mois, un nouveau film sortait avec ces gens-là. Mais l'essentiel de cette carence est dû au fait qu'il n'y avait pas de formation à l'image ni au Centre de la rue Blanche, ni au Conservatoire. Nous n'avons pas eu de maître ou de guide qui aurait pu nous faire apprécier, aimer cette autre façon de faire, et cela m'a beaucoup manqué. C'est dommage, parce que si j'avais eu des guides comme Simon ou Lecourtois dans le domaine de l'image, les choses auraient peut-être été différentes.

De temps en temps, de vives discussions jaillissent dans notre maison à propos du Travail à la caméra. J'y tiens comme à la prunelle de mes yeux. Il faut qu'il y ait au moins une initiation aux contraintes techniques du jeu à la caméra. Il faut au moins être au courant de ces contraintes et être plus familier avec l'œil de la caméra ; les cinéastes ont raison de dire que la caméra est vivante, que c'est un partenaire privilégié. D'autant que les techniques évoluent, les caméras rapetissent, les choses vont beaucoup plus vite, le montage se fait différemment. **Les bons et grands acteurs de cinéma sont des acteurs qui ont d'abord le sens de tous les montage possibles, d'un contrechamp possible, etc. Il y a tout un ensemble de cabotinages pour paraître humble devant la caméra.** Gad Elmaleh me racontait que, dans le film *La Doublure*, Daniel Auteuil ne faisait que des trucs que lui, Gad, ne savait pas faire. Auteuil lui disait de se placer comme ça ou comme ça, lui expliquait qu'il était trop de profil… Auteuil, qui passe pour un acteur très immédiat, est en fait très calculateur. Et au cinéma, c'est indispensable.

Il est certain que certaines choses ne s'apprennent que sur le tas, le vrai trac du théâtre ne s'apprend qu'au théâtre, la vraie technique du cinéma ne s'apprend qu'en tournant. Je n'ai jamais pensé que Travail à la caméra devait être prioritaire dans le cursus de formation d'un acteur. Lorsqu'on lit les CV des acteurs américains, on se rend compte qu'ils ont commencé au théâtre, de Humphrey Bogart à Faye Dunaway, surtout ceux de la côte Est. Il ne faut jamais oublier que tous ces acteurs issus de l'Actor's Studio ont suivi la formation d'un Lee Strasberg, féru de théâtre russe

• Bruno Randon, Yvan Attal, *Biloxi Blues* de Neil Simon, Travaux de fin d'études, Espace Pierre Cardin.

et scandinave, qui ne faisait référence qu'au théâtre. L'enseignement initial de l'Actor's Studio est théâtral et pas cinématographique, évidemment inspiré de Stanislavski. Une grande part du travail est bien entendu fondée sur l'improvisation, mais il y a beaucoup d'allusions à des traditions théâtrales, à Tchékhov, à des acteurs de théâtre américains comme Alfred Lunt et Lynn Fontanne[27]. On ne peut pas transposer l'aventure de l'acteur de cinéma dans une école d'art dramatique, mais on peut donner quelques clés, que nous n'avions pas du tout de mon temps. La plupart des gens de ma génération ne voulaient faire que du théâtre, même si certains, par la suite, ont fait du cinéma… La base et le fondement d'une école d'art dramatique restent immuables dans leur perspective depuis le XVIIIe siècle, avec des réajustements dus aux époques. On ne regarde plus la fonction du théâtre comme il y a un siècle. Il est très curieux de constater que ce sont essentiellement des acteurs de théâtre qui ont fait les beaux jours du cinéma français des années 1930-1940 (Marcel Herrand, Pierre Brasseur, Gaby Morlay…) ; dans les génériques, on voit très souvent « de la Comédie-Française ».

Le « rêve américain » d'aller à Hollywood est apparu avec James Dean, pas avant. Il y avait certes des acteurs français à Hollywood avant guerre. Lorsque je regarde aujourd'hui les films de Charles Boyer, je me demande ce qu'il avait d'américain, comparé à John Wayne ou à Cary Grant. Les Français étaient engagés pour leur côté « gay Paris ». Christophe Lambert est passé de l'autre côté de l'Atlantique, il est franco-suisse mais son père était diplomate aux États-Unis, donc il parlait très bien anglais.

Peu de Français ont tourné là-bas. Delon y est allé mais en est vite revenu.

Il y a cinquante ans, Hollywood nous faisait rêver, bien sûr, mais on ne circulait pas aussi facilement qu'aujourd'hui, le *Guide du routard* n'existait pas encore… **On rêvait de tourner avec**

• Cécile Brune, *Normal Heart* de Larry Kramer, Espace Pierre Cardin, Travaux de fin d'études, 1987.

toutes ces actrices, c'était ça en fait. Il y avait une mythologie des actrices américaines que l'on voulait tenir dans ses bras, de Virginia Mayo[28] à Dorothy Malone[29], toutes ces créatures de rêve. Bertrand Tavernier parle bien de cela[30]. L'Amérique a toujours un grand attrait pour moi, mon arrière-grand-père, je l'ai dit, y est allé pour gagner sa vie ; il croyait à l'*American dream* ; il tenait un *speakeasy* et la prohibition l'a mis sur la paille. Je n'y suis pas allé depuis quelques années mais la fin de la présidence de Bush me donne envie d'y retourner. J'adore New York. En tant que directeur de cours, j'ai toujours eu ce besoin d'aller aux États-Unis ; pendant des années j'y suis allé pour rapporter des pièces, pour faire travailler d'autres répertoires à l'École.

J'ai peu tourné en tant qu'acteur, et dans des films de dixième zone. Je ne peux évoquer aucun souvenir dans ce domaine. Je le regrette. N'ayant pas été apte à le faire comme il faut, j'en prends acte… Quand un pédagogue parle de ses manques ou de ses regrets, il doit dire aux jeunes qui se confient qu'il faut faire autrement, qu'il ne faut pas imiter. Surtout en ce qui me concerne. Il y a beaucoup d'acteurs qui font de l'enseignement dramatique sur le tard. Ils ont souvent trop de récriminations et d'amertume. **La pédagogie ne doit jamais être la réfraction de l'aigreur.** Il ne faut ni s'arc-bouter contre la marche des choses ni être esclave de la mode ; le chemin est étroit.

Scènes et personnages

• Jérôme Pouly dans sa loge de la Comédie-Française, modelant sa *dramatis persona*

Cette échéance a pour objet la construction d'un personnage, d'une *dramatis persona*, l'analyse de la situation dramatique et la présentation individuelle d'extraits des pièces faisant partie du programme d'Ébauches.

Vers la fin de la 1re année, on met en route ce qui doit devenir l'abrégé, le *digest* de l'apprenti comédien : la présentation honorable d'une scène, extraite d'une pièce du grand répertoire, face à d'autres qui vous écoutent et qui vous évaluent.

Ce travail très concis, aigu – que l'on retrouvera tout au long du parcours de l'élève – est l'épicentre de la formation. On en arrive au travail réel de l'acteur. En condensé. Nous ne sommes plus dans les préliminaires. Il y a un tournant : on met sur pied un travail théâtral de trois minutes.

Ce qui est intéressant dans la scène individuelle, c'est qu'il faut se frotter à une écriture, à une époque, à un style ; nous en venons à ce mot de « style », terriblement difficile à analyser. Qu'est-ce que le « style » de Molière ou de Victor Hugo ? Il y a une vérité littérale chez Molière, une autre chez Victor Hugo. Le chargé de cours doit insister sur les écarts de l'une à l'autre. Une scène doit être montée avec un point de vue sur l'écriture, les circonstances intimes et les différents contextes qui l'ont fécondée.

J'en reviens à la musique, où la notion de « style » est si exigeante. Un adagio peut être plus rapide ou plus lent sous la baguette de tel ou tel chef d'orchestre ; qu'importe si la relation entre les valeurs de durée est respectée ou, mieux encore, si le rythme adopté pour cet adagio élargit la perspective et la signification de l'œuvre. Il ne faut pas être stalinien sur Alceste et sur Sganarelle. Quand on fait travailler des personnes différentes, leur singularité nous amène à proposer des rythmes différents, des couleurs différentes, peut-être des options différentes, pour accoucher d'un Alceste ou d'un Sganarelle différent. L'élève doit faire émerger une « figure » d'Alceste, en mettant à contribution sa réflexion et sa verdeur. Le chargé de cours, dépositaire d'un legs culturel, doit certes donner une suite d'impératifs à l'élève. Mais il faut qu'il sache intégrer ce que l'élève apporte : un physique, une naïveté parfois et une incompréhension souvent. Il faut trouver le chemin qui rapproche la rigueur du chargé de cours et le vagabondage spirituel de l'élève et ne pas uniquement prendre un élève par la main pour lui dire d'aller là ou là. Il nous appartient de déceler chez l'élève ce qu'il convient de faire pour arriver à un résultat commun, à déterminer un rythme supportable pour l'un comme pour l'autre. Je trouve cela passionnant. Tous les élèves ne peuvent pas jouer une scène classique à la même vitesse, avec la même agilité mentale. Attention, il ne faut pas « laisser faire ». Les exigences du chargé de cours et les tentations – disons les tentatives – de l'élève doivent converger. Pour quelqu'un qui débute, ces exigences sont plus faciles à réaliser sur une scène de trois minutes que sur le parcours entier d'un rôle. Ainsi, l'approche du « style » devient envisageable. Prenons l'exemple frappant de Mozart : quel est le style de Mozart ? Est-ce un style à la Marivaux, ou gaillard, ou pesant, ou encore annonciateur de l'Apocalypse ? Il y a chez les grands auteurs la convergence d'une écriture, d'une pensée, d'un branle-bas pour renouveler le style existant : Racine voulait se démarquer de Hardy ou de Corneille, même si, aujourd'hui, le style nous semble identique… Quelqu'un qui joue Mozart de façon métronomique ne joue peut-être pas Mozart. Je me souviens très bien du médecin militaire du *Dindon* de Feydeau joué par Louis Seigner. Il jouait deux fois plus lentement que les autres. Et c'était d'une cohérence absolue. Le style aussi est mystère.

Il ne faut pas négliger, dans le montage des scènes, même si l'on en a une vision extrêmement précise et extrêmement personnelle, l'apport de la personnalité que nous avons en face de nous. On doit arriver à tirer des moments potables de quelqu'un que l'on estime très « mauvais » et tout à fait « à côté de la plaque ». Il y a des gens plus doués, des moins doués ; notre grand problème de chargé de cours est : « Que convient-il de faire ? » Faire travailler les doués et laisser en sommeil les plus lents ? Évidemment, il y en a qui n'avancent jamais. Si le chargé de cours arrive à faire avancer ceux dont on pensait qu'ils ne bougeraient plus, c'est bien. Il est vraiment important de faire progresser les laborieux, et un laborieux sent la façon qu'a le chargé de cours

• François Florent et Francis Huster devant l'affiche du *Misanthrope*, Théâtre Marigny 1992.

de le voir, de le jauger dans le travail. Nous n'avons pas le droit de lui faire voir qu'on le trouve moins bon qu'un autre.

À partir du moment où l'on monte une scène, la question primordiale, avant même celle de l'incarnation, est : « De quoi s'agit-il ? Pourquoi sont-ils là ? Pourquoi entre-t-il ? Qu'a-t-il à dire ? » C'est toujours l'alpha et l'oméga : « Que dit-il au départ et que dit-il à l'arrivée ? » Que se passe-t-il entre l'entrée et la sortie ? Ce qui est très difficile pour un débutant, c'est d'être sur le qui-vive de ce qui est en train de se dire, qu'il n'y ait pas de moments inutiles. Il faut suivre à la trace les mots dès qu'ils se disent. C'est pour cela que les scènes ne peuvent pas être longues. Au fur et à mesure que l'on avance avec les élèves, on assiste à cette première décantation : y a-t-il capacité de synthèse entre la présence brute et l'analyse ? Il faut qu'il y ait à la fois présentation naïve de la *dramatis persona* et regard critique sur l'écriture. Pas uniquement du **comment** mais du **pourquoi**. C'est quasi impossible en 1re année, mais il y en a qui y arrivent, presque malgré eux. Pour les débutants et plus encore pour les aguerris de 3e année, la scène est le juge de paix : elle fait entrevoir les ressources ultimes de celui qui se destine au métier d'acteur. Évaluer cette possibilité est relativement facile. On voit très bien les gens, même virtuoses, qui restent en dehors de la controverse que recèle toute scène d'un grand auteur. Il y en a qui font semblant, et quelquefois de façon extrêmement astucieuse. Je préfère quelqu'un qui prend le texte à bras-le-corps, qui se bagarre pour montrer la controverse, même si c'est informe. Oui, avoir ce sens de la controverse à propos d'un texte qui n'est pas le sien, c'est franchir un énorme pas. Dans la recherche du style, il faut également mettre au jour chez l'élève son potentiel de lyrisme en jugulant son pathos. **Faire comprendre la différence entre lyrisme et pathos est difficile. Ceux qui la perçoivent dès le départ avancent plus vite.**

Il y a toujours des élèves débutants « à aura » : tout le monde se tait et les regarde quand ils entrent en scène. Ils n'ont rien fait et on les attend. L'aura, c'est l'injustice première en art. Mélange de présence, de charme, de talent. La présence fait partie de ces mots que l'on entend

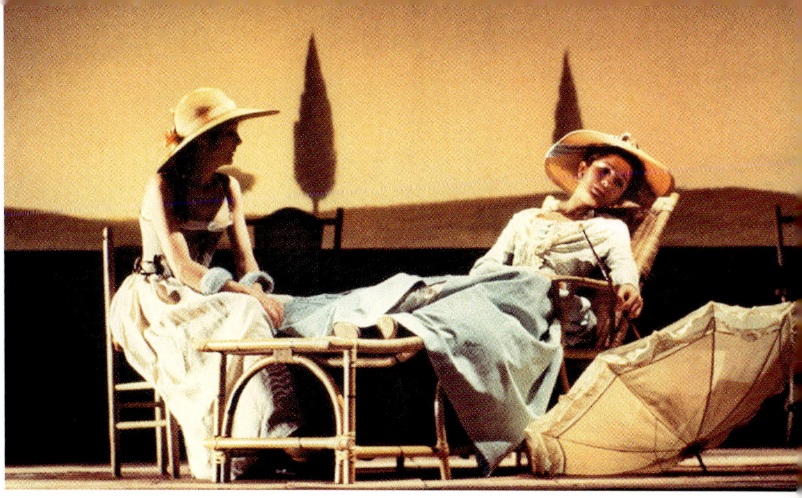

• Catherine Hiegel et Ludmila Mikaël, *La Trilogie de la villégiature* de Goldoni, mise en scène Giorgio Strehler, théâtre de l'Odéon, 1978.

si souvent qu'il en est dévoyé. « Il a une belle présence » signifie en général qu'il a une belle carrure, une belle voix, une belle cravate, qu'il se démène bien en scène. J'ai toujours identifié le mot « présence » au mot « carrure », mais c'est autre chose.

La présence, on ne s'en rend compte qu'après la représentation, cela reste, mûrit. On se souvient de ce que l'acteur a apporté. La présence, ce n'est pas dans le présent. Dans notre domaine de la formation, je penche plutôt pour la « prédisposition ». Ce qui est là avant que les choses ne soient définies. On a plus ou moins de dispositions à investir le cœur de l'autre. Tout le monde peut être devant une caméra, peut jouer **une** pièce, mais le grand acteur professionnel est celui qui sait renouveler à l'infini cette préhension de situations diverses, d'individualités opposées, de perspectives politiques polymorphes.

Un acteur doit avoir des manies, des faiblesses, des dérapages, il y a une part d'inconscient qui doit rester présente. Dans mon esprit, être acteur, c'est avoir conscience de ce que l'on représente et de ce que l'on veut dire au monde. Il y a dans la maison des affiches avec des phrases, souvent de Musset, que je mets à ma sauce, ainsi : « Dire au monde qui il est. » L'acteur doit connaître ses capacités de convaincre les autres et doit affirmer dans un éloquent silence ce qu'il pense du monde. **Notre travail, c'est de mettre en perspective une préoccupation humaniste, ouvrir l'âme pour mieux ouvrir les yeux et guider le rêve pour mieux accéder à la raison. Être acteur, ce n'est pas uniquement être nombriliste, c'est aussi, au sens le plus large du mot, être un politique.** Valère Novarina a écrit : « On est acteur parce qu'on ne s'habitue pas à un corps imposé, on entre sur le théâtre parce qu'il y a quelque chose qu'on n'a pas supporté. » Il faut que se produise la métamorphose : s'aimer totalement quand on est sur scène. On ne s'aime pas dans la vie, mais en scène on se prend pour l'archange Gabriel. Si cette transsubstantiation ne se produit pas, si cette carence, ce dégoût de son corps persiste en scène, on est hors sujet et il ne faut pas insister. Il faut qu'il y ait transsubstantiation entre l'inadéquation du corps que l'on a dans la vie de tous les

• *Hamlet*, mise en scène Antoine Vitez, Théâtre national de Chaillot, 1983.
• William Nadylam, *La Tragédie d'Hamlet*, adaptation et mise en scène Peter Brook, théâtre des Bouffes du Nord, 2003.

jours et l'extrême rayonnement du corps que l'on doit avoir en scène, que l'on joue Quasimodo ou Perdican. Prenons l'exemple frappant de Ludmilla Mikaël, que j'ai souvent vue arriver à la Comédie-Française défaite, apparemment quelconque ; une demi-heure plus tard, dans *La Trilogie de la villégiature*, c'était une madone de Bellini. Quelqu'un d'extrêmement ordinaire ou passe-partout à la ville peut rayonner dans le Cid ou Célimène.

Mon vieux credo est qu'il faut enseigner du fond de la salle, pas du bord de la rampe, et encore moins sur le plateau. L'édification d'une scène doit se faire du fond de la salle afin que l'auditoire ait aussi un moment pédagogique pour lui. Il m'est souvent arrivé de dire à quelqu'un en scène quelque chose qui ne s'adressait pas du tout à lui mais à d'autres dans la salle. La façon de faire travailler l'un ou l'autre n'a pas le même rythme, les choses se déclenchent plus ou moins vite. À ce stade, le travail personnel prend toute son importance.

Si l'élève se dit : « Le prof va me dire quand je vais à droite, quand je vais à gauche, quand je me mets à genoux et ça ira », ce n'est pas suffisant. Nous devons, nous, chargés de cours, inciter au travail personnel. Le travail personnel, ce n'est pas uniquement radoter les scènes dans les couloirs. Quelquefois, je les écoute en passant et je les trouve souvent en roue libre. Je suis convaincu que le travail personnel est une réflexion solitaire et pas uniquement des répétitions. Il faut les deux. Si l'on ne réfléchit pas personnellement en solitaire, quel que soit le moment (c'est beaucoup dans le demi-sommeil que des choses se dessinent), si l'on ne pense pas à ce qu'il convient de faire pour que la *dramatis persona* et le moi soient de plus en plus en concordance, on n'avance pas d'un pouce. Les séances avec les répliques ne suffisent pas. Pendant ces séances, il faut harmoniser les choses auxquelles on a pensé en solitaire. Si rien ne se passe entre le passage de scène du mardi et celui du vendredi, nous nous sentons démunis. Mais quand il y a un petit apport, même infime, on a de nouveau des ressorts pour continuer. Il est basique de dire qu'il faut que les élèves travaillent pour eux-mêmes mais c'est d'une vérité absolue, afin d'avoir de nouvelles

accroches pour avancer encore. Le travail personnel est très différent selon les gens : il y en a qui répètent dans le couloir et font d'immenses progrès, alors que d'autres en sont incapables.

Il est important de travailler plusieurs scènes pour se faire un répertoire mais il ne faut jamais laisser tomber une scène définitivement. On peut toujours avoir une réflexion nouvelle sur la scène. Je suis sûr que si quelqu'un passait une scène x au mois de juin de sa 1re année et la remettait sur l'établi en 3e année, il obtiendrait des résultats étonnants. Un des éléments des résultats brillantissimes de Jacques Weber – lui qui a peut-être travaillé cinq scènes en huit ans –, c'est qu'il a travaillé Béralde du *Malade imaginaire* au conservatoire du XVIIe arrondissement avec moi en 1967, il l'a retravaillé au Centre de la rue Blanche, puis il l'a abandonné quand il était chez Robert Manuel et l'a ressorti au concours de sortie du Conservatoire où il a eu le prix d'excellence en 1971. Le travail d'une scène n'est jamais terminé, surtout dans le répertoire classique. La scène entre Hamlet et Gertrude, par exemple, on peut la travailler toute sa vie. Dietrich Fischer-Dieskau a enregistré quatre ou cinq fois le *Voyage d'hiver* de Schubert dans sa carrière, et il me disait que ce n'était jamais la même expérience. Il s'était rendu compte au fil des années qu'il faisait trop de fioritures, d'effets, qu'il fallait que ce soit de plus en plus horizontal, etc. C'est valable pour Alceste. Le travail d'une scène va toujours vers plus de simplicité. C'est la recherche d'une vérité absolue : la vérité du jour, de plus en plus approfondie quand on vieillit, non seulement face à la *dramatis persona* mais surtout face à la terreur existentielle. Plus on avance dans la vie, plus la tentation de la vérité définitive vis-à-vis de soi se fait pressante ; cela oblige à aller beaucoup plus droit dans l'appropriation d'un rôle.

Lors de cette échéance, on parle aussi des « emplois ». Il ne faut pas enterrer complètement le mot « emploi », ce n'est pas uniquement une classification des sociétaires du Français au XIXe siècle, ni la fameuse scène de Louis Jouvet dans *Entrée des artistes*.

L'emploi est lié à la laïcisation du théâtre, à l'apparition de la commedia dell'arte et de ce qui s'en est suivi, Pantalon, Isabelle, puis Silvia, Frontin, Dorante, etc. De mon temps, il y avait

• Michel Favory et Thierry Hancisse, *Faust* de Goethe, mise en scène Alexander Lang, Comédie-Française, 1999.

le jeune premier, la jeune première, la soubrette, le valet, le 2e valet… Il y avait même « le financier ». Molière, Marivaux étaient tributaires de la commedia dell'arte où régnait le « canevas ». Quand on lit le nom des personnages de Molière : Géronte, Lucinde, Cléante, etc., l'intitulé des personnages renvoie directement aux emplois de la commedia dell'arte ; Géronte est un vieux, Sganarelle un filou, etc. Cela s'est poursuivi avec Marivaux et ses comédiens italiens, qui ont ancré, encore davantage que Molière, l'idée d'emploi dans le théâtre français. Cela s'est perpétué jusqu'en 1950. Avec le romantisme, l'écriture a évolué mais la notion est restée. Puis elle s'est évanouie il n'y a pas si longtemps grâce aux nouvelles dramaturgies qui ont bouleversé le regard que porte le théâtre sur le monde. L'emploi est devenu presque grotesque, alors qu'il fait appel à quelque chose de très net pour une certaine écriture. Je crois qu'il n'y avait pas de notion d'emploi dans le théâtre élisabéthain car il n'était joué que par des hommes… On peut imaginer à la rigueur que, dans *Le Roi Lear*, Cordelia était jouée par un garçon plus mince que celui qui jouait Goneril. Jean-François Sivadier va tout à fait dans ce sens. Il fait jouer Cordelia et le Fou par la même actrice. Le théâtre japonais est totalement différent, ses acteurs ne jouent qu'un emploi toute leur vie et sont formés pour le jouer, tel un rituel. Il y a beaucoup d'élèves qui arrivent en disant qu'ils veulent travailler des contre-emplois alors qu'ils ne savent même pas ce que cela signifie, c'est une maladie.

Je répugne à trop employer le mot « contre-emploi » mais il est certain qu'il faut se frotter à tout et, dans la formation de l'acteur en France, on ne le fait pas assez. La question qui se pose, c'est de savoir si l'emploi est une notion périmée, obsolète. La notion d'emploi, oui. Mais la crédibilité d'un acteur par rapport à une *dramatis persona* n'a pas changé : on peut me dire ce que l'on veut, je vois mal Michel Favory jouer Fortunio, même à l'âge où il aurait pu le jouer. Tous les metteurs en scène, même les très jeunes, savent qu'Untel n'ira pas dans tel personnage. Je crois qu'il faudrait inventer un nouveau mot, car « emploi » est suranné. « Crédibilité » serait mieux.

Il y a une grande différence entre les scènes de travail et les scènes de concours[31]. Dans une maison comme la nôtre, il ne faut évidemment pas hésiter à faire travailler ce qu'on appelle improprement les « contre-emplois » : faire travailler Vadius des *Femmes savantes* à quelqu'un qui pourrait entrer au Conservatoire avec Valère de *Tartuffe*. En cyclisme, on dirait « développer plusieurs braquets » : ne pas être uniquement rouleur, mais aussi grimpeur et sprinteur... Il faut que nous donnions envie de travailler ces foutus contre-emplois : d'emblée, on a davantage envie d'être Perdican de *On ne badine pas avec l'amour* que Géronte des *Fourberies de Scapin*. Lorsque l'on interroge un acteur, il a toujours envie de jouer des personnages positifs pour le public, avec un beau résultat pour l'ego. Les élèves se cataloguent eux-mêmes très vite, c'est à nous de les obliger à aller vers des personnages éloignés d'eux afin de leur permettre d'être plus structurés, d'avoir une vision plus distanciée, moins pathétique, moins « antigonesque » des personnages qu'ils seront appelés à jouer.

À l'opposé de la formation, dans le métier, c'est l'« employabilité » qui compte : Huster a joué les jeunes premiers de Musset pendant des années, il est allé de Coelio à Octave. Au conservatoire du XVIIe, je lui faisais travailler les niais comme Eusèbe Potasse des *Trente millions de Gladiator*, Thomas Diafoirus du *Malade imaginaire*, et d'autres rôles du même genre. Il avait 16 ans, ensuite il a mûri et je le voyais davantage dans des finauds, moins dans des jeunes premiers athlétiques qui vont combattre les Maures. Au concours d'entrée du Conservatoire, je lui ai fait passer un jeune premier freluquet, Rosemberg dans *La Quenouille de Barberine* de Musset. J'ai entrevu son évolution à ce moment-là. Au Conservatoire, il a eu comme professeur René Simon puis Antoine Vitez. C'est à la Comédie-Française qu'il est devenu le jeune premier à la Gérard Philipe ; mais un de ses premiers rôles au Français a été Mosca de *Volpone*, un valet industrieux, mafieux. C'est sûrement parce qu'il a commencé par les finauds et les niais qu'il a pu être un jeune premier formidable.

Et puis beaucoup de choses ont évolué chez lui. La vie l'a travaillé. Il a changé de lunettes, la nouvelle paire était plus intellectualisante, plus tchékhovienne ; ensuite il est passé aux lentilles de

• Francis Huster, *Le Cid*, mise en scène Terry Hands, Comédie-Française, 1977.
• Francis Huster (période tchékhovienne) avec Thierry Hancisse, remise des diplômes Florent, 1987.
• Francis Huster et Cristiana Reali, *Le Misanthrope*, mise en scène Francis Huster, Théâtre Marigny, 1992.

contact. Il a été bien dans un premier Musset, donc il fallait en faire un deuxième, etc. L'emploi (osons le mot) de Huster a changé quand il a résolu de changer sa signature. Avant, c'étaient des machins qui tournaient dans tous les sens ; son changement de signature a été déterminant dans sa façon de jouer la comédie et d'entrevoir sa vie. Il ne faut pas oublier les moments de vie qu'il a vécus avec différentes femmes.

La vie peut changer un acteur, voire le rendre mauvais. Un des premiers jours où j'étais dans la classe de Simon, ce dernier a dit à Danièle Vercouttre une chose terrifiante : « Tu es en 3e année maintenant, eh bien pourtant, en 1re année tu étais très bien. » Je l'entends encore. Pendant notre cursus de trois ans, on n'observe pas trop de dégringolades. On remarque, entre la 1re et la 3e année, une paresse à aller au-delà de ce que l'on sait faire, notamment chez les meilleurs. J'ai observé davantage de dégringolades après l'École ; des gens auxquels je croyais dur comme fer n'ont pas travaillé, soit à cause de misérables histoires d'hommes, de femmes, de chnouf, etc., soit parce que la vie les a marqués méchamment et qu'ils en sont venus à un syndrome « Marilyn Monroe », ils n'ont pas eu la capacité d'enchaîner pièce après pièce, ou film après film, ils se sont effilochés à la longue. Alors que certaines personnes qui étaient dans la nasse chez nous se font une place au soleil, réussissent, m'étonnent et cet étonnement me ravit.

Il y a le mot « personnage » dans l'énoncé de cette échéance. Le personnage n'existe pas en chair et en os, ce sont des signes, comme les notes d'une symphonie. Le personnage n'existe pas, mais quelqu'un en chair et en os l'incarne. Se mettre « dans la peau du personnage » – cette expression nullissime – est aux antipodes de ce qu'il convient de dire. Je ne le répéterai jamais assez, l'acteur donne vie à des signes. C'est un miracle. Il s'agit d'enfiler un verbe et de lui donner chair, il n'y a rien d'autre à ajouter. Le verbe devenant homme, voilà le travail de l'acteur.

Lorsque j'ai reçu Michel Bouquet en 2005 dans la maison, je lui ai demandé quelle était pour lui la différence entre un rôle et un personnage. Il y a eu un silence, puis il a répondu : « Je ne sais pas. » Essayons. Le personnage est un agrégat statique de signes et le rôle, une mise en mouvement de

• Michel Bouquet en *masterclass* à l'École Florent.

ces signes. Le personnage est un signe intellectuel, et le rôle en est sa transcription physiologique. Beaucoup d'élèves font des exercices corporels en vue d'un rôle mais ce n'est pas parce qu'on fait de la musculation ou des exercices de décontraction que l'on acquiert la capacité de porter une situation au travers d'un rôle. Il est de bon ton de faire des exercices mais cela dépend de ce que l'on est appelé à jouer. Jean Gabin est l'exemple typique de celui qui n'a jamais fait d'exercices pour être proche de ses rôles, Bourvil non plus. La composition que fait Robert Hirsch dans Bouzin du *Fil à la patte* est très physique… La composition est une excitation personnelle mais c'est du domaine de la réflexion, et non pas de la musculation.

Je voudrais dissocier « intellectuel » et « mental »; la composition, c'est à la fois un exercice mental, une prédisposition et une envie. Celui qui n'a pas envie de paraître en scène différent de ce qu'il est à la ville n'est pas un acteur. Je dis souvent aux élèves : « Dans la vie, vous êtes des timides mais ce qui est magnifique, c'est qu'en scène vous êtes inviolables. » La composition absolue est un désir frénétique d'avoir une personnalité multiple. Sans doute toute interprétation est-elle composition; il faut qu'il y ait une envie de dissociation d'avec soi. Une envie d'être un de ceux que l'on voudrait être.

Il y a une marge entre grime et contre-emploi. Si l'envie première est de mettre un faux nez et une bosse, ce n'est pas de la composition. La composition est d'abord une frénésie de se défaire de ce que l'on représente.

Pour ce qui est des scènes de travail dites « à contre-emploi », il faut se méfier et ne pas proposer uniquement des *dramatis personae* qui ont des tics, des manies, ou qui sont contrefaits physiquement; le patronage vous guette. La composition ne passe pas uniquement par le paraître. Ce que faisait Robert Hirsch dans Bouzin, sa proposition de démarche, de visage, a été confon-

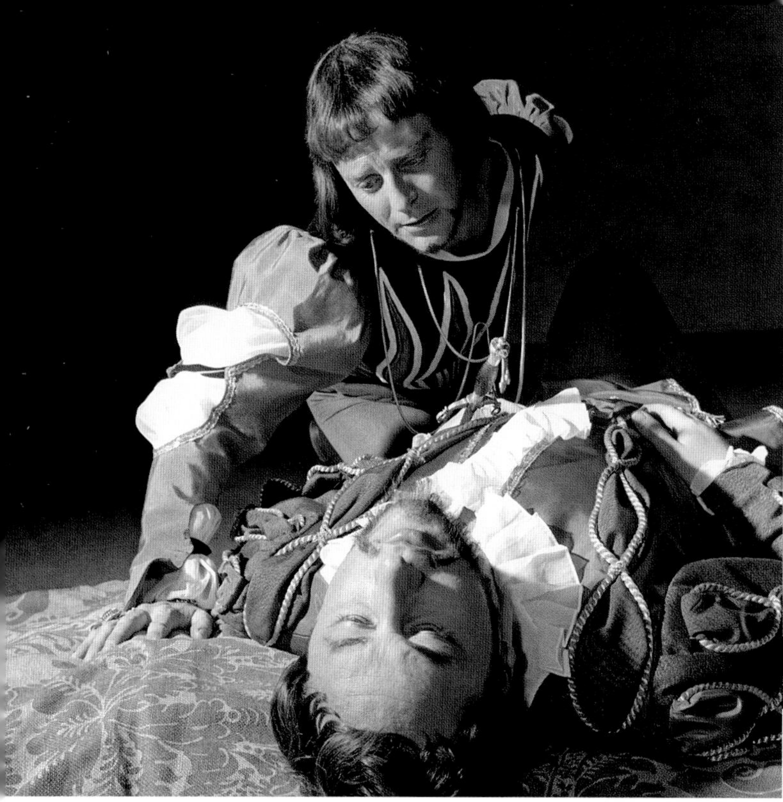

dante, et pourtant il n'a jamais été vraiment crédible au cinéma. La photogénie souvent départage. Pour moi, certains acteurs ne sont pas crédibles quand il exercent un métier quotidien dans un rôle : Huster par exemple, ou Hirsch, ou Xavier Gallais. Ce sont des héros – ou des Bouzin – mais je ne les crois pas lorsqu'ils jouent des pépiniéristes ou des comptables.

La notion de contre-emploi doit intervenir plus tard. Il ne faut pas trop tenter le diable et donner à des débutants des scènes pour les « ennuyer ». Souvent, par le biais d'Ébauches ou de Correspondances, ils ont eu la possibilité de se frotter à des personnages dits de « contre-emploi ». La scène individuelle est une lucarne que l'on ouvre sur leur possible crédibilité professionnelle. Les filles aujourd'hui travaillent des rôles d'hommes, et vice versa. Cela n'existait pas de mon temps. C'est une évolution des mœurs, mais « des mœurs du temps mettons-nous moins en peine et faisons un peu grâce à la nature humaine », dit Philinte. Sarah Bernhardt a joué *L'Aiglon*, Marguerite Jamois a joué Lorenzaccio. Mais avec Gérard Philipe, on a remis la locomotive devant le train. Je ne suis pas d'avis que l'on change de sexe pour les scènes de fin de 1re année, même et surtout si cette démarche ou cette convulsion entre dans le cadre de la « composition ». En 1re année, beaucoup de filles sont déjà tellement à la recherche de leur féminité que l'on n'a pas à sabrer tout ça. On a déjà du mal à leur faire abandonner le jean pour une jupe lors des échéances, on ne va pas remplir un tonneau des Danaïdes. Je veux bien laisser la bride sur le cou pour des singularités de détail mais pas pour le travestissement à tire-larigot. Notre obligation est de dire aux élèves qu'ils ont intérêt à être vus comme ils sont, donc nous devons les faire travailler dans

• Gérard Philipe et Philippe Noiret, *Lorenzaccio*, mise en scène Jean Vilar, photographie d'Agnès Varda, Festival d'Avignon, 1952.
• Jean Marais en Xipharès, *Mithridate*, Comédie-Française, 1952.

la direction de ce qu'ils sont ou de ce qu'ils vont devenir. Ils doivent travailler des choses pour que ceux qui les engageront par la suite trouvent leur compte.

J'avais eu mon prix au conservatoire de Strasbourg avec Le Maître de Santiago. Aujourd'hui, je trouve qu'il était insensé qu'Antoine Bourbon me laisse passer Le Maître de Santiago, un rôle de septuagénaire à bouc poivre et sel, au concours final du conservatoire de Strasbourg, alors que j'avais 19 ans. Je reste étonné que Lecourtois ne m'ait pas déconseillé la tragédie dans la mesure où je n'étais pas un athlète (je pesais 59 kilos en arrivant à Paris). C'était Jean Marais qui était en photo en Xipharès dans mon Classique Larousse… Il faut la porter, la petite jupette. Je reste étonné que Lecourtois ne m'ait pas proposé de travailler des personnages jeunes et moins athlétiques que Xipharès. Je trouve insensé que, pour mon dernier concours de sortie du Conservatoire, René Simon m'ait laissé passer Don Salluste, à 23 ans. Personne ne m'a dissuadé de passer ces rôles, même pas Simon. Il est formateur de les travailler, mais pas de les passer en concours.

Une pièce de théâtre ne se résume pas uniquement à une liste de *dramatis personae*, elle est aussi une partition. Une partition peut se jouer plus ou moins lentement, avec plus ou moins de légèreté, avec plus ou moins de perspectives sonores, voire métaphysiques. Furtwängler, connu pour avoir des mouvements très lents, disait que cela n'avait aucune importance si un mouvement était pris trop lentement ou trop rapidement ; ce qui comptait pour lui, c'était la cohérence de l'ensemble et l'articulation qui permet d'aller d'un endroit à un autre. C'est peut-être ça, le style. Il y a des apparences qui tiennent lieu de style, on a des idées sur « le siècle de Louis XIV », « le siècle de Louis XV », « le romantisme ». À partir de faits historiques ou socioculturels, on plaque une façon de faire. Heureusement, certains metteurs en scène, dont Rossellini dans *La Prise du pouvoir par Louis XIV*, ont remis les pendules à l'heure. On a une définition stéréotypée du style due à l'impression ou à la connaissance, surtout picturale, que l'on a d'une époque. Les portraits de Beethoven n'ont rien à voir avec les portraits de Mozart, parce que les anfractuosités du visage sont burinées de façon différente par les peintres. Nous avons donc une vision

• Niels Arestrup et Michel Piccoli, *La Cerisaie* de Tchekhov, adaptation Jean-Claude Carrière, mise en scène Peter Brook, théâtre des Bouffes du Nord, 1981.

« poudrée » de Mozart, et une vision tumultueuse de Beethoven, et c'est pareil pour Marivaux, ou Hugo, Musset… Nous, gens du XXIe siècle, nous devons arriver à voir Marivaux à travers les yeux de Brecht, d'O'Neill, d'Hugo et de Voltaire, et à voir Molière à travers les yeux de Marivaux, de Brecht, d'O'Neill, d'Hugo et de Voltaire. C'est autrement plus délicat que de bêtement « décaler ».

Ceux qui prennent le plus de plaisir à la scène classique sont souvent ceux qui défendent le mieux les scènes contemporaines, ils leur donnent allure et consistance.

Pour ce qui est du style de l'interprète, ses caractéristiques physiologiques s'ajoutent à ces considérations. Je suis très sensible au débit des gens. Je pense par exemple que François Bayrou ne sera jamais président de la République[32] parce qu'il a un débit trop lent, alors que celui de Michel Rocard est trop rapide. Le bon débit donne une crédibilité absolue, parce qu'il y a une concordance euphonique entre ce que l'on donne et ce que le public reçoit. Cela concerne la vue et l'ouïe : il doit y avoir une concordance entre celui qui donne et celui qui reçoit. Tout cela participe du style. C'est pour cela que l'on dit de certains acteurs : « Voilà l'Alceste dont je rêvais ! » alors que le voisin n'est pas du tout d'accord.

Le meilleur Alceste que j'ai vu, c'est Jean-Luc Boutté, il en avait fait une sorte de Don Quichotte, de chevalier moyenâgeux, avec une conception de l'honneur antérieure à la galanterie et à la courtisanerie. Cela me parlait absolument, c'est pour cela qu'il a été le meilleur pour moi. C'est Boutté qui m'en a dit le plus sur Alceste. **Le « style » d'un acteur, c'est la synthèse extrêmement aiguë, perfide, entre la connaissance la plus extrême que nous pouvons avoir d'Alceste et la restitution personnelle que cet acteur nous en propose.** Mais il y a des auteurs qui imposent un rythme, Feydeau bien sûr, Racine aussi, où l'on doit parfois laisser les choses résonner avant d'enchaîner…

Cela participe de ce que j'appelle la connaissance sensorielle d'un auteur. On sent qu'il y a chez Racine un ensemble de voyelles qu'il faut moduler ; chez Feydeau, une obligation « ping-

pong » due à l'urgence. Ah, j'oubliais le metteur en scène ! S'il met des temps à contre-rythme dans Feydeau, ce n'est pas du Feydeau ; s'il mitraille Racine, ce n'est pas du Racine. À quand le retour à la modestie chez les metteurs en scène ? Les élèves de 1re année sont parfois déjà dévoyés en arrivant, parce qu'ils ont vu des choses à l'envers et ils pensent que cela doit être comme ça. C'est un grand danger. À l'opposé, prenons l'exemple de Giorgio Strehler et sa mise en scène de *La Trilogie de la villégiature* de Goldoni. Au sortir de la représentation, j'avais l'intime conviction que Strehler et Goldoni ne faisaient qu'un. Pareil pour *La Cerisaie* mise en scène par Peter Brook. En sortant dernièrement de *La Traviata* par Marthaler et Cambreling, j'ai réécouté le disque pour me décrasser et me persuader qu'il s'agissait bien de l'œuvre de Verdi.

Les grandes œuvres ne sont pas prétextes à gaudriole ; le metteur en scène est serviteur et non pas maître. Mais un serviteur qui, comme Jacques ou Figaro, sait dire son fait au maître.

À la fin de la 1re année, le chargé de cours n'a pas à dire : « Je vois ça comme ça. » Il se trompe quand il joue à l'apprenti sorcier, quand il fait avec les élèves des essais pour des futures mises en scène. Je subis cela de temps en temps.

Le musée Picasso de Barcelone est truffé d'œuvres de son extrême jeunesse. On y voit des menus de restaurant avec des colonnes corinthiennes. Faisons d'abord des feuilles d'acanthe, des colonnes corinthiennes, sachons faire cela, et puis on verra si l'on arrive à faire *Les Demoiselles d'Avignon*. Scènes et personnages de la fin de 1re année sont les premières études, dirions-nous en musique. C'est déjà du théâtre mais pas de la recherche. Il ne s'agit pas de commencer par la troisième période de Goya. Il faut d'abord se mettre au service d'une vérité première du texte, ne pas chercher trop de sous-texte, de sur-texte, de contre-texte. Lors du travail d'une scène, il s'agit de dénicher chez les débutants des parts de singularité et de les mettre au service de constantes auxquelles nous croyons et qui sont notre profession de foi. Si on les laisse faire tout ce qu'ils veulent, on n'a pas de raison d'être là. Pour les classiques, la vérité première du texte est relativement facile à trouver. Il convient d'abord et encore de faire appel aux mouvements de la société du temps et à la nature des choses. Par exemple, il **faut** lire les *Confessions d'un enfant du siècle* pour aborder les personnages de Musset, et l'interprétation doit être en accord. Pour travailler Molière, il faut être conscient de ce qu'étaient la pénibilité des voyages, la censure, le bon sens, la nouvelle bourgeoisie… Il faut avoir conscience de ce qu'est un juste-au-corps pour travailler Marivaux.

Il faut incorporer cela à une expression du sentiment qui, lui, est universel et intemporel. Le style d'une écriture est une adéquation entre cet universel et le « daté ». Il est inutile de jouer le IVe acte du *Misanthrope* en combinaison spatiale, puisque le sentiment amoureux entre Alceste et Célimène est universel et intemporel. Inutile de surligner le sens des textes. **Les classiques sont des modernes qui durent.**

Dans les scènes classiques françaises, que convient-il d'imposer en priorité ? Il y a une ponctuation, il y a un phrasé, il y a un vocabulaire, et il ne faut pas faire fi de ces trois paramètres. Et Dieu sait que nos élèves essaient de sauter par-dessus ces impératifs. J'adore l'exemple de *On purge bébé* de Feydeau, quand le mari et la femme parlent de l'Hunyadi-Janos : personne ne sait ce que c'est, et ils ne cherchent pas, ils n'ont aucune envie de savoir. De même, les particularités du langage (*morguienne !* chez Molière, *Sapristi !* chez Labiche…) doivent être autant au premier plan que le noyau de la scène. Il faut partir du texte, l'état est second, il en découle, il doit arriver quand le texte est devenu familier. On ne doit pas partir d'un état pour s'accaparer un texte. C'est pour cela que je m'oppose à un pseudo Actor's Studio de pacotille qui n'a plus rien à voir avec l'enseignement de Lee Strasberg. Il s'agit de s'accrocher à un texte, d'expliquer la scène : pourquoi entre-t-il, que vient-il dire, va-t-il réussir, quel est son but, etc. Ensuite, il faut laisser l'élève venir à nous : comment va-t-il réagir à nos exigences ? Qu'a-t-il dans le ventre ?

C'est là qu'on en arrive à une nouvelle marche : quelle est la capacité intellectuelle, sensible, musculaire et nerveuse de l'individu que l'on a en face de soi pour qu'il soit excité par ce que l'on vient de lui dire ? Comment répond-il à la foule de renseignements que nous avons fournis ?

Entrent en ligne de compte ce que l'on appelait dans le temps les « humeurs », le flegme, la bile, etc., dont Molière se moquait peut-être à tort.

René Simon était très fervent de physiognomonie. Il y avait les colériques, les sanguins, les mélancoliques, etc. Les sanguins travaillaient Sganarelle… Simon cherchait une nouvelle définition du mot « emploi » par le biais de la physiognomonie et de ses épigones.

Ce n'est pas suffisant, ce n'est plus suffisant. Désormais, on cherche des solutions aux questions posées par les *dramatis personae*, qui ne se réduisent évidemment pas aux « humeurs » et aux contours physiques. À partir de la foule d'indications dont nous les abreuvons (il n'est pas mauvais de les perdre sous une pluie d'informations), nous voyons ce qui s'en dégage, ce qu'ils en font. En quoi le travail personnel est si important.

Il est des élèves – rarissimes – à qui l'on n'a pas besoin d'expliquer que l'archevêque de Paris Hardouin de Péréfixe était plutôt favorable à *Tartuffe* et que la Congrégation du Saint Sacrement y était opposée. On ne donne pas les mêmes éléments socioculturels à chaque élève. Mais il faut toujours faire en sorte que tout le monde entende. À mes débuts d'enseignant, je ne dépassais pas le quatrième vers parce que je donnais énormément d'informations… Laissons-les venir, il doit se passer quelque chose, nous devons être sensibles à un apport qui peut contredire nos propos ; il ne faut pas dire d'instinct : « Voilà un renégat. » Il faut trouver un chemin de traverse. Le bon chargé de cours est celui qui alterne le « oui mais » et le « non mais ».

Le progrès ne peut résulter que de la confrontation. Il ne faut pas toujours travailler avec les mêmes gens, que ce soit dans notre école ou dans le métier. Les acteurs qui ne travaillent qu'avec un seul metteur en scène ne sont pas de vrais acteurs, car ils sont désemparés si ce metteur en scène perd de son crédit, de son influence ou disparaît tout simplement. Dans notre maison, il faut faire en sorte qu'un élève de 2e année ne dise pas : « Mais en 1re année on m'a dit que… » Un bon chargé de cours est celui qui évite que l'on dise ce genre de phrase.

Après Scènes et personnages fin juin sont décidés les passages en 2e année. La barre est de

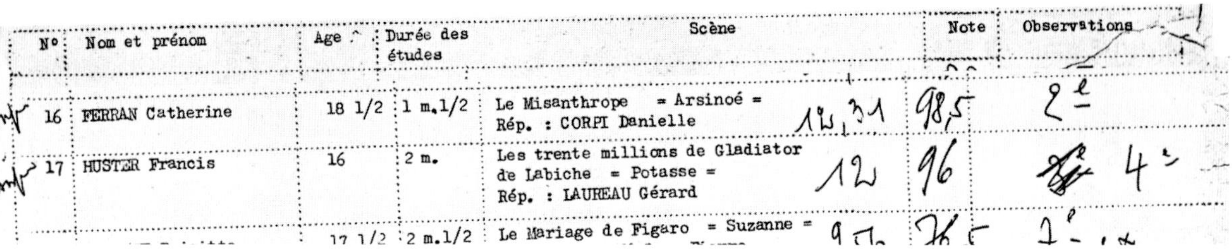

N°	Nom et prénom	Age	Durée des études	Scène		Note	Observations
16	FERRAN Catherine	18 1/2	1 m.1/2	Le Misanthrope = Arsinoé = Rép. : CORPI Danielle	12,31	98,5	2e
17	HUSTER Francis	16	2 m.	Les trente millions de Gladiator de Labiche = Potasse = Rép. : LAUREAU Gérard	12	96	4e
		17 1/2	2 m.1/2	Le Mariage de Figaro = Suzanne =	[illegible]	[illegible]	[illegible]

• Examen de contrôle du 17 décembre 1963 au conservatoire municipal du XVIIe arrondissement de Paris : Catherine Ferran, Francis Huster...

plus en plus haute comme au saut en hauteur, et à un certain moment il y a des gens qui ne veulent plus sauter, ce que je comprends très bien. Ils invoquent différentes raisons, que cela ne leur convient pas, qu'ils veulent voir ce qui se passe ailleurs, etc. Analyser la vérité dans cette foule de raisons est très difficile. Les raisons financières sont souvent fausses. C'est en 1re année qu'il y a le plus de gens qui partent et c'est normal. Avec ce programme, je me donne des verges pour me faire battre, car il y a des gens qui partent de la maison – peut-être est-ce une bonne chose – deux ou trois jours avant une échéance. Parce qu'ils ne peuvent pas sauter cet obstacle-là. Je ne suis pas favorable à une extrême sévérité entre la 1re et la 2e année, cela dépend aussi de l'âge, il y a des élèves qui changent beaucoup entre 18 et 21 ans.

■

Quand j'étais au Conservatoire, je faisais travailler des scènes pour les examens trimestriels internes au Centre de la rue Blanche. Cela s'est su à l'extérieur, et des gens ont commencé à venir me voir pour me demander de leur faire travailler des scènes. J'ai continué après ma sortie du Conservatoire en juillet 1960. Mais il fallait prendre une salle ; Périmony avait pris une salle rue Corneille, et j'ai aussi loué cette salle trois heures par semaine pour les cinq ou six personnes que je faisais travailler.

Un jour de 1963 arrive une fille qui voulait entrer au Centre ; je l'ai préparée, elle a réussi le concours et me dit : « Je voudrais que vous alliez voir ma mère, elle est chargée par la Ville de Paris de créer le conservatoire du XVIIe arrondissement et elle cherche des professeurs. » Je vais voir cette dame, qui était la femme du professeur Hamburger, Annette Haas-Hamburger, la mère de Michel Berger, et elle me propose de prendre la classe d'art dramatique de ce conservatoire qui se créait. À l'époque, il n'y avait que cinq ou six conservatoires d'arrondissement à Paris, c'était expérimental. Elle ne pouvait pas me payer pendant un an ; j'ai accepté quand même. J'ai commencé à faire cours le mardi soir au lycée Carnot, qui abritait le conservatoire du XVIIe

• Supplément semestriel au n° 68 d'*Opéra*, textes de François Florent.

dans la salle n° 2 de la cour d'honneur, la cour du monument aux morts. Deux ou trois pékins sont arrivés, et parmi eux Francis Huster, qui était élève au lycée Carnot. Puis s'est amené un autre chenapan, Jacques Weber ; puis, entre autres, une jeune athlète qui voulait devenir professeur de gymnastique et dont le père était rédacteur sportif à *L'Équipe*, Catherine Ferran. Elle est entrée au Français la même année qu'Huster ; elle est ma première sociétaire honoraire. Comme je me sentais casé, j'ai abandonné la salle de la rue Corneille. J'ai joué *L'Aiglon* au Châtelet en 1963-64, et jusqu'en 1966 je travaillais et faisais cours en même temps. J'étais aussi conférencier aux Jeunesses musicales de France, je faisais des tournées en province. Il y avait de plus en plus de monde à mes cours à Carnot. En 1966, ne pouvant plus continuer de cette manière, j'ai demandé aux élèves s'ils étaient prêts à me payer si je prenais une salle en plus ; ils m'ont dit oui. J'ai pris la salle du 38, rue des Saules où j'ai commencé à faire cours à mon compte le 7 janvier 1967. Le premier mois, il y avait 28 élèves. À cette époque, je jouais *Vienne chante et danse* à Mogador. Je faisais cours tous les jours de 17 heures à 19 h 50 et j'étais en scène à 20 h 40. Je continuais le conservatoire du XVIIe, et le conservatoire de Puteaux, et même le conservatoire du XXe à un moment. C'est à Puteaux que j'ai eu Daniel Martin, Jean-Pierre Jacovella, etc. Il y a des gens qui venaient à la fois à mon cours privé et à mes cours des conservatoires ; cela nous permettait de figurer en place d'honneur au concours interconservatoires en fin d'année. J'ai préparé Huster et Weber pour le Conservatoire ; ils étaient élèves au Centre. Cette double casquette a tenu jusqu'au moment où, dans les années 1970, Jean-Laurent Cochet a été nommé inspecteur des conservatoires d'arrondissement ; j'ai démissionné. Je n'eus pas le courage d'être inspecté par Jean-Laurent Cochet !

J'ai interrompu le cours quelques mois en 1969 pour deux raisons : fin 1969, j'ai commencé la tournée de *Vienne chante et danse* en France et en Belgique (les tournées Merkès-Merval étaient toujours très longues) ; je jouais un méchant, un chancelier d'Autriche genre Metternich, ce

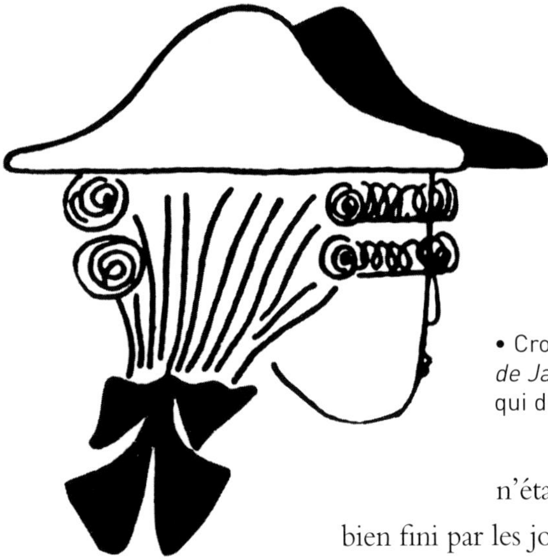

• Croquis de Francis Huster pour *Les Amours de Jacques le Fataliste* d'après Diderot, qui deviendra le premier logo de l'École Florent.

n'était pas un rôle chanté ; je l'ai joué sept cents fois (j'ai bien fini par les jouer, les méchants !). J'ai dû arrêter le cours. Je me suis aussi mis en congé du conservatoire du XVIIe et du conservatoire de Puteaux. Je suis parti du Studio Lambert que je louais rue des Saules et où Jean Périmony enseigne toujours. Durant la période où je n'ai pas été là, jusqu'en juin 1970, Mme Huster, qui avait un atelier de couture dans un passage de la rue de la Banque, a prêté son local le soir pour que les élèves puissent répéter ; Francis passait les voir de temps en temps. Francis Huster et Jacques Spiesser ont souvent utilisé cet endroit pour monter *Les Amours de Jacques le Fataliste.*

La deuxième raison : Jean-Claude Riber, nouvellement nommé directeur de l'Opéra de Nancy, m'a proposé, à l'issue de la tournée Merkès, de venir à Nancy pour être son adjoint et faire des mises en scène lyriques ; il était mulhousien comme moi. À l'époque, j'étais critique rédacteur au mensuel *Opéra*, j'allais beaucoup à Munich, à Bayreuth, à Salzbourg, à Amsterdam… voir des opéras. Le lyrique a toujours été très important dans ma vie. J'ai donc accepté ce poste et suis allé m'installer à Nancy avec Martine, ma seconde femme. Là j'ai monté *La Vie parisienne*, *Paganini*, *Rêve de valse…*

Lorsque j'étais metteur en scène directeur adjoint à Nancy, j'avais envie de progresser dans la mise en scène lyrique. Je me disais que je devais travailler avec des metteurs en scène de renom, que je serais peut-être un jour directeur d'un théâtre lyrique municipal de province, mon premier beau-père m'avait initié aux rouages du système et je connaissais les directeurs. J'étais aussi tourné vers l'Allemagne, c'était là-bas que les choses se passaient, qu'étaient les gens que je voulais rencontrer. L'Allemagne, dans certains moments de mon existence, m'a dit : « Viens chez moi, les choses sont plus organisées. » Chaque ville de moyenne importance a son théâtre, son orchestre, sa troupe lyrique, son ballet, etc. De temps en temps me taraudait la pensée : « Quel artiste serais-je devenu si le sort de la guerre avait été différent ? Si l'Alsace était restée allemande, si j'étais devenu un acteur allemand ? »

J'avais rencontré Jean-Pierre Ponnelle, qui à l'époque était au faîte de sa gloire ; il était d'accord pour que je sois son assistant, mais cela n'a pas abouti car, en décembre 1970, Francis Huster, qui était au Conservatoire, me téléphone, m'annonce qu'il a fini son adaptation de *Jacques le Fataliste* de Diderot et me dit : « Je pense qu'il est temps que tu rentres à Paris. » À Nancy, j'étais à l'essai jusqu'à Noël ; j'ai donné ma démission avant qu'on ne me renvoie. Je suis rentré à Paris et, le 1er février 1971, j'ai rouvert le cours au 38, rue des Saules.

J'avais fait passer un entrefilet dans *Le Figaro* fin janvier ; le lendemain de sa parution informant de la reprise de mes cours, René Simon m'a téléphoné et m'a dit : « T'es de retour ? C'est pour de bon ? Alors bonne chance ! » Il est mort quelques jours après, ses funérailles ont eu lieu à Saint-François-Xavier. Le cours a repris tout de suite, comme s'il n'y avait pas eu d'interruption. Avec les mêmes gens, plus d'autres ; Sylvie Granotier, par exemple, est arrivée à ce moment-là. J'ai repris aussi les conservatoires du XVIIe et de Puteaux, où j'avais été remplacé. J'avais acquis une petite réputation, chaque année je remportais des premiers prix au concours interconservatoires d'arrondissement. On me l'a reproché d'ailleurs, en disant que je faisais inconsidérément travailler les élèves puisque j'avais mon cours.

Au moment de la création de l'École, je voulais faire de la mise en scène et de la formation, et je jouais toujours. Et puis certaines choses ont pris le pas sur d'autres. Je n'étais pas sans travail, je jouais tous les jours. Je jouais aussi des classiques pour les écoles l'après-midi. Je suis passé d'acteur à metteur en scène aux alentours de 1966-1967, avant même ma nomination à Nancy. Je tiens à redire que la création de l'École n'a pas été un pis-aller ; il y a eu concordance entre le moment où on se dit que l'on n'est pas un acteur d'exception et le moment où on se dit que l'on est mieux fait pour forger des outils pour les acteurs en gestation. J'ai commencé à enseigner en 1963-1964 mais, jusqu'en 1970, j'ai beaucoup joué, du Rostand, du Mithois, une kyrielle de classiques, beaucoup d'opérettes. La mise en scène et l'enseignement sont arrivés en même temps comme un désir de maîtriser plus les choses et d'être de l'autre côté de la barrière.

Et puis il y a des occasions qui se présentent : mes nominations comme professeur dans les conservatoires d'arrondissement m'ont plus mis le pied à l'étrier pour la création de l'École que la mise en scène de *La Vie parisienne* à Nancy. **Jouer ne me suffisait plus.** Je sentais que ma cohérence personnelle et l'autorité que j'avais dans la mise en scène et la formation étaient supérieures à mes capacités d'acteur et aux déchirements hyperémotifs que ces dernières m'occasionnaient. Mais quand j'ai créé le cours, rien n'indiquait que je ne pourrais plus vivre de mon métier d'acteur. En tout cas, après avoir abandonné l'« actorat », je suis devenu plus adulte, plus mûr.

L'enseignement m'occupait même avant la mise en scène, la mise en scène était liée au monde de l'opéra. Face aux opéras, je rêvais plus que face aux pièces parlées. *L'occasione fa il ladro*, l'enseignement a pris le pas sur le reste. J'ai commencé à enseigner en 1962 et j'ai encore fait des *masterclasses* dans les années 1990. Je n'ai pas enseigné depuis quinze ans de façon continue comme titulaire d'une classe, mais, désormais, la formation des formateurs est mon objectif premier.

Exercice de styles

• Où l'on doit voir ce qui se passe en scène et en coulisses

• Emmanuelle Devos, *Les Caprices de Marianne*, École Florent, 1985.
• Michaël Youn, Carole Agostini, hommage à Beaumarchais dans les jardins du square Beaumarchais, place des Vosges à Paris, 1998.

Exercice de styles se situe en 2e année, au milieu du gué. Il s'agit pour les élèves de passer deux scènes de trois minutes, avec chaque année deux thèmes, deux auteurs ou deux « emplois » différents.

Dans cet exercice, le mot « styles » est au pluriel ; ce sont des auteurs différents, des moments dramaturgiques différents… « Styles » au pluriel n'a pas la portée plurivoque du « style », dont la définition m'échappe sans cesse comme une boule de mercure. J'ai trouvé dans le Littré deux définitions qui me vont bien. Dans le *Dictionnaire philosophique* de Voltaire, on peut lire : « Le style rend singulières les choses les plus communes, fortifie les plus faibles, donne de la grandeur aux plus simples. » Et chez Diderot, à propos du Salon de peinture de 1767 : « Ayez d'abord la pensée et vous aurez du style après. » Tout cela s'applique à l'acteur.

En 2006, le thème d'Exercice de styles fut *Corneille/Vinaver*. Il y a quelques années, tout le monde devait monter le Ier acte du *Mariage de Figaro* de Beaumarchais. Il y eut aussi *Les scènes d'exposition*. *L'alexandrin/le vaudeville*, belle opposition de techniques de jeu. Citons aussi *Acte I scène 1/Les comédies de Shakespeare*, ou *Brecht/Valets et soubrettes du théâtre français du XVIIIe*.

L'exemple le plus typique a été *Marivaux/Goldoni*. Pour le commun des mortels, Marivaux et Goldoni, c'est la même chose. Différence pourtant considérable. Chez Goldoni, la notion d'emploi s'estompe, il parle de la petite vie ; Marivaux ménage des crises. Dans Marivaux, on ne se déshabille jamais, on ne mange jamais, les valets ont toujours faim mais ils ne mangent pas en scène. Dans Goldoni, c'est le contraire, c'est le quotidien de la vie à Venise au XVIIIe siècle. Entre Marivaux et Goldoni, il y a toute la différence qu'il y a entre un théâtre de la cruauté et de classe, et un théâtre de bourgeois et de petites gens. **Il n'y a pas de petites gens chez Marivaux, il y a toujours un affrontement de classes entre maîtres et valets ; chez Goldoni, il y a comme un passage dans une autre époque, dans une société postrévolutionnaire, avec une autre vision de l'homme. Cette différence qui est techniquement peu sensible est fondamentale dans le**

travail. Le maniement des accessoires, par exemple, est totalement différent chez Marivaux et chez Goldoni. Il y a plus d'accessoires chez Goldoni que chez Marivaux. Il convient de se méfier de la pléthore d'accessoires.

Souvent les jeunes croient qu'ils sont habillés par leurs accessoires. La plupart du temps, ces accessoires sont des béquilles, ce n'est pas « motivé », comme on dit. Les accessoires sont rarement indispensables parce qu'il n'y a pas de vision totale de la pièce dans une scène. J'ai tout vu : Henriette et Armande se brossant les dents parce que c'est la première scène, donc le matin, de même pour Silvia et Lisette, etc. – à moins qu'il s'agisse d'un exercice d'articulation, ces gamineries m'agacent.

Prenons un exemple extraordinaire : le dernier acte du *Chevalier à la rose* mis en scène par Robert Carsen à Salzbourg se passait dans un bordel, avec des prostituées qui se lavaient les fesses ; j'ai trouvé ça très bien, très cohérent, jusqu'à l'arrivée de la Maréchale. Il y a un moment où ça bloque. Chez l'élève, les accessoires fantaisistes peuvent brider toute aisance.

Revenons à Diderot : la pensée, pas l'accessoire. « Accessoire » veut bien dire ce que ça veut dire. Georges Chamarat m'a raconté un jour qu'il était allé jouer *L'Avare* à Haguenau dans le Bas-Rhin pour une représentation, on appelait ça « faire des ménages » ; avant, on n'emmenait pas les décors pour une représentation. La troupe arrive au théâtre, le décor était superbe, les antiquaires de la ville avaient fourni des meubles d'époque ; les acteurs font des raccords mais il leur manque quelques accessoires, le bâton, la bourse etc., et Chamarat demande les « accessoires » à un régisseur. Et le régisseur alsacien a répondu : « Monsieur Chamarat, on n'a pas. Che savais pas ce que ça voulait dire, "accessoires" sur votre liste, alors ché regardé dans le dictionnaire et y avait marqué : "tout ce qui n'est pas indispensable", alors ché pas apporté. »

Il ne peut pas y avoir d'opposition plus étonnante qu'entre Corneille et Michel Vinaver. Je suis très heureux que les élèves chinois[33] qui sont en 2e année chez nous travaillent Vinaver et Corneille.

Une des trouvailles d'Exercice de styles est la mise en pratique de cette opposition : les élèves doivent rester en scène, changer d'accessoires à vue, le tout dans un carré que j'ai emprunté à ce cher Strehler. On reste dans la boutique théâtrale, on sait ce qui se passe en coulisses, on enchaîne les deux scènes sans trop de réflexion, sans trop de chichis. C'est l'exécution instantanée de ces différents styles que je trouve aussi captivante que le choix des auteurs ou des thèmes.

L'intérêt pédagogique d'enchaîner les deux scènes, alors que l'élève reste continuellement à vue, est évident. À cet égard, la mise en scène de Strehler pour *Arlequin valet de deux maîtres* est exemplaire. Nous devons voir la fabrication, nous devons voir comment l'élève se comporte pour aller de la Silvia de Marivaux à la Giacinta de Goldoni. Je tiens beaucoup à cette façon de faire et je me félicite de cette trouvaille. Comment l'élève fait-il pour changer rapidement d'univers, pour se saisir d'un accessoire, a-t-il besoin d'un moment pour se « repersonnaliser » ? On voit ceux qui sont accros aux accessoires et les autres, sûrement plus attachants. Comment font-ils pour revivifier leur arrivée, leur nouvelle présence ? Enchaîner deux scènes permet également de contrer une tendance terrifiante qui m'exaspère dans notre maison : plus il y a de portes sur un plateau, plus elles claquent ! Les élèves veulent tous utiliser les vraies portes de la salle de cours, faire des ablutions dans le couloir et revenir. Notre boutique théâtrale, c'est autre chose. Disparaître et réapparaître est une fausse piste ; nous, formateurs, avons besoin de voir la fabrication de ces changements, ils ne doivent pas être escamotés.

Chaque scène ne doit durer que trois minutes. C'est l'éternel problème. Pour qui travaillons-nous ? Ne travaillons-nous qu'en vase clos, ou avons-nous – quoi que nous fassions – un orteil à l'extérieur ? Les décideurs sont des gens pressés. Je suis très embêté avec la présentation de nos travaux ouverts au public. Doivent-ils avoir la durée que les gens extérieurs à la maison supportent ? Ou doit-on les obliger à voir des travaux interminables ? Nos élèves ont peine à comprendre que la brièveté est au moins aussi nécessaire à la formation que la durée. La scène de trois minutes n'a pas toujours existé. De mon temps, on passait une scène de trois minutes au

• José Garcia et Alain Dion échangent leurs rôles, École Florent, 1987.

• *Arlequin valet de deux maîtres*, mise en scène Giorgio Strehler, théâtre de l'Odéon, 1977.

concours d'entrée du Conservatoire, mais ça pouvait être trois minutes cinquante, deux minutes cinquante selon la scène.

Quand j'ai passé Xipharès–Arbate de *Mithridate*, on ne m'a bien sûr pas laissé aller jusqu'au bout de la scène, mais j'ai pu entamer la grande tirade. Du temps de Pierre-Aimé Touchard[34], il y a eu la « tendance chronomètre » : on arrêtait les scènes à trois minutes pile. C'était inhumain. Un président du jury doit avoir la connaissance des textes et se rendre compte quand on arrive à la conclusion transitoire d'une scène ou d'un moment dramatique. Les trois minutes font partie de l'histoire des concours et des présentations de scènes individuelles. Même si aucune scène dans le théâtre classique ne dure trois minutes. Mais il faut tenir compte du grand nombre de candidats et de certains membres de jury qui dédaignent prendre assez de temps pour écouter comme il faut. Quoique parfois, on sait au bout d'une minute. Jean Meyer disait qu'il voyait tout de suite, dès l'entrée. Si on raisonne de cette façon, trois minutes, c'est même trop. Il est vrai qu'il faut savoir apprécier, dans un laps de temps le plus court possible, quel peut être le coefficient de perfectibilité. C'est une réflexion personnelle et intime. Le candidat est-il capable d'évoluer, d'avoir d'autres perspectives d'interprétation ? Il ne s'agit pas de décider s'il est bon ou mauvais sur l'instant.

Avoir la « vista », comme on dit en football, voilà la difficulté et la grande passion de notre métier. Il m'est déjà arrivé d'être complètement subjugué uniquement sur les dix dernières secondes d'une scène de trois minutes. Le tout est de savoir s'il faut succomber à cette séduction de quelques secondes ou s'il faut raison garder. Il y a la vérité du théâtre et il y a l'artifice au théâtre. L'artifice au théâtre veut que les quelques minutes enchanteresses d'un rôle rapportent très gros à l'acteur. Dans notre travail de formateur, il faut essayer de creuser au plus profond des âmes, mais nous avons également le droit d'être bluffé. On a envie d'être bluffé. Il faut qu'il y ait du bluff. De la magie. Savoir faire sortir un lapin d'un chapeau.

Dans Exercice de styles, trois minutes par scène, cela fait six minutes par élève puisque l'exercice est double. En revanche, je ne suis pas favorable à ce que l'on appelle les « scènes doubles », ça devient vite un magma dont on sort étourdi. À ce propos, je préfère le mot « partenaire » au mot « réplique ».

On choisit souvent des partenaires mieux que soi pour paraître meilleur, on pense que cela va vous tirer vers le haut. Il y a l'inverse aussi : certains ne se rendent pas compte que leur partenaire est très bien et qu'il les écrase. D'aucuns sont mieux dans les scènes des autres que dans les leurs car ils sont mieux en l'absence d'enjeu. Cela m'a beaucoup accaparé dans ma vie, dès que l'attention était sur moi, j'étais embarrassé ; lorsque je « donnais une réplique », je me sentais beaucoup plus protégé. Se sentir protégé donne plus de liberté, de confort et de solidité ; on se dit que l'enjeu est moins important, que l'on ne nous regarde pas, que le commentaire qui va tomber n'est pas pour vous mais pour l'autre, que l'on ne se fera pas engueuler.

Il y a eu des Exercices de styles autour des emplois. Certains élèves seront toujours plus « crédibles » dans un rôle que dans un autre. Les physiques ont évolué depuis les années 1930-1940 ; la différence des rôles joués par Danielle Darrieux et Paulette Dubost est flagrante, parce que la notion d'emploi, issue du théâtre, restait très vivace. Cela s'est estompé avec les mouvements de la société, encore plus après 68, quand certains acteurs de cinéma ont beaucoup bouleversé la notion d'emploi (Depardieu, Signoret dans sa dernière série de films...). Le fameux contre-emploi peut être formateur à partir de la 2e année, on se rapproche des contre-rythmes en musique. On voit beaucoup d'acteurs qui ont toujours le même rythme, j'aime bien quand ils arrivent à faire des contre-rythmes. Le contre-emploi, c'est trouver des contre-jeux et des contre-rythmes à sa tendance naturelle. Le contre-jeu, au sens étymologique, c'est se contrefaire, ne pas donner crédit uniquement à ce qu'on paraît ou à ce qu'on a envie d'être, mais se frotter à ce qu'on ne paraît pas et à ce qu'on ne voudrait pas être **ou** qu'on voudrait être. C'est la multiplicité obligée de l'acteur.

Exercice de styles est fait pour aller vers l'inconnu. La fameuse phrase « ce n'est pas pour moi » n'a plus lieu d'être. Quelqu'un peut décider qu'il ne vous voit pas dans tel rôle, c'est de sa compétence s'il exerce un pouvoir. Mais il est toujours aventureux de se risquer au : « Ça, c'est pour moi ! »

Dans le temps, les rôles d'une pièce étaient attribués à des acteurs différents, il y avait 32 acteurs pour 32 rôles ; aujourd'hui, c'est bien différent pour les raisons économiques que l'on sait ; il y a 12 ou 15 acteurs pour 30 rôles. Je pense à tous ces rôles que jouait Jean-Luc Revol dans le *Richard III* mis en scène par Philippe Calvario : où l'on voit qu'Exercice de styles a sa raison d'être et permet de déminer ce terrain-là.

Lorsque l'on joue une scène, il ne faut pas jouer la pièce entière. Nous demandons souvent aux élèves qui passent une scène s'ils ont lu la pièce… Il faut certes lire la pièce. Mais certains qui se croient futés font de leur scène une pièce entière, comme insérée dans la pièce elle-même. Pour contrecarrer ce phénomène, je prêche pour les coupures. Aujourd'hui, on n'ose plus en faire. S'il y a des coupures, la scène devient une entité à part. Il est intéressant d'entrer en scène (sans claquer de porte…) et d'arriver au bout de trois minutes à une conclusion momentanée de la *dramatis persona*. Certains élèves veulent l'expliquer dans sa totalité en une scène. Ils veulent jouer tous les actes en même temps. Je suis contre. Une scène, c'est un moment de cette *dramatis persona*. Le déroulement d'une scène doit avoir un début, un milieu et une fin, mais il ne s'agit surtout pas de superposer IIIe acte et Ier acte.

J'aime le mot « déclamer ». Si je dis qu'au théâtre on ne parle pas, on déclame, on dira de moi que je suis une vieille lune dont le discours remonte à Mme Segond-Weber[35]. Alors disons qu'au théâtre on ne **dit** pas un texte, on le **porte**. C'est une « portation », il y a un substantif à trouver. En scène, le naturel le plus naturel de l'acteur le plus naturel diffère de la façon dont il parle dans la vie. Chacun a une façon intime de porter le texte, de le porter en soi et de l'apporter aux autres. Et la technique seule n'enseigne pas cela. Si l'on apprend trop de technique déclamatoire,

• Robert Hirsch, Danièle Lebrun et Cristiana Reali, *Le Misanthrope*, mise en scène Francis Huster, Théâtre Marigny, 1992.

on enlève de la vérité aux choses. Porter le texte, c'est un travail – sans doute un art – qui ne s'enseigne pas vraiment, mais que des formateurs doivent « initier » chez chacun.

Ah, l'« écoute ». On peut apprendre l'écoute parce qu'elle est phénomène culturel. Il y a davantage d'écoute si l'on est intéressé par ce qui est en train d'être dit, comme de bien entendu, mais cela n'est pas fatalement le cas. La qualité de l'« écoute » n'est pas forcément un reflet de l'état social de la personne, mais un fait culturel intime : l'intérêt progressif que l'on attache à ce que l'autre dit et à ce que l'autre vous fait subir. Je préfère le verbe « subir » au verbe « ressentir ». « Subir » signifie qu'il y a une mainmise et qu'il s'agit de rebondir dans la réplique suivante. Subir, c'est forcément douloureux, mais toute jouissance est douleur. C'est une épreuve. Le verbe « ressentir » est tiédasse. Alceste subit ce que lui dit Philinte, et vice versa. Il y a des gens qui ont l'astuce de faire croire qu'ils écoutent bien, alors qu'ils ne pensent pas du tout à ce qui est en train de se passer. Au cinéma, je me pose souvent la question : « À quoi pensait cet acteur pendant ce long travelling où il traversait un pont ? » Au théâtre, une accoutumance physiologique se fait; à la centième représentation, des réflexes se sont mis en place.

La majorité des élèves s'exercent bien à l'écoute mais n'entendent pas. Faire admettre aux élèves que le silence est aussi éloquent que le texte, leur faire appréhender la densité du silence n'est pas de la petite bière pour un formateur. Quand les élèves ont pris goût au plaisir du bien dire, ils comprennent en même temps l'utilité du silence.

Aujourd'hui, les élèves voient beaucoup trop de one-man-show de gens qui ne font **que** cabotiner, beaucoup se disent que c'est ce qu'il faut faire. L'art de l'acteur se situe ailleurs. Robert Hirsch était fildeferiste en la matière.

À propos d'Exercice de styles, j'aimerais parler de ma vie avec les femmes que j'ai connues, mes miroirs brasillants. L'évolution de ma pensée s'est faite par l'incessante tentative d'approche d'une possible cohérence sexuelle. Si j'avais été un pantouflard ou un rat de bibliothèque, je serais resté beaucoup plus borné dans ma vision de la formation de l'acteur. Mes différentes maîtresses et les personnes d'origines différentes que j'ai connues – cette pérégrination sexuelle, je dirais même ce pèlerinage sexuel – ont plus que pesé dans mon itinéraire pédagogique. **Il y a eu des moments difficiles, des moments de grande turbulence, des instants de bonheur, des grosses bêtises, mais c'est en ayant eu une vie un peu chahutée que j'ai saisi la notion d'une dynamique de la formation, quelque chose qui ne peut pas se redire de génération en génération comme l'algèbre ou la géométrie euclidienne.** C'est pour cela qu'il est difficile de parler d'enseignement, et que le mot commode de « formation » est malheureusement impropre. Le professeur d'histoire au collège de Périgueux va parler *grosso modo* de la même manière de la guerre de Trente Ans du début à la fin de sa carrière ; pour nous, c'est très différent. La fidélité en amour n'est pas à dédaigner, mais quand on se protège contre l'aventure, on s'insensibilise. Les mœurs ont évolué après 68. Il devait y avoir à la fin du XIXe siècle des professeurs du Conservatoire qui avaient quatre-vingt-dix maîtresses, mais ils restaient enfermés dans une étuve de traditions obligées dont ils ne pouvaient pas s'extraire. Dans les années qui auront été les miennes, la façon dont a évolué ma pensée sur la formation est en osmose avec la façon dont j'ai vécu.

Il y a d'autres facteurs qui influencent l'acteur, telle la géographie. En la matière, la défunte théorie des climats de Montesquieu n'est pas sans objet. Nous ne sommes pas les mêmes dans le Nord de l'Europe et dans le Sud, je ne comprends pas que l'on veuille appliquer chez nous la politique suédoise, par exemple. Nous ne serons jamais la Russie, nous ne verrons jamais la neige tomber comme à Moscou ; il y a une belle expression dans *Trahisons* de Pinter : quand le mari et la femme sont à Venise, ils parlent du « je-m'en-foutisme méditerranéen » ; il a quand même du bon. Stanislavski proclamait que sa méthode s'adressait à tout homme sur terre ; certains aspects de cette méthode s'adressent à coup sûr à l'ensemble des jeunes acteurs de par le monde ;

dans sa totalité, j'en doute. Je crois que nous sommes plus marqués par ce qui s'est passé dans le Bassin méditerranéen qu'au bord de la Moskova. L'uniformisation d'une carte de comédien dans l'Europe de demain est une mauvaise idée. Un créateur a le droit d'engager qui il veut pour jouer une pièce ou tourner un film. Et puis, qui mettre dans le jury qui attribue cette carte ? Nous n'avons pas la vertu nécessaire. Nous avons le génie du contournement.

Et l'acteur français sait admirablement « contourner ». Le contournement de l'acteur, c'est simple : même si les textes sont nets, précis, ils sont rendus par nos acteurs par le truchement de la commedia dell'arte; nous avons aujourd'hui encore cette latitude d'expression venue des Italiens aux XVIIe et XVIIIe siècles et qu'il faut sauvegarder.

Le contournement de l'acteur, c'est être un peu indiscipliné. Nous avons l'art de l'indiscipline, j'aime bien cet oxymore. L'acteur français dans sa pratique n'est pas déformé (pas encore) par une vision par trop métaphysique du travail de l'acteur, mais il a en revanche une vision que je qualifierais de politico-ludique. D'ailleurs, au théâtre, nous sommes un des rares pays qui ne travaille pas trop avec la race des « dramaturges », qui se multiplie hélas pour un coût inutile. Pendant longtemps, il n'y a pas eu de classes de mise en scène dans les écoles nationales françaises ou italiennes, classes qui existent depuis des lustres dans le Nord de l'Europe. Il serait néfaste de prendre trop exemple sur le Nord de l'Europe…

La mise en scène ne s'enseigne pas, mais se pratique. Voir les carrières de Louis Jouvet, de Giorgio Strehler, de Peter Brook, de Peter Hall, de Patrice Chéreau, de Robert Carsen…

Quand je serai parmi les anges, je reposerai à un kilomètre du partage des eaux entre la Méditerranée et la mer du Nord, la Doller se déversera toujours dans la mer du Nord et la Savoureuse dans la Méditerranée. Je me fondrai dans les deux mers. C'est une utopie, mais je reste rivé à cette idée que, dans l'Europe fédérale à venir, il doit y avoir un District of Columbia, comme aux États-Unis, et pour moi le District of Columbia de l'Europe, c'est l'Alsace plus le Territoire de Belfort, le Pays de Bade et le Palatinat réunis, qui devront être détachés de l'Alle-

• Concours du Conservatoire de Paris :
Jacques Weber et Francis Huster, 1971.

magne et de la France. Malgré tous mes voyages et mes attaches au-delà des océans, je suis un jacobin européocentriste ! Ma part de Méditerranée est tout à fait sensuelle. J'ai découvert la Méditerranée avec le sexe et, bien sûr, avec la phrase de Goethe, *Kennst Du das Land, wo die Zitronen blühen*[36] ? J'adore Venise, Rome, la Toscane, la Gaule narbonnaise, mais intimement je ne peux pas dire que j'en sois issu, que j'en fasse partie. Je viens de la Bavière des Wittelsbach, de l'Autriche des Habsbourg, de la Salzbourg des princes-archevêques. Mais j'aimerais tant retourner à Salamanque.

■

En juin 1971, Francis Huster et Jacques Weber sont sortis du Conservatoire. Huster avec deux premiers prix (il est donc entré au Français) et déjà, Grand Manitou, Weber, gratifié d'un rarissime prix d'excellence, a refusé la Comédie-Française et a signé avec Robert Hossein qui venait d'être nommé à Reims. Huster a eu ses deux premiers prix avec le monologue du *Mariage de Figaro* de Beaumarchais en classique et *Le Retour* d'Harold Pinter en moderne. Pierre Dux, qui était administrateur, voulait vraiment avoir Francis. Il me semble qu'il a cédé aux autres membres du jury pour le prix d'excellence de Weber, et qu'il a été soulagé que Weber refuse le Français. Le prix d'excellence, c'est une distinction supplémentaire, qui n'est pas la simple addition de deux premiers prix. Le jury n'en a décerné que cinq entre 1900 et 1974, date de la suppression des prix. Huster fut mon premier élève à entrer à la Comédie-Française. Il avait été aussi le premier de mes élèves à entrer au Conservatoire, l'année même de la création de l'École, avec Lise Provins, qui a complètement disparu…

Hossein voulait à tout prix cet animal à cinq pattes qu'était le prix d'excellence ; il a été ravi de piquer Jacques à la Comédie-Française pour lui faire jouer *Crime et Châtiment* à Reims. Hossein voulait créer une école, Jacques lui a parlé de moi et Hossein m'a proposé le poste. Hossein avait nommé Michel Peyrelon directeur de son école. J'ai commencé à enseigner à Reims en 1971. La

première pièce que l'on monta fut *Dommage qu'elle soit une putain* de John Ford. Robert Hossein, qui n'est pas un être simple, a décidé, au bout de la première saison, que Michel Peyrelon ne serait pas reconduit comme directeur. Il m'a demandé de le remplacer pour la rentrée 1972. J'ai accepté et ai fait en sorte de ne pas devoir être à mon cours à Paris tous les jours. Pendant près de trois ans, j'ai fait des allers-retours entre Reims et mon cours à Paris. L'école d'Hossein était rue d'Anjou à Reims, une maison de maître qui comprenait l'école, l'internat, les bureaux, le Théâtre Populaire de Reims, et j'occupais l'appartement du concierge deux ou trois nuits par semaine. Mon père est mort en août 1973, ce qui m'a pas mal perturbé et, en septembre 1973, j'ai eu un différend avec Hossein. Il prenait beaucoup d'élèves dans les spectacles pour la figuration ; j'ai arrêté en mai 1974. Et il a fermé l'école : j'ai évité une nouvelle fois d'être mis à la porte.

Il y avait chaque année deux promotions d'une vingtaine d'élèves chacune, et plusieurs professeurs : Guy Di Rigo, qui faisait de la gymnastique, Richard Monod, un prof de fac avec qui je m'entendais très bien qui est malheureusement mort du sida, Jean-Louis Martin-Barbaz que je regrette de ne pas voir plus souvent, une chanteuse rémoise, qui faisait chanter « J'aime bien les dindons », et moi. Les élèves avaient cours à plein temps. À ce moment-là, j'étais toujours le seul professeur de mon cours. À Reims, il y avait des anciens de chez nous, comme François Clavier, Coco Felgeyrolles, Marc Spillmann, mais aussi Anémone Bourguignon (Anémone), Tonie Marshall, etc., qui avaient quitté Paris pour Reims ; ce petit monde rentrait à Paris le week-end. Ces élèves rémois ne brillaient pas par leur modestie ; l'école d'Hossein, croyaient-ils, allait leur ouvrir toutes les portes. L'administrateur de Robert Hossein, communiste militant, nous disait : « Faites attention à la façon dont vous vous comportez à Reims, nous sommes des parachutés. » La vie était très agréable à l'ombre de l'Ange au sourire, on pouvait utiliser à l'œil les self-services de la ville, le maire de Reims, Jean Taittinger, adorait Hossein. J'ai donc arrêté Reims en mai 1974 et je me suis davantage consacré à mon cours. Je me suis installé quai d'Anjou, dans l'île Saint-Louis, en 1976. Chaque année, le nombre d'élèves augmentait. Et chaque année, il y en avait qui entraient au Conservatoire. Je n'en ai jamais fait état mais, disons-le, puisque le quarantième anniversaire de l'École est passé : je crois que cette martingale de quarante années consécutives de succès d'octobre 1967 à mai 2006 est unique dans les annales de quelque conservatoire ou de quelque école privée que ce soit.

Le besoin de faire partie des reconnus, dans le domaine de l'enseignement de l'art dramatique, a été un besoin constant pour moi, d'autant que les « privés » ont toujours été, à tort ou à raison, comparés à des marchands de soupe. La reconnaissance était importante parce qu'il fallait que le Cours Florent progresse et évolue, mais je voulais une autre reconnaissance. J'aurais aimé en avoir une autre. Lorsque Pierre-Aimé Touchard a pris sa retraite de directeur du Conservatoire en 1974, j'ai postulé pour le remplacer. J'en ai parlé à Touchard et j'ai écrit au ministre. Touchard m'a répondu très gentiment. Je n'ai jamais rêvé d'une voiture qui m'aurait conduit à mon bureau de haut fonctionnaire, même si j'étais impressionné par l'arrivée de Roger Ferdinand[37] au Conservatoire dans sa DS avec chauffeur… J'ai postulé à la direction du Conservatoire, mais jamais pour y être professeur.

J'aurais aimé enseigner au Conservatoire ; je me disais que si René Simon l'avait fait, pourquoi pas moi ? Mais je n'ai jamais fait part à qui que ce soit de cette envie. Contrairement à René Simon, à Raymond-Girard, à Jean-Laurent Cochet, si j'avais été nommé professeur au Conservatoire, j'aurais évidemment démissionné de la direction de l'École Florent.

Mais tout compte fait, plutôt que d'y enseigner, j'aurais préféré diriger le Conservatoire.

Le Tout-seul

« **En un monologue** reconstitué, l'élève comédien de 2e année se présente dans de courts extraits de scènes classiques, reliés les uns aux autres. » Jusqu'en 2005, il y avait deux échéances distinctes, Perspectives à Noël et Exercice de styles en mars. J'ai réuni ces deux moments. Avant, la matière de Perspectives était du ressort de chaque professeur. Mais de temps en temps, il y avait des dérapages, alors je me suis dit qu'il fallait que je fasse un vaccin de rappel contre l'antigonite (« tartiner son fiel à la face du monde ») en faisant coudre à chaque élève un patchwork de bouts de rôles. En octobre 2005, j'ai demandé aux professeurs et aux élèves de 1re année de faire lire en public le *Dictionnaire de la langue du théâtre* d'Agnès Pierron[38], et j'y ai vu : « *Tout-seul* : nom familier donné à la parade au XVIIIe siècle. Servant de hors-d'œuvre au plat de résistance constitué par la représentation proprement dite, la parade pouvait donc être appréciée pour elle-même comme un spectacle à part entière. » Et voici la définition de la parade : « Petit spectacle proposé sur le balcon d'une loge ou à la foire, destiné à inciter les passants à entrer pour assister à la représentation. Il n'avait d'autre ambition que d'attirer le client, aussi l'appelait-on joliment la "bagatelle à la porte". La parade désigne aussi bien le spectacle que son texte. Ce sont souvent les personnages de Polichinelle ou de Pierrot qui l'assuraient. » Une bande-annonce en quelque sorte. Perspectives est devenu le Tout-seul.

Dans le Tout-seul, je voudrais que les élèves arrivent à dire avec conviction et promptement le contraire de ce qu'ils pensent dans la vie et de la vie. C'est pour cette raison qu'il y a cette diaprure, qu'il faut passer d'un rôle à l'autre. Il ne faut pas choisir uniquement des rôles cousins ou des rôles clones, il faut opposer. On en vient à une notion de *néo-emploi* : un valet + un docteur + un jeune premier, etc. Il s'agit d'exciser l'idée de ne se « sentir fait » que pour jouer ça ou ça **et** pour rappeler que l'on a à être prêts pour jouer ce que l'on vous demande.

Bien sûr, nous incitons aux instants classiques, c'est le fondement de tout, mais nous savons trop bien, et les faits sont têtus, que nos élèves ne joueront pas que des classiques… Il y a des

• Dans *Les Enfants du Paradis*, Jean-Louis Barrault (le mime Debureau) assure la parade sur le boulevard du Crime et mime le vol d'un gousset devant Arletty (Garance).

élèves qui ont été tout à fait sensationnels en classique chez nous et que je retrouve sensationnels dans des publicités à la télévision.

Notre métier est de faire en sorte que, par le travail des classiques et une adjonction d'autres éléments culturels et pratiques, les élèves soient capables de se réaliser et d'être à l'aise avec les créateurs, les réalisateurs, les metteurs en scène les plus contradictoires. Démarche qui s'oppose complètement à cette vérité unique qui pourrait être professée par un seul « führer » cumulant les postes de directeur et de premier metteur en scène d'un centre national et de son école satellite.

Lorsque j'entends des élèves qui étaient dans notre maison dire « Untel ou Unetelle m'a dit que… » et qui ne font référence qu'à un ou une chargé(e) de cours, je n'aime pas ça. L'élève doit parvenir à entrelacer plusieurs vérités. Ce qui reste de l'enseignement d'un professeur ne doit pas exclure ce que l'on a pu recevoir d'autres. Des points de vue extrêmement primaires, basiques, peuvent vous porter bien plus longtemps qu'un point de vue pointu. C'est dans cette optique que j'aime bien opposer dans ma petite classe de formateurs les « laboureurs » et les « penseurs » ; les deux se valent. Être trop penseur au démarrage me paraît préjudiciable. Le laboureur, aux mains calleuses, est immédiat, rural. Il me faut à la fois des formateurs qui martèlent des vérités premières et d'autres qui indiquent des chemins nouveaux.

Dans le Tout-seul, l'élève présente son choix personnel d'extraits. Mais je crois que le formateur doit intervenir pour confectionner ou découdre. À très peu de distance dans la saison, les élèves doivent présenter le Tout-seul et la Scène libre. Il ne faut pas par deux fois consécutives une liberté totale. En 2006, les élèves n'avaient droit qu'au théâtre classique français. Il faut peut-être étendre la définition du classique… *Knock*, c'est classique pour moi. Au Conservatoire, la scène classique, c'est « une scène française avant 1900 »… Cette classification est contestable. Certains auteurs ont écrit avant 1900 et après 1900. Claudel et Feydeau, pour ne parler que d'eux. En 2007, on peut considérer qu'il est des classiques au XXe siècle, non ? Giraudoux, Pagnol,

• Louis Jouvet, *Siegfried* de Jean Giraudoux, Comédie des Champs-Élysées, 1928.
• Rellys, *Manon des Sources* de et par Marcel Pagnol, 1953.

Bernanos… Pour ce Tout-seul, je ne suis pas sûr à 100 % qu'il faille uniquement du théâtre français. Il pourrait y avoir un bout de Malvolio de *La Nuit des rois*, du Schiller, du Marlowe… Il faut que ce soit uniquement de petites séquences de pièces qui s'enchaînent. On présente un éventail de *dramatis personae*. Il serait piquant d'y introduire de temps en temps une agilité physique, des arlequinades ; un garçon l'a fait dans Octave–Coelio, « Figure-toi un danseur de corde, en brodequins d'argent, le balancier au poing, suspendu entre le ciel et la terre… ».

J'ai regardé le DVD du spectacle de Laurent Gerra, et c'est un peu cela, le Tout-seul : il a le même costume, la même coiffure, un parapluie, deux chapeaux et la cravate de Bécaud… Le travail de Laurent Gerra n'est pas un one-man-show. Bien sûr, il ne s'agit pas d'imiter qui que ce soit, mais de se rapprocher toujours davantage de l'indispensable vraisemblance. Devoir « enchaîner » est très important, savoir freiner et accélérer, être dans l'instant plus velouté ou plus métallique, plus ingénu ou plus sournois, etc. Obtenir des élèves des changements de tessiture et des changements de rythme en passant d'une Jeanne d'Arc à une soubrette de Marivaux, d'Irma Lambert à Médée n'est pas commode.

Je leur dis souvent : « Je voudrais que vous arriviez à avoir le processus de l'organiste, qui dispose de quatre claviers, d'un pédalier, de tirettes à registres… » Dans du César Franck ou du Widor, il y a une succession, un amoncellement d'activités pour aller d'une couleur à une autre, d'un rythme à un autre, que j'identifie très bien à l'exercice du Tout-seul.

Cet exercice est pratique ; les professionnels de la profession sont toujours très pressés, ils ont envie de voir un inventaire. Je suis sûr que le Tout-seul est approprié pour les concours : on n'est jamais assommé par une tordue ou un bellâtre pendant d'interminables minutes. Les élèves pourraient dans l'avenir se fabriquer plusieurs Tout-seul, j'imagine très bien un Tout-seul fait de Godard et d'Audiard. J'espère que le Tout-seul aura de l'avenir à l'extérieur de notre maison.

Le Tout-seul est une incitation à ne pas s'apitoyer sur soi-même, à ne pas faire une logorrhée de ses propres récriminations contre la famille, la société… Cela oblige les élèves à être dans ce

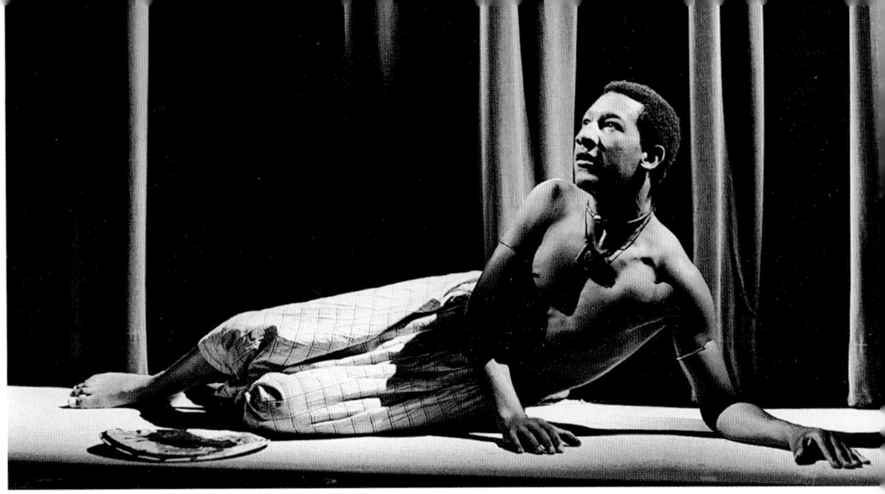

• Édouard Montoute
dans *Le Simoun*
d'Henri-René Lenormand,
Travaux de fin d'année,
Espace Pierre Cardin, 1988.

que l'on appelle la composition. Jouvet disait que toute interprétation était composition, dans l'acception la plus simple du mot : « Je représente un être qui n'est pas moi. » Perdican, ce n'est pas moi. Oui, Perdican, Antigone, Médée, Camille, il faut parvenir à ce que l'élève dise : « Ce n'est pas moi » ; qu'il dise à la rigueur : « Un autre moi ». Les élèves qui arrivent veulent jouer et dire : « C'est moi dans les 120 % des entrailles du persooonnaaage. » Or la présentation est une offrande au public de ce que pourrait être une couleur, une perspective de la *dramatis persona*. Tiens, *dramatis persona* est du féminin alors que « personnage » est du masculin.

Je n'aime pas les interprétations excessives. **Dès qu'il y a une certaine distance, même infime, entre l'incarnation brute de l'acteur et le défi qu'il lance à l'auteur, on est dans ce que j'appelle confusément le style.** Denis Podalydès et André Dussollier font cela : ils sont là, dans ce que peut être la chair du personnage, et malgré tout on sent que l'acteur a un regard sur le personnage qu'il anime. Dussollier le fait admirablement dans le film de Guillaume Canet *Ne le dis à personne* : il joue un gars qui vieillit, qui devient alcoolique, il est obligé d'être très sanguin, « fils de boucher », et pourtant, il y a quelque chose qui indique qu'il n'est pas fils de boucher ; il le représente, et cela me charme.

L'art de l'acteur est de faire plus vrai que nature. Or faire plus vrai que nature est de l'ordre de la réflexion. « Plus vrai que nature » : voilà l'expression qui vaut. « Qu'est-ce qu'il est naturel ! » ne suffit vraiment pas. Michel Simon est toujours plus vrai que nature. Même dans des grandes machines américaines, il y a parfois des acteurs plus vrais que nature, Tom Hanks ou Cate Blanchett ; ils ne jouent pas « télé ». Le problème à la télé, c'est la vitesse. Dans un téléfilm, les acteurs n'ont pas le temps d'avoir le moindre regard sur ce qu'ils font. On les précipite dans un bar-resto passer des bouts de séquence et ils s'en vont. Au cinéma, cela arrive de temps en temps. Dans le passé, on ne pouvait pas contrôler tout de suite ce que l'on avait fait, il fallait développer la pellicule ; aujourd'hui, on reprend tout de suite ce qui ne va pas. L'idéal du Tout-seul serait d'arriver à un « plus vrai que nature » sur chaque extrait, même si cela est difficile pour des 2e année.

154

Je pense qu'au regard de la promptitude et de l'énergie expressive, le fait d'être seul est utile. Cette échéance dynamite l'envie de passer des monologues. Beaucoup de gens veulent se cantonner aux monologues pour différentes raisons, alors que le Tout-seul invite à un échange. Le Tout-seul, solitaire, et Exercice de styles, en groupe, sont proches dans le temps. Dans la pédagogie des trois années, j'alterne le solitaire et l'exercice de groupe. Je suscite des moments où les élèves ont l'obligation de résister seuls aux lampes opératoires braquées sur eux.

Mais le métier de comédien s'exerce en groupe et la tendance au one-man-show est réellement néfaste. Dans certaines pièces naturalistes du début du XXe siècle, il y a beaucoup de personnages : dans *Les Tisserands* de Hauptmann, ils sont 55. Jusqu'après la guerre, les distributions étaient importantes, notamment chez Anouilh ou chez Giraudoux. Chez Olivier Py, il y a beaucoup d'acteurs mais ce n'est plus possible que dans des théâtres subventionnés. **L'art de l'acteur n'est pas un exercice solitaire, une pratique onaniste. Le Tout-seul est justement là pour évacuer le narcissisme du débutant.** On en revient à la démultiplication de la personnalité. Il faut un peu de nombrilisme, bien sûr. Le nombrilisme et le narcissisme sont cousins mais pas frères jumeaux. Il faut un petit peu d'exhibitionnisme aussi. J'ai remarqué dans le Tout-seul qu'il y avait des garçons qui palliaient leur insuffisance d'expression en ôtant leur tee-shirt pour montrer leurs pectoraux : un classique. En revanche, je suis ulcéré et outré qu'une classe entière soit en jeans. Si c'est être de la vieille école, je le revendique. Je veux voir les filles en jupe courte et en talons. Je ne les force pas à venir en jupe, elles peuvent se changer à l'École.

L'histoire du théâtre et l'histoire du cinéma invitent à la différenciation des sexes par le costume. Il est curieux que les jeunes, qui revendiquent la liberté et qui rêvent de mise en pièces de la société, aient ce besoin quotidien de se mettre en uniforme.

■

Lorsque j'ai commencé, je ne pouvais pas savoir que l'École allait devenir ce qu'elle est. Je n'imaginais pas qu'il arriverait un jour où je ne serais plus seul à enseigner.

À l'époque néanderthalienne de l'École, je faisais cours trois ou quatre fois par semaine chez Max Bozzoni. En février 1976, j'avais 106 élèves. Quand j'entends aujourd'hui que l'on reproche à l'École d'accepter 80 élèves par classe, c'est une insulte. Dès mars 1976, j'ai dû voir autrement. Je ne suis pas Hans le joueur de flûte, je ne traverse pas la ville pour attirer les enfants et les enfermer dans une montagne. J'ai pris le local du quai d'Anjou en juillet 1976. J'avais très peur : un loyer au mois, une autre façon de faire, une salle dans l'île Saint-Louis, c'était une gageure. Mais je ne pouvais plus rester seul. Le grand changement est venu de l'adjonction d'un autre professeur. Lorsque j'étais seul, je disais ce que j'avais à dire et zut ! Une autre aventure commençait. Avec une plus grande structure, avec un deuxième professeur, je voyais les choses en plus grand. Et puis l'idée de la pluridisciplinarité commençait à me tarauder.

Le fait d'avoir un autre professeur et d'autres lieux m'a soumis à l'impératif de ne plus faire comme on m'avait appris à faire. J'étais tributaire de ces lieux. Je le suis encore aujourd'hui. Dans un lieu unique, dans ces salles que je louais rue des Saules ou au Studio des Champs-Élysées, il était à peu près impossible de mener plusieurs projets de front. Au quai d'Anjou, il y avait deux salles, c'était la nouveauté. Je commençais à m'intéresser à ce qui se passait ailleurs, hors de nos frontières. À partir de 1976, nous sommes deux professeurs, Catherine Ferran et moi. Quand j'étais l'unique professeur, il n'y avait pas de programme. Je faisais un travail de scènes et quand on est seul, une pédagogie reste forcément univoque, on ne peut pas se dédoubler. Je pense que ma pédagogie a toujours été celle du bon sens. Au fur et à mesure que la maison a grandi, que j'ai voyagé, il devenait évident que l'on ne pouvait pas en rester là. Pour Beethoven, il y a une première, une deuxième et une troisième manière, pour Goya aussi ; de façon très humble et très modeste, je me suis dit à un moment qu'il fallait aller vers d'autres manières. J'ai grandi parce qu'en effet je pense avoir été de bon sens. **La progression de cette maison aura**

• Rencontres à l'École Florent :
avec Jacques Villeret ; avec Dominique Blanc, Patrice Chéreau, Myriam Boyer, Philippe Calvario.

été dialectique : un élément fondateur, puis des oppositions à cet élément, enfin la synthèse qui permet de faire cohabiter les antagonismes. De par mes origines, j'ai suivi un cheminement à la fois sacramentel et dialectique, d'abord sacramentel puis dialectique.

Puis sont arrivés Yves Le Moign', Caroline Sihol et Rémi Chenylle, avec qui je me suis malencontreusement brouillé plus tard. Les premiers professeurs étaient tous d'anciens élèves. Huster a commencé en 1976 par animer un stage qui s'appelait « JOUvet 39-40 » ; Jacques Villeret a monté un stage sur le thème « Ruptures et coups durs » dès 1977. On organisait des stages même avant le quai d'Anjou, rue Rodier ou ailleurs. Daniel Mesguich a fait un travail autour de *Bajazet*. Mesguich était de ceux que je faisais travailler quand ils étaient au Conservatoire, avec Balmer, Caroline Sihol, Fanny Delbrice... Je n'ai jamais fait travailler Villeret, je suis très pointilleux là-dessus, je ne m'accapare pas les gens... Je connaissais Villeret par Huster et Dussollier, c'était la smala du *Sherwood*, ce restaurant de nuit de la rue Daunou. Les stages étaient en plus des cours, sur auditions. Huster a été titulaire d'une classe à partir de 1978. Nous étions quatre titulaires cette année-là. Que des hommes : Huster, Chenylle, Le Moign' et moi. Michèle Harfaut est arrivée en septembre 1980, Raymond Acquaviva en 1981, en même temps que François-Xavier Hoffmann et Patrick Bonnel. J'ai toujours constaté *a posteriori* que, quand je prenais davantage de locaux, il y avait davantage de postulants.

En 1985, nous avons fait l'acquisition de la rue Mathis. Nous sommes restés quai d'Anjou durant un quart de siècle ; l'aventure Canal+ a fait exploser le nombre d'inscriptions et nous nous sommes élargis en prenant en plus les locaux de l'avenue Jean-Jaurès en 2001 et ceux de la rue Archereau en 2002.

Tout au début, j'avais la conviction qu'il fallait garder tous les niveaux dans une seule classe car me revenait toujours en mémoire mon école primaire de Soppe-le-Haut, où les élèves de 7 à 14 ans étaient dans la même salle. À tel point que, dans les années 1990, j'ai remis un Jacques[39]

d'honneur à Adrien Hentz, mon instituteur de Soppe-le-Haut, parce que sa façon d'enseigner a été une des bases de l'École Florent. La séparation en niveaux s'est faite tard, vers 1980. Ce qui était possible pour deux ou trois classes ne l'était plus quand les classes se sont multipliées ; j'ai été obligé d'ordonner, de clarifier pour des raisons à la fois pédagogiques et administratives. Nous avons aussi créé des classes de lycéens le mercredi et le samedi après-midi.

En 1973-1974, certains élèves étaient là depuis quatre ou cinq ans, ils étaient avancés, il fallait ajouter quelque chose au travail de scènes. Beaucoup d'intervenants que je contactais ne pouvaient rester qu'un mois ou deux, ils ne pouvaient pas prendre une classe à l'année. Il m'a fallu inventer un système pour boucler une présence ponctuelle : c'est ainsi que j'ai mis en place ces stages, qui s'appelaient « ateliers de réalisation ». Ce fut le premier pas pour absorber la scène individuelle dans une vision plus large. Il y eut aussi l'École des maîtres sur le même principe. Ce titre, « Rencontres avec les maîtres », m'est venu de Jean-Pierre Miquel lorsqu'il était directeur du Conservatoire. Il avait insisté pour qu'au Conservatoire il y ait des « maîtres » et non des professeurs. Je me suis dit qu'il n'y avait pas de raison, que j'étais moi aussi capable d'engager des « maîtres ».

Qui est « maître », qui ne l'est pas ? Dans le temps, c'était très simple, les « maîtres », c'étaient les sociétaires de la Comédie-Française. Mais aujourd'hui ? Qui est le plus « maître », de Stuart Seide ou de Jean-Michel Rabeux ? S'il fallait la dresser aujourd'hui, la liste des « maîtres » serait courte et je doute que Patrice Chéreau jubilerait si on l'appelait « maître ».

• On essaie et on s’essaie

Scène libre personnelle

• Le Corbusier, Notre-Dame-du-Haut à Ronchamp, 1950.

C'est l'avant-dernière échéance de 2e année. Elle existe depuis cinq ans. Les élèves doivent passer, devant un professeur de 3e année, une scène que leur chargé de cours ne connaît pas et n'a pas vue. Ainsi jaugeons-nous la capacité de l'élève de se débrouiller tout seul, depuis le choix de la scène jusqu'à son aboutissement dramaturgique. Quelle est, à un certain moment de la formation, l'aptitude de chacun à piloter l'avion seul ?

En 1re année, il y a un « parcours libre », où l'on peut passer de l'accordéon avec un nez rouge, ce que l'on ne peut pas faire dans le Tout-seul de 2e année. La scène libre est encore différente.

« Le théâtre vit de contraintes et meurt de liberté », a dit Xavier Florent et je trouve cette phrase très juste. « Libre » veut dire « libre de l'avis du professeur, libre du parcours pédagogique de l'École, libre des brides qu'il nous arrive de mettre en place ». Il ne faut pas brider mais baliser. J'aime ce verbe aquatique. Nos échéances ont toujours connu des modifications, il est indispensable de changer les balises de place.

Pour leur Scène libre, les élèves peuvent choisir des scènes de théâtre, ou de cinéma, ou même des adaptations de romans. En 2e année, je tiens à cette échéance de milieu de gué. **Dans une formation, il faut susciter des plages où la désobéissance a sa place. Ce que j'appelle la grande désobéissance, il faudrait presque y mettre une majuscule, la désobéissance de la préface de** Cromwell**, ou celle de Notre-Dame-du-Haut de Le Corbusier.** Un des rôles du formateur est de leur apprendre à désobéir, mais pas à déraper. C'est passionnant mais pas toujours auréolé de succès…

La création artistique véritable se fait dans la désobéissance. Mais il y a des mondes entre la désobéissance et le dérapage. Si au milieu de la 2e année, ils passent du Obaldia ou *Antigone* d'Anouilh à leur échéance de Scène libre, on se dit que l'on a tout raté, qu'ils n'ont rien entendu de ce que l'on a dit, car surnage toujours ce désir de briller à tout prix et de faire du clinquant. Il y a de la paresse aussi. Je me demande si le métier d'acteur n'est pas un métier de paresseux. Pas le paresseux du fond de la classe qui ne veut rien faire, mais celui qui se prélasse dans un

• Jeanne Balibar,
La Double Inconstance,
mise en scène
Jean-Pierre Garnier,
École Florent, 1991.

ECOLE FLORENT
Tél. : 43 29 60 22 / 40 36 37 57
Fax : 40 36 06 65

François Florent vous prie d'honorer de votre présence les représentations en français et en allemand de la pièce de

MARIVAUX

LA DOUBLE INCONSTANCE
VERFÜHRBARKEIT
AUF BEIDEN SEITEN

interprétée dans les deux langues
par les mêmes acteurs et mise en scène par
Jean-Pierre GARNIER

THEATRE-ECOLE FLORENT
40, RUE MATHIS - 75019 PARIS
Métro : Crimée

Spectacle réalisé dans le cadre du Projet
Interréseaux entre le Goethe Institut
en France et les Instituts Français en Allemagne

GOETHE-INSTITUT

INSTITUT FRANÇAIS de Hambourg

Réservation, jours et heures des représentations, voir au verso

• Éric Berger, *La Ronde* de Schnitzler,
mise en scène Isabelle Nanty, École Florent, 1990.

certain engourdissement intellectuel… La paresse de l'acteur français se manifeste moins dans une école qu'à partir du moment où il sort de chez nous, ou du Conservatoire, ou de l'école de Saint-Étienne.

Souvent, lors de la Scène libre, il y a beaucoup de mise en scène, des accessoires, de la musique et, en la circonstance, il ne faut pas les en empêcher. C'est une « ébauche » de leurs Travaux de fin d'études de 3e année. La Scène libre s'oppose au possible formatage d'autres échéances.

Les élèves écrivent parfois leur propre scène et je suis favorable à l'écriture, mais je reste circonspect à l'idée d'une classe d'écriture institutionnalisée. Tout le monde ne va pas écrire *Le Misanthrope*, c'est évident, mais de temps en temps il y a des surprises agréables.

La scène est commentée en direct par le visiteur pédagogique et le chargé de cours. Me semble avantageux, pour les élèves, ce double commentaire *in vivo* de quelqu'un qui ne les a jamais vus, et de quelqu'un qui les connaît bien. Je suis à l'affût de commentaires contradictoires. Mais le commentaire n'est qu'une photographie du moment. Il n'y a qu'à repenser à cette fameuse appréciation d'un grand décisionnaire d'Hollywood qui venait d'auditionner Fred Astaire : « Perd ses cheveux. Ne joue pas bien. Danse pas mal… »

■

«Libre », c'est aussi la « Classe libre ». « Libre » s'entend libre de droits, gratuite, bien que nous n'ayons jamais reçu l'onction de la puissance publique. La création de la Classe libre fait partie de mon besoin de « faire autrement ». Rendons à César… l'idée vient de Francis Huster. Un jour de 1979, il m'a pris par la main sous les arcades du Palais-Royal et m'a dit : « Il faut qu'on parle. Il faut faire une classe gratuite. » « Je vais fermer la baraque si c'est gratuit », lui ai-je rétorqué. Nous en avons discuté, il fallait que cela coexiste avec les classes payantes. Il a eu l'idée du concours d'entrée. Il tenait absolument à ce que les gens qui n'avaient pas de ressources aient la possibilité de venir dans cette maison. Entre nous, il voulait ainsi se constituer une classe à sa mesure. À

• La première promotion de la Classe libre.

l'époque, Francis était énormément impliqué dans la maison. Nous nous sommes donc résolus à organiser un concours d'entrée en octobre 1979 et il y eut beaucoup de candidatures. C'était en trois tours. Il n'y avait plus que deux tours au Conservatoire ; de mon temps, il y en avait trois, donc je voulais qu'il y ait trois tours à la Classe libre. Il y eut près de 500 candidats pour le premier concours. C'était nouveau, et cela a attiré beaucoup de gens. On est allés jusqu'à 1 000 candidats une année. En ce moment, il y en a aux alentours de 650 à 700.

La première promotion de 1979 rassemblait, entre autres, François-Xavier Hoffmann, Fabienne Luchetti, Dominique Blanc, Laurent Spielvogel, Marie-Christine Rousseau, Béatrice Houplain, Frédéric Andréi, François Carton, Brigitte Bergès, Rémi Jouvin, Anna Carril, Rémi Gorès, Frédéric Brun, Nathalie Juin, Cécile Paoli, Paul Borne, Anne-Lise Sabouret, Dominique Langer, Laurent Clausse, Corinne Fischer… Il y avait des élèves de l'École et des gens extérieurs. La proportion de gens extérieurs était plus grande dans cette première promotion qu'aujourd'hui. À l'extérieur, on a le sentiment que la Classe libre, bien qu'ouverte à tous, est plus ou moins réservée aux élèves de l'École. Mais j'attache beaucoup d'importance au quota des candidats extérieurs et j'aimerais le voir grimper.

La date du concours a beaucoup évolué. En vint-cinq promotions, cela s'est pratiquement décalé d'une saison, d'octobre à mai. Cela est dû au changement des dates du concours du Conservatoire et au fait que les échecs à la Classe libre, en novembre ou en janvier, engendraient des désertions inutiles, notamment d'éléments de qualité. Le jury du 1er tour, c'était moi avec deux ou trois personnes. Au 2e tour, le jury était très étendu, il y avait beaucoup d'amis de Francis, je me souviens de Ludmilla Mikaël, José Artur, Romain Weingarten, ils étaient nombreux. À l'époque, le 2e tour était le plus sanglant. Au 3e tour, il y avait Huster, Pierre Romans et moi. Maintenant, c'est l'inverse, le jury est plus nombreux au 3e tour. Aujourd'hui, je n'assiste qu'au jury du 3e tour, qui s'est beaucoup rajeuni. Je veux y intégrer des anciens élèves qui commencent dans le métier, et j'essaie de panacher entre théâtre,

cinéma et télévision. J'ajoute des gens que j'ai envie de revoir ; l'année dernière, il y avait Roger Mollien, qui est, avec Georges Wilson et Jean-Pierre Jorris, un des deux derniers acteurs à avoir joué avec Gérard Philipe, depuis la mort de Philippe Noiret. J'avais aussi demandé à Geneviève Casile. Je tiens à ces figures de Commandeur ceinturées par des jeunes.

Les membres du jury de la Classe libre ne connaissent que le nom des candidats. Je suis le seul à connaître leur âge et leur origine, le nom de leur professeur, à savoir s'ils sont à l'École ou non – avec l'annotation « ex » s'ils viennent de l'extérieur. Je ne cherche pas à deviner de quel cours ou de quel centre de formation ils viennent. La préparation de certains candidats « extérieurs » oscille entre le rudimentaire et le rococo. Rococos, ces jeunes filles qui viennent avec des robes de 1953, pomponnées d'une autre façon, un peu en vitrine.

Il nous faut également subir le ténébreux aux « cheveux sales et godillots informes » qui joue à l'artiste maudit. Ou ces filles entièrement habillées en noir. J'ai une espèce de phobie du noir, de ces filles qui s'habillent en noir à la scène comme à la ville.

Jérôme Pradon raconte que le premier jour où je l'ai vu, je lui ai dit : « Toi, tu es fait pour ce métier. » C'était une évidence. Gad Elmaleh m'a confié que je lui aurais dit le premier jour : « Je veux te voir dans le peloton de tête de cette école. »

J'ai toujours déploré les années où les « Classe libre » faisaient une caste à part, je tiens à ce qu'ils soient mélangés aux autres.

• *The Laramie Project*
de Moisés Kaufman, monté en anglais
par Leslie Chatterley, École Florent, 2004.

Parlons de la durée des études. Il y a des gens qui étudient l'art dramatique pendant des années, ceux qui passent trois ans à l'École, puis trois ans à l'Ensatt, puis trois ans au Conservatoire, ça fait neuf ans… Trois ans de cours et trois ans de Conservatoire, ça fait déjà six ans… Neuf ans, c'est complètement ridicule, mais ça existe effectivement. Quelqu'un qui suit ce que j'appelle la « voie royale », c'est-à-dire Florent + Conservatoire, ça fait sept ans (deux ans d'École, deux ans de Classe libre, trois ans de Conservatoire), je le comprends. Ce qui me paraît inconcevable, ce sont les gens qui passent trois ou quatre ans à l'École, qui ratent les concours, et qui ensuite suivent des années et des années de stages chez Untel, Untel et Untel ; ils se protègent trop, ils s'abusent en pensant qu'ils ne sont toujours pas prêts. Une paralysie s'ensuit et on n'est plus jamais prêt. C'est un cercle qu'il faut savoir briser. Je ne dis pas pour autant que nous sommes le *nec plus ultra* et qu'après nous il ne faut plus étudier, au contraire, il y a des expériences très captivantes comme celle de Sava Lolov ou de Virginie Colemyn chez Mnouchkine. Mais trop souvent, les « stages sempiternels » finissent par brouiller l'esprit et ne résolvent aucun problème. Pendant un ou deux ans, il faut se dire que l'on ne cherche qu'à rencontrer les gens qui réalisent, qui font de la mise en scène. Nos Travaux de fin d'études sont là pour – d'une manière ou d'une autre – catapulter les gens dans la profession. Je crois que constituer une troupe est une meilleure solution que de suivre les « stages sempiternels ». Si l'on regarde autour de soi, à part des exceptions fameuses, genre Henri Virlojeux, on entre dans la profession entre 20 et 30 ans. Si l'on démarre beaucoup plus tard, on ne fait pas sept ans d'études, les gens qui arrivent chez nous à 35 ou 40 ans le comprennent bien ; soit ils abandonnent, soit ils passent des castings rapidement. La prolongation de pseudo-études pour retarder le moment d'entrer dans le métier est nocive.

La nature et le contenu des Travaux de fin de 2e année – dernière échéance de 2e année – se décident lors du symposium de rentrée qui réunit tous les chargés de cours. Cela peut être un travail d'écriture collectif, un travail classique de scènes, un travail sur un thème de technique théâtrale ou même sur un concept de vie. En 2007, le thème fut « les sept péchés capitaux ».

J'ai trouvé ce thème ingénieux car il englobe la littérature, l'invention et le comportement. En 2005, c'était « la famille », l'année d'avant « la ville », etc. Il y eut aussi « le théâtre de boulevard », « les auteurs français actifs en 1900 », etc.

Lors de « la ville », j'ai voulu mettre en route ce que j'appelle le « théâtre d'investigation ». Je pense que l'un des avenirs possibles de l'acteur est de devenir en même temps journaliste, d'aller sur le terrain voir ce qui se passe, de le retranscrire et de le présenter au public. Il y a peu, un document théâtral sur l'affaire Humbert a vu le jour. Le *must* à ce jour, c'est la pièce américaine *The Laramie Project*[40], que Lesley Chatterley a montée chez nous. Dans le théâtre d'investigation, ce sont les acteurs eux-mêmes qui font de la recherche sur des personnalités et en font des *dramatis personae*. Ce sont les acteurs qui vont sur le terrain, et non des gens qui vont écrire pour eux. Cela me paraît utile, à l'intérieur de notre programme de formation, d'aller interviewer des mafieux ou des prostituées… Je ne veux pas abandonner cette idée du théâtre d'investigation, même si à ce jour je perçois des résistances au sein de la maison.

En ce moment, les Travaux de fin de 2e année ont une tendance au béhaviorisme sociétal. En 2008, on va sans doute revenir à une forme théâtrale plus affirmée.

Il est important que ces Travaux restent un travail de groupe qui renvoie à Correspondances. Cette symétrie des modules est tout à fait capitale. Il ne s'agit surtout pas de monter des pièces dans leur intégralité ; il y aurait toujours des sans-grades qui ne joueraient que les porteurs de hallebarde.

• À chaque éclosion du printemps, l'absolue proximité des corps : la Nuit Florent

Bâti et Entraînement aux concours

Le passage en 3e année se fait de façon plus diffuse et moins scolaire que le passage en 2e année. La structure de l'École est pyramidale, il y a de moins en moins de classes et de moins en moins d'élèves. Les départs (que les gens soient exclus ou qu'ils partent d'eux-mêmes) sont plus nombreux entre la 1re et la 2e année qu'entre la 2e et la 3e année. Vers la fin de la 2e année, la grande majorité ressent le besoin de boucler le cycle, l'obtention du brevet est devenue une chose très importante.

La 3e année est séparée en deux modules : le module B comme Bâti et le module C comme Concours.

Le module B est destiné aux élèves qui ne passent pas les concours des écoles nationales. Le Bâti est très attractif; à mes yeux, le Bâti doit être une structure de soutènement de ce qui pourrait devenir un spectacle par la suite. Le Bâti n'est pas une pièce de théâtre, on ne monte pas *Le Misanthrope* ou *On purge bébé*, ce sont des thèmes[41]. C'est un contrepoint aux Travaux de fin d'études à venir où ce sont les élèves qui choisissent leur texte. Lors du Bâti, c'est le chargé de cours qui impose le thème. Avec cette échéance, on est, disons, dans l'univers du spectacle.

La différence notable entre le Bâti et les Travaux de fin de 2e année réside dans la possibilité d'utiliser nos studios de la rue Archereau.

La présentation du Bâti a lieu en janvier. Les classes ont donc plus de quatre mois pour le préparer. Un gros chantier.

Un bâti en termes de couture n'est pas la robe terminée, mais un « assemblage à grands points ». Le mot nous vient donc du charpentage et de la couture. Ce n'est pas un spectacle terminé, bien qu'il soit ouvert au public. Il est important d'ouvrir au public les échéances qui sont programmées à partir de la deuxième partie de la 2e année. L'élève comédien doit progressivement se frotter aux impératifs de l'acteur professionnel.

Le Bâti à tendance à devenir un spectacle achevé. Le sens du mot évolue, mais je ne peux pas changer le nom des échéances tous les deux ans. Au fur et à mesure que les années passent, le Bâti n'est plus ce qu'il était au début : il y a une régie lumière, du son, des costumes…

Parfois les chargés de cours ne choisissent pas assez en fonction de la classe mais en fonction de leurs envies, de leurs tendances. Il n'y a jamais de Bâtis sur Labiche ou sur Alan Ayckbourn, c'est toujours schopenhauerien, et je le regrette. Selon Schopenhauer, le comportement animal et humain est régi par la souffrance, les plaisirs ne sont que des illusions passagères ; je pense que le théâtre, certes miroir de notre condition, se doit aussi d'alimenter nos minces plaisirs.

Des bouts de pièces autour d'un auteur, voilà une envie que je vais réaliser. Il me semble qu'une façon de faire serait d'illustrer les livres que nous sommes en train d'écrire (*Pour jouer Molière*[42] est le premier). L'histoire de l'écriture dramatique n'est pas assez perçue dans les thèmes du Bâti. C'est souvent « la mort », « la mère incendiaire », etc. On pourrait avoir « la tragédie » ou « une écriture soumise à un pouvoir politique », ou « les œuvres écrites sous la Révolution », « le mélodrame » (le répertoire français pullule de mélodrames extraordinaires pour les acteurs) bref, des genres dramatiques. Je préférerais que l'on retrouve les moments majeurs de l'écriture théâtrale, plutôt que des extraits de romans. Je privilégie la forme à l'émotion de pacotille. Il y a des années, j'avais monté *Le Misanthrope* à l'École, en six actes : on changeait d'acteur pour chaque rôle à chaque acte et à la fin on reprenait le Ier acte mais joué uniquement par des femmes. J'ai aussi fait une *Lucrèce Borgia* avec 14 Lucrèce ; elles étaient toutes en scène pour la scène finale !

Il y a eu des Bâtis captivants ; je me souviens de l'essai de Jérôme Pouly, sociétaire de la Comédie-Française, autour de *Cromwell* de Victor Hugo avec des costumes et des accessoires de la Comédie-Française. Je ne suis pas contre le fleuri et le kitsch.

La 3e année est la seule où les élèves commencent par un exercice collectif. Pour ceux et celles qui n'ont plus l'âge de passer les concours, reprendre des scènes individuelles n'est plus de saison ; ils sont déjà tournés vers l'extérieur, ils courent les castings et ont envie de former des groupes, des troupes. La tentation d'aller jouer à Avignon Off est très forte… Dans le Bâti, l'élève est soumis aux contingences de la technique théâtrale : accessoires, régie, il n'est pas uniquement protagoniste, il y a un travail de troupe. En fin de 2e année aussi, d'ailleurs. Mais en 3e année, je veux absolument faire la différence entre une classe qui travaille ensemble et une troupe qui se constitue, cette distinction fait partie du cheminement pédagogique.

Les chargés de cours qui ont l'idée la plus baroque et l'agencement le plus baroque de l'idée sont ceux qui ont le plus de succès auprès des élèves. Le Bâti implique la dérive, sinon il n'y a plus d'idées nouvelles. C'est pour cette raison que je ne surveille pas trop les Bâtis. En 3e année, il faut être en même temps dans la maison et dehors. Il n'est pas facile d'appliquer la même discipline administrative, pédagogique qu'en 1re et en 2e année. La dérive est inhérente à la nécessité de ne pas figer notre maison. Niemeyer, à 100 ans, dit qu'il entendait continuer « à surprendre et à émouvoir ». Il vient de faire un théâtre populaire à Niteroi face à Rio, aux courbes plus sensuelles que jamais. Je n'ai pas l'héritage culturel de mes collaborateurs chargés de cours de 3e année, donc je les laisse faire par rapport à leurs goûts ; leurs priorités ne sont pas fatalement les miennes ou ne sont plus les miennes, puisque l'on ne peut pas être et avoir été. Pourtant, je m'efforce d'être les deux à la fois. Je ne veux pas châtrer mais je ne veux pas m'interdire de faire des remarques. Non, « dérive » n'est pas le bon mot, c'est décidément « désobéissance » qu'il faut. La désobéissance est inhérente à l'aventure théâtrale et on en revient toujours à la nécessité absolue d'être subversif.

Le module C est réservé aux élèves qui présentent les concours. Cela s'intitulait avant « préparation aux concours » mais j'ai changé cela en « Entraînement aux concours ». Je tiens beaucoup à cette distinction. Pour un concours, il ne faut pas uniquement se préparer mais surtout s'entraîner. **S'entraîner veut dire qu'il ne faut pas faire de clonage, ne pas répéter sans cesse les choses en essayant d'arrondir au mieux les angles ; pour passer un concours, il s'agit de s'entraîner à un état d'esprit comme un athlète.** On s'entraîne, mais on ne se prépare pas à avoir obligatoirement un résultat. Et puis c'est réducteur : on prépare, donc on ne fait rien d'autre. Je pense qu'il ne faut pas procéder comme ça. Catherine Ferran a préparé le Conservatoire pendant des années, en vain ; l'année où elle l'a eu, elle avait passé la nuit précédant le concours dans le train parce qu'elle jouait chez Jean Meyer aux Célestins à Lyon. L'entraînement permet d'avoir la capacité de choisir une autre scène si la scène prévue ne fonctionne pas. Savoir faire cela est un entraînement autrement plus gratifiant qu'une préparation sur un programme préétabli et inamovible.

Jean-Pierre Miquel[43], au début de son mandat au Conservatoire, avait demandé que les quatre scènes soient inscrites trois mois à l'avance ; au bout de deux ou trois ans, il a dû abandonner la formule. Il y avait certes dans cette obligation une préoccupation dramaturgique intéressante, un inventaire du soi, mais d'un autre côté, il faut pouvoir dire : « Je change de scène parce que dans quatre jours je serai mieux là-dedans. » L'entraînement à un concours suppose que l'on se prépare à concourir, alors que la préparation à un concours suppose que l'on rabâche des scènes. Il faut se préparer corps et âme à affronter un concours, et ne pas se préparer uniquement à passer une scène. Dans un concours, il faut être le meilleur, il faut avoir la capacité de contrer l'adversaire. Souvent, les jeux se font entre les passages des scènes : on peut être conquis par la façon d'être d'une jeune fille qui se prépare devant vous à démarrer sa deuxième scène mais on peut être horripilé par l'attitude d'un candidat qui vous regarde et qui semble vous dire : « Je suis bien, non ? »

Il y a trois écoles nationales en France : les élèves ne tentent pas seulement le concours du Conservatoire, ils passent aussi le TNS (qui dépend aussi du ministère de la Culture) et l'Ensatt (qui dépend du ministère de l'Éducation nationale), ainsi que d'autres écoles régionales et frontalières, qui demandent toutes des scènes au concours d'entrée.

La limite d'âge pour passer le concours du Conservatoire est la plus basse de toutes les écoles (23 ans). Il faudrait la même limite d'âge partout, ou alors pas du tout. De mon temps, il y a eu pas mal de dispenses à cause de la guerre d'Algérie. Je me souviens de gens qui sont entrés à 26 ou 27 ans. La limite d'âge officielle à la Classe libre à l'origine était de 28 ans. Maintenant, il n'y en a plus, mais il faudrait dissuader les gamines de 14 ans de se présenter. Pour certaines ingénues (une ingénue a quel âge aujourd'hui ?), c'est très bien d'entrer au Conservatoire très jeunes ; d'autres ont la maturité plus tardive et y entrent plus tard. Il conviendrait de moins se préoccuper de cette limite d'âge couperet et d'avoir des entretiens préalables afin de déterminer s'il y a lieu ou non d'accepter une candidature quel que soit l'âge, avec un butoir bien sûr. On pourrait dire entre 16 et 30 ans, au lieu des 18-23 ans et onze mois aujourd'hui.

À mon époque, comme écoles d'État, il y avait le Conservatoire et le Centre de la rue Blanche. L'école du Centre dramatique de l'Est (ancien nom du TNS) a débuté en 1954, alors que j'étais au conservatoire de Strasbourg. Les gens passaient le Conservatoire et la « rue Blanche », la rue Blanche, devenue Ensatt, est à Lyon aujourd'hui. En cinquante ans, les choses ont très peu évolué puisqu'il n'y a qu'une école nationale de plus, mais il y a eu une multiplication des écoles privées, et il y a surtout beaucoup d'écoles intégrées à des Centres dramatiques nationaux ou équivalents, à Rennes ou à Saint-Étienne, par exemple. En 1957, nous devions être 500 candidats au Conservatoire, alors qu'aujourd'hui, certaines années, on dénombre 1 100 candidats. Beaucoup d'acteurs des années 1950 n'ont fait que le Cours Simon, le Cours Raymond-Girard ou le Cours Balachova[44]. Il y avait aussi des gens comme Deneuve ou Delon, qui n'ont jamais suivi de cours et sont entrés dans le métier autrement, et de façon tout à fait brillante.

La Scène de fin d'études est relativement récente – deux ans – et a lieu avant les Travaux de fin d'études au mois de mai. Après le passage de cette scène – le plus souvent extraite de pièces contemporaines –, je remets officiellement et solennellement le brevet de fin d'études. Au regard de la « diplomite » qui sévit, l'obtention du brevet devient très importante pour les élèves. La Scène de fin d'études est quelquefois du réchauffé, il faut bien entendu puiser dans ce que l'on a fait, mais ce réchauffé est souvent trop tiède.

Tous les élèves qui ont fait leur scolarité entière reçoivent leur brevet. Ce brevet n'est la garantie de rien. C'est un instant qui scelle le fait que l'on a accompli le cycle de formation en entier. Les gens qui ont été admis sur audition en 3e année sont aussi brevetés à la fin de cette 3e année.

La Scène de fin d'études permet de désigner les participants au prix Olga Horstig. Olga Horstig est un des grands imprésarios du XXe siècle, elle a été l'imprésario de Brigitte Bardot, de Michèle Morgan, de Pierre Brasseur, etc. Elle était à la fois très compétente et connue du grand public. Elle a toujours été très fidèle à l'École. À la fin de sa vie, elle avait perdu la vue et demandait chaque année à un ou une élève de l'École de venir lui faire la lecture. Le prix est présidé tous les ans par une personnalité : en 2006, c'était Georges Lautner; en 2005, Robert Hossein; en 2004, Serge Rousseau[45]; en 2003 et en 2002, Olga Horstig elle-même. Le prix, qui a toujours lieu le dernier lundi de septembre ou le premier lundi d'octobre, consiste en une présentation de scènes extraites de pièces créées dans la saison à Paris et à Londres, devant des professionnels du spectacle qui votent pour l'attribution du prix. Ce sont eux qui déterminent les lauréats, un garçon et une fille. Il y a évidemment une mayonnaise autour des scènes pour en faire un spectacle continu. Les lauréats 2006 sont Charles Petit et Camille Blouet[46].

J'ai toujours souhaité donner un rayonnement international à l'École. Notre antenne à Pékin doit beaucoup à M. Ya Ding, un producteur chinois, auteur de reportages sur la France pour la télévision chinoise et notamment sur notre école. Il m' a demandé si j'acceptais de monter une « École française du cinéma » en collaboration avec le Conservatoire libre du cinéma français (CLCF), une école privée de cinéma qui se trouve tout près de chez nous, quai de Loire. Cette école de Pékin est bicéphale et réunit le CLCF et Florent. Nous sommes allés faire des auditions à Pékin, et la première promotion est maintenant en 2e année chez nous. Je les ai vus dans le Tout-seul et je suis ravi de ces élèves. En 1re année, ils restent à Pékin avec un cursus particulier, l'apprentissage du français est primordial pour obtenir le visa étudiant qui leur permet de venir en France. Ensuite, ils font leur 2e et leur 3e année à Paris; ils restent deux ans ici. Ce sont des

• Robert Hossein remettant le prix Olga Horstig.
• Olga Horstig et les deux lauréats 2003.

professeurs de chez nous qui enseignent à Pékin : Jérôme Léguillier et Luc Galissaires; sur la saison qui dure sept mois et demi, les élèves ont chaque professeur deux mois et demi et, dans l'intervalle, des professeurs de Pékin leur enseignent le français.

Les trois premières promotions (Pékin + Paris) comportent plus de soixante élèves. Pour l'instant, cela se passe très bien, bien que nous soyons très concurrencés en Chine par les écoles américaines ou anglaises. Les professeurs que je connais à la Central Academy m'ont dit que certains anciens élèves (de la génération de Gong Li) sont partis aux États-Unis et font un « pont pédagogique » entre la Chine et Hollywood; cela marche très fort. Hollywood + l'anglais, vous pensez ! Encore que l'attrait pour Paris soit très perceptible quand on séjourne à Pékin. Ah, si nous avions eu les jeux Olympiques ! En général, ces jeunes Chinois ont déjà une formation antérieure, notamment dans des écoles de mouvement, d'acrobatie, qui se rapprochent évidemment plus de la tradition chinoise que de la tradition rhétorique française. Parfois, ils ont fait un peu de comédie musicale. Aux auditions, j'ai vu des sauts périlleux, des chansons, de l'acrobatie, des poèmes chinois. Avec, hélas ! une propension à faire de la sous-comédie musicale américaine; la méchante soupe américaine est omniprésente là-bas maintenant. On trouve des physiques attachants, des jeunes qui ont envie de voir d'autres pays. Chez nous, je les oblige à participer à Dancin' et à *Acting in english*[47].

L'École a fait beaucoup de tournées. C'est une conséquence de ma bougeotte, sans oublier un déclencheur très important : en 1968, un Jaromir Knittl a fui sa Tchécoslovaquie et été admis comme auditeur étranger au Conservatoire à l'époque où Huster, Weber et Dussollier étaient élèves. Il est resté en France, il a eu des enfants, il est même devenu français, et il a repris contact avec son pays quand cela a été possible. Un jour, il m'a parlé du Festival des écoles de Bratislava qui existait depuis 1977 et qui a lieu tous les deux ans. Chaque école présentait son spectacle, et il y avait des prix; au début cela ne concernait que des écoles des pays de l'Est, puis le festival s'est ouvert de plus en plus. Nous y avons participé pour la première fois en 1988 avec *Normal Heart*,

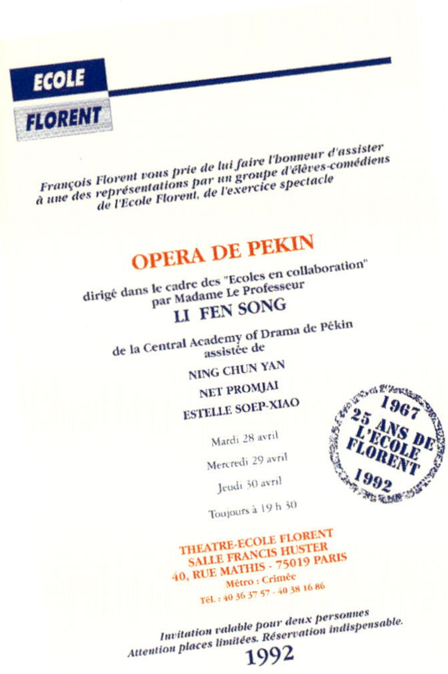
ECOLE
FLORENT

François Florent vous prie de lui faire l'honneur d'assister à une des représentations par un groupe d'élèves-comédiens de l'Ecole Florent, de l'exercice spectacle

OPERA DE PEKIN

dirigé dans le cadre des "Ecoles en collaboration" par Madame Le Professeur
LI FEN SONG
de la Central Academy of Drama de Pékin
assistée de
NING CHUN YAN
NET PROMJAI
ESTELLE SOEP-XIAO

Mardi 28 avril
Mercredi 29 avril
Jeudi 30 avril
Toujours à 19 h 30

1967 25 ANS DE L'ECOLE FLORENT 1992

THEATRE-ECOLE FLORENT
SALLE FRANCIS HUSTER
40, RUE MATHIS - 75019 PARIS
Métro : Crimée
Tél. : 40 36 37 57 - 40 38 16 86

Invitation valable pour deux personnes
Attention places limitées. Réservation indispensable.
1992

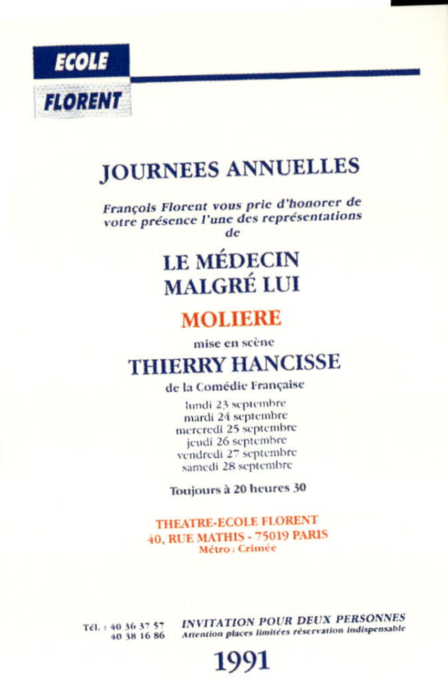
ECOLE
FLORENT

JOURNEES ANNUELLES

François Florent vous prie d'honorer de votre présence l'une des représentations de

LE MÉDECIN MALGRÉ LUI
MOLIERE
mise en scène
THIERRY HANCISSE
de la Comédie Française

lundi 23 septembre
mardi 24 septembre
mercredi 25 septembre
jeudi 26 septembre
vendredi 27 septembre
samedi 28 septembre

Toujours à 20 heures 30

THEATRE-ECOLE FLORENT
40, RUE MATHIS - 75019 PARIS
Métro : Crimée

Tél. : 40 36 37 57
40 38 16 86
INVITATION POUR DEUX PERSONNES
Attention places limitées réservation indispensable
1991

• Thierry Hancisse
et Nadine Spinoza
École Florent, 1985.

que nous avions présentée à l'Espace Pierre Cardin. Nous avons été très bien accueillis, c'était nouveau de parler du sida là-bas, et je crois que nous avons obtenu un prix. Cette histoire m'a mis l'eau à la bouche et m'a donné envie de faire d'autres choses. J'avais créé une association, le World Theater Training Institute (WTTI), avec quelques directeurs d'école, dont le Max-Reinhardt Seminar de Vienne, des Allemands, des Polonais, une fac de Milwaukee… Le but était de faire des échanges de professeurs, d'élèves et de spectacles. Après cette très belle expérience, je me suis décarcassé pour que nous puissions faire une tournée avec l'École en Australie par le biais d'un membre du WTTI qui s'occupait de l'école de Sydney et qui avait organisé un festival d'écoles. Je voulais étoffer le voyage en Australie avec d'autres représentations ; j'ai contacté les instituts français, et nous avons eu des réponses positives de Hanoi, de Bangkok, de Canberra, de Melbourne, de Singapour. La première année, nous sommes partis avec *Le Médecin malgré lui* monté par Thierry Hancisse, et nous avons continué pendant quatre années consécutives, jusqu'en 1995. Nous avons présenté *La Dispute* et *L'Île des esclaves* montées par Christian Croset avec Grégory Dérangère, *L'Intervention* de Victor Hugo montée par Christian Croset avec Jérôme Pouly, et enfin *Leçons de français pour un étudiant américain* de Ionesco montées par Jean-Christophe Berjon. Cela s'est arrêté parce que les responsables changent, les ambassadeurs changent.

Nous avons participé plusieurs fois à Bratislava ; je me souviens de cette *Ronde* de Schnitzler en six langues qu'avait merveilleusement montée Isabelle Nanty en 1990, que nous avons aussi jouée pour le cinquantenaire de la Hochschule de Hambourg. Une autre année, Stéphane Auvray-Nauroy a monté *Les Caprices de Marianne* pour Innsbruck, Vienne (Wien) et Bratislava.

En 1985, un M. Poty est venu me voir ; il voulait ouvrir une École Florent à Bordeaux. Je lui

ECOLE FLORENT

JOURNEES ANNUELLES

François Florent vous prie d'honorer de votre présence l'une des représentations de

l'événement du Festival Mondial des Ecoles Théâtrales de Bratislava (Tchécoslovaquie) juillet 90

LA RONDE
de
ARTHUR SCHNITZLER
version multilangue

mise en scène
ISABELLE NANTY

mardi 4 septembre
mercredi 5 septembre
jeudi 6 septembre
vendredi 7 septembre
samedi 8 septembre

mardi 11 septembre
mercredi 12 septembre
jeudi 13 septembre
vendredi 14 septembre
samedi 15 septembre

Toujours à 20 heures 30

ECOLE FLORENT DE L'ILE SAINT-LOUIS
SALLE BEAUMARCHAIS
35, QUAI D'ANJOU - 75004 PARIS
Métro : Pont-Marie

Tél. : 40 36 37 57
40 38 16 86

INVITATION POUR DEUX PERSONNES
Attention places limitées réservation indispensable

1990

• Isabelle Nanty et Patrick Mille, *La Ronde* de Schnitzler, en huit langues, mise en scène Isabelle Nanty, École Florent, 1990.

ai donné la « franchise », il a loué des locaux et payé les professeurs, François-Xavier Hoffmann et Marie-Thérèse Izar. Cela a duré à peine un an. Un jour, il n'a plus eu d'argent, il a mis la clé sous la porte, et on s'est retrouvé le nez entre les deux vantaux. Je crois qu'il est parti avec la caisse. Cette histoire m'a un peu refroidi sur la possibilité d'ouvrir une École Florent en dehors de Paris. C'était le début du TGV : je n'allais pas retenter des choses en province alors que les gosses ont envie de monter à Paris, d'avoir leur chambre indépendante… C'est le processus que j'ai connu, tout comme Rastignac. Quand on vient de Carcassonne ou de Metz, on a envie d'une autre vie, on n'a pas uniquement envie d'aller chez Florent. Je suis très circonspect à l'égard de cette affaire. Néanmoins, je vais étudier la possibilité de nous associer ou de reprendre le cours lyonnais Myriades de ce cher Georges Montillier.

■

Au départ, je voulais être acteur, puis j'ai renoncé. À Mulhouse, le conservatoire, les spectacles que je voyais, les soirées poétiques que je mettais sur pied affermissaient ma conviction : être acteur à Paris. Je l'ai dit, je voulais être Jean Debucourt. Au conservatoire de Mulhouse, on m'avait un peu remarqué, sans doute pour l'académisme de ma diction.

Je me souviens du 8 mai 1955. J'ai eu à lire l'ordre du jour n° 9 du général de Lattre de Tassigny, daté du 8 mai 1945, devant le monument aux morts de Mulhouse. Il y avait le maire de Mulhouse, les anciens combattants, les drapeaux. J'ai lu cet ordre du jour comme il fallait, je pense, et on m'a beaucoup loué, j'en garde un souvenir très précis. Et on m'a très vite sollicité pour dire un texte le 13 juillet 1955 au balcon de l'hôtel de ville de Mulhouse. Je devais apprendre ce texte par cœur. Et là, j'ai paniqué pour la première fois, j'étais malade d'avoir cette foule en face de moi ; j'ai bafouillé, et je suis parti. Je voulais me suicider, je pensais que tout était fini, que je ne pourrais plus jamais rien faire, c'était l'opprobre pour moi et pour ma famille. Bien entendu, les choses se sont cicatrisées… Mais cet événement m'a marqué à vie.

• François Florent,
Mulhouse, 8 mai 1955.

Néanmoins, j'ai joué plus de mille cinq cents représentations comme acteur professionnel. Un processus lent et patelin. J'ai fait le Conservatoire de Paris, mais j'ai dévié de ma ligne de conduite, voulue dès l'adolescence, en ratant ma scène du concours de sortie. Je dis bien « rater ». Je m'étais senti très bien dans Salluste et je **voulais** être très bien dans *Le Voyageur et l'Amour*, mais j'ai paniqué en scène. J'ai terminé convenablement, je n'ai pas eu d'incident de parcours, mais j'ai senti que la scène était transparente, sans intérêt, et il était normal que je ne figure pas au palmarès « moderne ». L'angoisse d'être regardé par la foule s'est progressivement emparée de moi.

Après le concours du Conservatoire, j'ai joué *Knock*, *Le Médecin malgré lui*, *Croque-monsieur*, et un nombre important de pièces. D'ailleurs, à partir du moment où j'étais dans une série de représentations, je me sentais très à l'aise, vers la centième j'y allais les doigts dans le nez. Mais le par cœur me terrorisait. C'est assez curieux, on me dit toujours que j'ai une mémoire d'éléphant sur des dates, sur des moments, mais apprendre par cœur est une corvée que j'ai vite abandonnée. Cela m'embête. Alors que je suis à l'affût de la moindre erreur de texte dans les scènes classiques que je connais dans tous les sens. **Il y a un paradoxe entre le formalisme que j'exige et mon incapacité personnelle de me lover dans le formalisme.** Je refusais de reprendre un rôle en cinq jours par exemple. Je ne pouvais pas le faire. Cette angoisse de paraître devant le public se voit encore aujourd'hui : je lis mes interventions majeures et mes discours, je ne les improvise pas, j'ai peur d'oublier quelque chose, de ne pas cerner exactement ce que je voulais dire. Très curieusement, à l'occasion de la sortie de *Pour jouer Molière* et au Festival de Colmar, où j'officiais en invité d'honneur, j'ai fait beaucoup d'émissions de radio, de télévision et des improvisations devant des publics ; je me suis rendu compte que le moteur tournait, et je me disais que si j'en faisais tous les jours, je serais aussi virtuose que d'autres. En regardant la télévision, je me demande comment je réagirais dans une émission avec du public.

Dès que ma prise de parole a un cadre un peu solennel, je me sens moins à l'aise que face à des élèves dans une classe. Si des gens extérieurs à la classe viennent écouter, je ne tiens pas le même discours, mais je pense que c'est le cas de beaucoup de professeurs ; le discours est biaisé. Dès que je sens que les regards ne se pointent plus sur moi, je dis ce que j'ai envie de dire et je suis capable de le dire. C'est un processus qui s'est fait au fur et à mesure, mais je me souviens de moments de panique. Pendant *Vienne chante et danse*, nous avions fait une interruption pendant l'été et j'étais en vacances avec Martine au Lavandou ; et, un après-midi, j'ai été pris de panique : il fallait que je revoie le texte parce que je reprenais dans trois semaines et que je ne savais plus où j'en étais. Cela a perturbé mes vacances. Alors que je ne me préoccupais pas de ce que j'allais dire aux élèves à la rentrée.

Ce phénomène d'incommodité est donc apparu progressivement. Je me suis rendu compte que je m'exprimais facilement dans une classe, assis dans la salle et j'ai complètement inversé le processus, parler de l'ombre vers la lumière et non plus de la lumière vers l'ombre. Cette inversion m'a permis de me rendre compte que j'étais fait pour l'enseignement. C'est le même phénomène pour le metteur en scène. La mise en scène lyrique me tarabuste toujours. Dans la mise en scène lyrique, le rythme de la pensée est entièrement tributaire du rythme musical. Quelqu'un m'a dit un jour : « Vous ne réussirez que si vous n'avez pas de patron. » C'est un peu ce qui s'est passé… si l'on peut parler de réussite. Je me suis imposé un rythme musical à moi.

À la période où je jouais et enseignais en même temps, je préférais de loin enseigner. Il m'arrivait même de penser à des scènes à faire travailler alors que j'étais en scène. Dieu sait que le fait d'aller se préparer dans sa loge est excitant ! Mais je n'avais cure de ce moment crucial de l'acteur. Il lui faut vivre autrement à partir de 17 heures ; je n'avais pas ces besoins de l'acteur chevillés au corps, je pensais beaucoup plus à mes cours du lycée Carnot ou à ceux de la rue des Saules. Et puis je débutais dans l'enseignement, j'étais à la recherche d'une singularité, je voulais me détacher de ce que j'avais appris. Le désir d'être acteur est souvent lié à un besoin de reconnaissance mais moi, cela m'a toujours peu touché. **Je suis pour la suppression des saluts. À Bayreuth, après Parsifal, il n'y a pas de saluts. Wagner n'en**

voulait pas. En Angleterre, il y a trois saluts, point final. Quelle que soit l'importance du succès. C'est très curieux, je n'aimais pas saluer ; il y a des acteurs qui ne sont acteurs que pour saluer, le reste les intéresse peu. Les ténors sont un peu comme ça aussi… Je n'aurais jamais dit ce que je viens de dire en sortant du conservatoire de Mulhouse, cela m'est venu progressivement, non pas parce que l'on ne me demandait pas – j'ai signé des photos à la sortie des théâtres, ma photo était accrochée à *La Civette* en face de l'opéra d'Avignon pendant des années ! Cela ne m'a pas procuré d'excitations particulières. Cela ne me turlupinait pas trop que mon nom soit connu. La reconnaissance est un moteur qui nous anime tous. À l'âge que j'ai atteint, on a envie d'une reconnaissance, mais elle n'est pas de l'ordre de celle de l'acteur. J'ai été bien sûr très content quand des élèves ont commencé à travailler, ou ont été reçus au Conservatoire alors que j'étais très jeune professeur. On ne peut pas ne pas être content, lorsque la liste du palmarès s'allonge. Mais ce n'est pas du tout ce qui m'a animé au départ. Ce qui m'intéressait, c'était de dire aux autres ce qui me minait et que je n'avais jamais su exprimer pour moi-même.

J'avais la sensation, peut-être fausse, qu'en enseignant j'étais plus profond (on connaît l'histoire de Sacha Guitry : profond… il faut voir si ce n'est pas creux…), que ce que j'avais à faire était plus pointilleux, plus acéré dans mon âme, que simplement dire un texte d'autrui devant des gens. Autre prodige : si, devant une foule, je n'aime pas improviser, dans l'ombre je deviens un prolixe de l'improvisation. Le commentaire du texte m'excite énormément. Je peux transformer un hémistiche de Corneille en une fontaine romaine. C'est drôle, dans les dissertations, au lycée, je n'aimais pas le commentaire de texte. Passer du coq à l'âne, de la gastronomie à la versification, de la sagesse socratique à l'érotisme latent me passionne.

Faut-il employer le verbe « transmettre » ? Je le trouve suspect, il est très à la mode. Je ne sais pas si j'ai quoi que ce soit à transmettre.

Je pense avoir transmis à mon fils la passion du métier d'acteur. Xavier Florent a arrêté ses études générales très tôt, après la 2de. Il a voulu travailler. Son premier emploi fut disquaire à la Librairie de Paris place de Clichy. Il venait un petit peu à l'école, il a présenté le Conservatoire. Il a travaillé assez vite, il a fait des tournées, il a joué dans *Topaze* avec Jacques Ardouin[48]. Il a vécu avec Ariane Carletti, la fille de Raoul André et de Louise Carletti, qui a longtemps fait des émissions pour enfants à la télévision. Il a beaucoup joué, des classiques, du Anouilh, il a fait une belle tournée de *Mon Faust* de Paul Valéry avec Pierre Dux et Robert Hirsch. On ne pensait pas qu'il allait suspendre sa carrière d'acteur d'un coup. De façon encore plus abrupte que moi, me semble-t-il. En 1985, il est devenu chargé de cours à l'École et il y travaille toujours.

Je regrette qu'il n'ait pas continué à faire l'acteur, je pense que son passage à l'ombre n'est pas du même ordre que le mien. Je n'en ai jamais parlé avec lui, il ne m'a jamais dit qu'il ne voulait plus jouer la comédie. À mon avis, il a toujours eu envie d'avoir une troupe, je crois qu'il avait plus envie d'être chef de troupe que metteur en scène. Il l'a un peu réalisé avec Les Barbares, la compagnie avec laquelle il a monté des pièces en Suisse pendant trois ou quatre ans, mais cela s'est arrêté, la Suisse a voulu travailler avec des Suisses. De Mariem Hamidat il a eu un fils le 27 janvier 1991, Félix. Mon petit-fils Félix veut être acteur, c'est péremptoire. Il est élève à l'école en AJ, les cours pour les lycéens.

À mon avis, la transmission ne peut venir que de très grands metteurs en scène ou de très grands acteurs. Patrice Chéreau ou Marina Hands peuvent dire : « Voyez comme je le fais. » Mais ils ne diront pas grand-chose d'autre.

Je ne crois pas qu'il faille dire « transmettre », je préfère « éclairer », éclairer un chemin : on revient à l'ombre et la lumière, je me vois très bien une torche à la main. Peut-être le mot jésuitique de « directeur de conscience » conviendrait aussi. Il ne s'agit pas uniquement de dire aux gens « faites ceci ou cela, dites-le plus vite ou plus lentement », mais il **s'agit de mettre en garde** contre ceci ou cela. « Éclaireur » fait un peu scout unioniste. Un chemin impraticable que l'on rend accessible, que l'on viabilise. Il m'a fallu une vie pour me rendre compte qu'en fait, il s'agit de susciter le rêve pour accéder à la raison.

Pour interpréter, je pense qu'il faut être un homme de raison, ce qui ne veut pas dire qu'il n'y ait pas de rêves et d'irrationnel en lui, mais c'est pour cela qu'un acteur est un artiste, il faut absolument passer de la pulsion à la cadence écrite, que cette pulsion s'ordonne, que l'on puisse l'écrire, la codifier. Sans rêve, sans imaginaire, il n'y a pas d'interprétation possible, mais c'est un acte de raison qui aboutit au geste artistique.

Chez l'éclaireur, il y a un côté « je te prends par l'épaule ». Il ne faut pas uniquement prendre par l'épaule, il faut aussi avoir la capacité, et voilà la vraie difficulté, de faire en sorte qu'à un moment, je puisse détacher la main de l'épaule et que celui qui avance dise : « Maintenant je sais où je vais. » Je me suis vite rendu compte que cette démarche, qui ne s'identifie pas à la « transmission », était mon aboutissement professionnel. Ce qui me plaît le plus, c'est d'« éclairer le chemin », de le **baliser** en étant dans l'ombre. Moi, je n'ai rien à transmettre, ni de mes goûts, ni de mon expérience d'acteur, ni de ma vie privée, alors transmettre quoi ? Une technique ? Ce n'est pas le problème.

Il faut arriver à faire en sorte que la dissidence de l'élève (il faut qu'il soit dissident, il faut qu'il soit novateur) en passant par la substructure de la technique, du répertoire, de la modestie, du travail en groupe, se manifeste en pleine lumière. Aller des feuilles d'acanthe aux *Demoiselles d'Avignon*. Il ne faut pas se dire que l'on n'a pas besoin de faire des feuilles d'acanthe. On remarque tout de suite ceux qui pensent cela, et ce sont très souvent des gens qui durent peu parce qu'ils vont dans un mur. Il faut, pour arriver à la capacité créatrice de l'acteur, passer par un stade d'apprentissage. J'aime beaucoup le mot « apprentissage ». Cette fameuse « transmission » n'est pas chose intangible, je ne peux plus aujourd'hui tenir le même langage qu'à 40 ans. Je réverbère ce que je suis et ce à quoi je crois dans l'instant. Je suis un réverbérant qui réverbère la lumière, les styles, les incohérences de l'existence, l'histoire des arts et leur confuse harmonie. Je crois que j'ai trouvé un mot essentiel : je suis un réverbérant. Je me suis de temps en temps défini comme étant une « bouche d'ombre », – c'est le titre d'un poème de Hugo, c'est quelqu'un qui parle de l'ombre vers la lumière.

Je suis aussi allé vers l'ombre car j'ai pris du poids au début de la trentaine. Mon heure de gloire en tant que séducteur se situe entre ma 25ᵉ et ma 32ᵉ année. C'est dommage que je ne sois pas arrivé après Gérard Depardieu, à mes yeux le premier acteur enrobé qui n'avait aucune pudeur à montrer sa graisse. Il était torse nu sur des lits avec un bide énorme, il a su profiter de cet embonpoint qu'il a eu jeune, alors que moi, il m'a complètement anéanti. La prise de poids est certainement un élément de mon retrait, sans oublier que je me ronge peaux et ongles. Lorsque l'on se ronge les ongles, on a peur de montrer ses mains. J'ai toujours caché mes mains. D'ailleurs, les gens que je connais qui ont ce problème ne sont pas, ou plus, acteurs.

J'ai donc vécu la panique de la mémoire défaillante et l'inélégance corporelle alors que je rêvais d'être Debucourt. Il portait bien le costume, il jouait Napoléon III, il avait une élégance dans sa bonhomie. Ce n'était pas un jeune premier. J'ai d'ailleurs joué très peu de jeunes premiers. Il y a un ensemble de facteurs physiques ou physiologiques qui m'ont mis à l'ombre, et je crois que les deux bombardements que j'ai subis en 1944 ont affecté mon système nerveux. J'essaie de temps en temps de relier certains événements de ma vie à ces deux bombardements qui m'ont traumatisé. J'entends encore le bruit de ces bombes. À part ces deux bombardements, je n'ai pas connu une guerre sanglante. J'ai aussi de beaux souvenirs de la guerre avec mes grands-parents qui s'occupaient de moi, il y avait un côté *La Vache et le Prisonnier*. Ces terrifiants coups de tonnerre des deux bombardements avec la suie qui sortait des tuyaux, la poussière, les maisons détruites, les cratères et les conduites d'eau éventrées étaient apocalyptiques, je disais en alsacien : « Plutôt aller à l'hôpital qu'être mort. » J'ai beaucoup remâché les effets de ces bombardements, notamment ceux du premier, le 11 mai 1944. Nous avons eu de la chance car beaucoup de bombes, dans ce périmètre, n'ont pas éclaté. La panique du 13 juillet 1955 à l'hôtel de ville de Mulhouse est directement reliée au 11 mai 1944.

Dans l'ombre, je me sens bien. Je suis clair vis-à-vis de moi-même : je n'ai pas été obligé d'enseigner parce que j'y ai été réduit. J'ai toujours eu du travail en tant qu'acteur. La dernière fois que j'ai joué, cela devait être une reprise en tournée de *Vienne chante et danse*, cette opérette avec les Merkès et Merval. La dernière s'est jouée au théâtre de Béthune, en février 1978.

« J'aurais tout de même bien aimé savoir ce que je fais sur cette terre, qui j'ai été, qui je suis, mais je me perds dans la foule, la foule des moi. » Une phrase de Paul Morand que j'aime beaucoup. Je me dis souvent : « J'ai été celui-là, je veux être celui-là. » Le lendemain, je me dis que je ne l'ai pas été du tout, et le surlendemain on essaie à nouveau d'être qui on aurait voulu être, et on n'y arrive toujours pas. Je me perds un peu dans la foule des moi.

J'aurais voulu faire davantage de *networking*, davantage de ce que les Parisiens appellent des « dîners en ville », mais je n'en ai pas eu l'occasion. Personne ne m'invite, donc je pense que je ne le mérite pas, je n'ai jamais été invité chez qui que ce soit à des dîners en ville. On doit remarquer ce que je remarque moi-même de moi-même : les nouvelles compagnies me rendent gauche, plat et encombrant. Plat parce que je ne dis pas des choses intéressantes dans ces moments-là, et encombrant parce que je trouve que je suis en surnombre, *I don't fit into it*.

Si j'avais été moins bouseux, ma réflexion personnelle et mon entreprise professionnelle dans son ensemble auraient été différentes. Cet élément essentiel m'a empêché de faire le tour de ce qu'auraient pu être mes capacités artistiques, mes aspirations créatives.

Travaux de fin d'études

• Ce n'est pas tout de jouer

Il s'agit de pièces montées dans leur intégralité par les élèves, soit des créations, soit du répertoire. La préparation aux Travaux de fin d'études (TFE) a lieu pendant les cours, après le Bâti. Le processus pour parvenir au TFE est long. Les élèves postulent pour être chef d'atelier; ils sont ensuite reçus par le directeur délégué aux études et déposent un dossier en janvier. Le chargé de cours doit donner son aval pour un TFE, ce qui ne va quelquefois pas sans discorde. D'autant que le règlement stipule que le chargé de cours « pilote » les TFE. Il est du devoir du chargé de cours d'avoir un regard sur ce qui se passe; pas fatalement une influence, mais un regard.

Le danger des TFE, c'est de vouloir faire trop grand. Certains élèves refusent de monter des pièces à deux personnages car pour eux un TFE est une réalisation colossale montée par une troupe. Il y a de plus en plus de choses écrites par les élèves. Je me souviens d'une création de Mikaël Cohen il y a des années, dont les élèves travaillent des scènes aujourd'hui…

Certains élèves échouent à monter leur TFE, soit parce qu'ils s'emmêlent les crayons, soit parce qu'ils ne sont pas assez fédérateurs. Ceux-là se sentent un peu délaissés. Or je veux qu'ils aient leur brevet. Je demande instamment aux chargés de cours de bien s'occuper de ces « orphelins », de monter avec eux des textes avec peu d'acteurs, comme *La Plus Forte* de Strindberg, ou des levers de rideaux.

Pour leur TFE, les élèves veulent frapper un grand coup. On aura toujours *Un tramway nommé désir*, avec cette envie très simple, naturelle et humaine, d'être vue dans un grand rôle joué par une grande actrice dans une pièce mythique.

Les TFE « primés », repris l'année suivante, se partagent deux sections : le répertoire et la création. Cette année, sur les huit primés, il y a quatre créations. J'en suis heureux. Il y a encore trop d'élèves qui font la mise en scène et jouent le rôle principal. À cet égard, j'ai eu la réaction étonnante et rassurante d'une jeune femme dont le TFE a été un échec total où rien ne fonctionnait. Elle en a conclu : « Je suis contente de l'avoir fait, maintenant je sais que je ne peux pas être metteur en scène. »

Avec les TFE, les locaux de l'avenue Jean-Jaurès se transforment en un tohu-bohu total, on joue trois pièces par salle par jour... C'est Avignon Off... mais il faut absolument conserver ce désordre. Une école d'art dramatique ne se résume pas à monter des scènes ou à faire des roulades sur un tapis mousse. Il doit aussi exister la possibilité de s'exprimer hors du magister. Même si ce n'est pas facile à vivre tous les jours pour les techniciens et l'administration. Les troupes se forment, le souvenir et l'apport de l'École se multiplient grâce à ces travaux, moments fulgurants de notre scolarité.

Élève, je n'ai pas connu cette liberté de monter des travaux personnels. Cela aussi m'aura beaucoup manqué. L'écriture, les créations, cette activité de déménageur régisseur pour trouver des décors, des accessoires, je n'ai presque jamais pu les pratiquer. La seule personne qui m'a donné cette opportunité est Mlle Andrée Lehot au Centre de la rue Blanche où j'ai pu monter ma soirée Baudelaire, mais je n'y étais plus élève.

Depuis 2005, les élèves peuvent aussi réaliser un court-métrage en guise de TFE. Pour le matériel, l'école prête ce qu'elle peut et la débrouillardise intervient beaucoup. Le maniement

• Remise des Jacques :
Gad Elmaleh ; Audrey Tautou,
Guillaume Canet.

de tout le matériel est plus simple aujourd'hui grâce au numérique. Je regrette que ces courts-métrages ne soient plus projetés dans la maison par la suite.

Les TFE sont vus par les visiteurs pédagogiques mais pas par moi et ce sont les visiteurs pédagogiques qui décident de primer ou non les TFE. Ils en priment un sur douze environ, et les primés sont repris en janvier-février de l'année suivante. Parfois, il y a des reprises de rôles, quand les interprètes-créateurs ne sont plus disponibles. La très grande majorité des anciens reviennent jouer alors qu'ils sont au Conservatoire et j'apprécie cela.

Les TFE primés sont ceux qui donnent droit aux nominations pour les Jacques, nos molières et nos oscars à nous ; *Acting in english* et Dancin' y donnent droit aussi ; il peut même y avoir des nominations hors TFE primés.

L'appellation « Jacques » a une double origine ; *Jacques le fataliste* d'abord, un atelier d'élèves que Francis Huster avait monté au Conservatoire avec ce cher Jacques Spiesser. Francis avait adapté le texte de Diderot, qu'il avait appelé *Les Amours de Jacques le fataliste* ; il jouait Jacques, et j'ai pensé que le nom de Jacques renvoyait à mon premier élève entré au Conservatoire, et puis, seconde raison, on ne voulait pas se prendre au sérieux : « faire le jacques » convenait très bien.

Pour les molières et les césars, on parle de « meilleur second rôle » ; pour les Jacques, j'ai changé cette nomenclature qui ne me plaît pas du tout par « meilleur acteur dans un rôle court ». « Second rôle » est péjoratif.

Les Jacques sont remis lors de la Nuit Florent, qui a lieu chaque année début avril à l'Élysée-Montmartre. Les premières remises avaient lieu dans des théâtres, mais cela a changé car je pense qu'il est important que nous ayons une « nuit » comme Polytechnique, ou l'École de chimie, etc. Il faut associer la cérémonie à une nuit dansante. Les Nuits Florent commencent par la cérémonie de remise des Jacques et, après, on guinche. **La 3e année – avec le Bâti, le prix Horstig, la remise des « Jacques », les TFE – est un kaléidoscope de ce que peuvent être le jour et la nuit du métier.**

• Devant le théâtre du Marais.

Certains élèves font une 4e année mais ce n'est que sur demande, et j'en refuse tous les ans. On peut postuler également pour avoir un poste d'assistant des chargés de cours.

La majorité des élèves qui font une 4e année veulent repasser les concours. Il y a également des gens plus âgés qui ne peuvent pas se détacher de cette maison et que j'autorise à faire une 4e année. C'est très bénéfique pour eux car ils sont souvent performants dans les TFE.

■

J'ai toujours été taraudé par l'envie de donner aux élèves brevetés la possibilité de s'exprimer hors nos murs. J'ai longtemps caressé l'idée prétentieuse d'avoir un théâtre dans Paris qui ne soit pas une salle de cours de l'École. L'occasion s'est présentée en 2000. Jacques Mauclair mettait en vente le théâtre du Marais. Nous nous sommes mis sur les rangs et nous avons acheté le bail en juin 2000. Avec l'architecte Fabrice Antore, nous avons remodelé la scène, ajouté une régie au fond de la salle, installé une petite billetterie et l'air conditionné. Le théâtre comporte officiellement 65 places.

Nous avons ouvert le théâtre avec *Les Juives* de Robert Garnier (mise en scène d'Éric Génovèse, sociétaire de la Comédie-Française) en février 2001.

Je n'ai pas à rougir de la programmation : nous ne sommes pas allés au one-man-show ; de temps en temps il y a des concerts ; récemment, il y a eu un concert avec Daniel Mesguich en récitant. Nous avons connu des fréquentations en dents de scie, des choses qui ont marché, d'autres moins, des surprises, etc. Il y a toujours des chefs de troupe ou des metteurs en scène qui sont intéressés par cette salle ; je suis très content que Jean-Luc Revol y ait monté *Vincent River* qui a très bien fonctionné. Évidemment, nous n'avons pas la possibilité, et c'est peut-être une chance, d'entreposer énormément de décors et nous ne pouvons pas aller au-delà de

• Invitation à l'Espace Pierre Cardin, 1984.
• *Le Simoun* d'Henri-René Lenormand, Travaux de fin d'année, Espace Pierre Cardin, 1988 : Thierry Gabet, Lionel Abelanski, Sandrine Maillet, Philippe Smolikowski, Chimène Barbaza, Emmanuel Lerat, Mariem Hamidat.

ESPACE PIERRE CARDIN

1984

1, avenue Gabriel - 75008 PARIS

PIERRE CARDIN vous prie d'honorer de votre présence les Travaux 1984 de l'ECOLE DE L'ACTEUR - FLORENT

Pour la première fois en France

BISBILLES

titre anglais SKIRMISHES

de Catherine HAYES

adap. : Jean-Paul CAUVIN

Mardi 11 Septembre
Mercredi 12 Septembre
Jeudi 13 Septembre
Vendredi 14 Septembre
} 18 h 30

IL ÉTAIT UNE FOIS L'EUROPE

Scènes

Mardi 11 Septembre - 20 h 30
Jeudi 13 Septembre - 20 h 30

TRANSATLANTIQUE

Scènes

Mercredi 12 Septembre - 20 h 30
Vendredi 14 Septembre - 20 h 30

• Pierre Cardin, François Florent, Raymond Acquaviva à l'Espace Pierre Cardin.
• François Florent, Jean-Michel Rouzière, Francis Huster, Jacques Weber, Robert Hossein chez Maxim's après un spectacle à l'Espace Pierre Cardin.

deux spectacles par jour (19 heures et 20 h 30), ce qui nous empêche de mieux rentabiliser le théâtre. La programmation est faite par Frédéric Montfort, secrétaire général de l'École, et moi-même. Je ne suis pas producteur de spectacles et je n'ai pas de subventions, mais nous avons fait plusieurs coréalisations. L'envie d'être producteur de spectacles m'a effleuré mais cela n'a jamais été un besoin viscéral. Je suis heureux de l'aventure du théâtre du Marais parce qu'elle me permet d'accueillir des gens que je connais peu et d'ouvrir ce théâtre à des anciens qui se sont regroupés.

La seule critique que je n'ai pas aimée est d'avoir entendu dire que j'avais pris ce théâtre pour présenter des spectacles d'élèves. Or, à ce jour, il n'y a jamais eu de spectacles d'élèves. En revanche, je réserve le théâtre quelques jours en mai pour la délivrance des Brevets de fin d'études, et en juin pour l'échéance Scènes et personnages de 1re année. Afin de favoriser le trac. La proportion entre scène et salle est très bonne dans ce théâtre. Mauclair avait fait des prouesses avec l'espace, je me souviens d'une pièce napolitaine avec 18 acteurs !

Exceptionnellement, nous y avons fait en mars 2006 avec Francis Huster des Paroles croisées (ce que nous appelions dans le passé les « Cours contradictoires ») qui ont été filmées. Au cours de cette double *masterclass*, à l'issue des scènes que nous choisissons, nous donnons des points de vue différents, souvent opposés. Il va de soi qu'un tel exercice ne peut se faire qu'avec des élèves qui terminent notre cursus. Ces Paroles croisées, j'ai envie d'en faire avec d'autres, mais il faut être de connivence pour faire cet exercice. **Francis Huster et moi sommes tout à fait opposés en ce qui concerne la profération de la tragédie. Je privilégie la forme et Francis la pulsion.** Il y a là une déformation de sa pratique professionnelle, mais je connais suffisamment Francis : il a cette chance extraordinaire de n'être jamais d'accord

ECOLE FLORENT

JOURNEES ANNUELLES

François Florent vous prie d'honorer de votre présence l'une des représentations de

MAIS QUI EST LE VÉRITABLE INSPECTEUR DUPIF ?

TOM STOPPARD

mise en scène

VALERIE NEGRE

lundi 30 septembre
mardi 1er octobre
mercredi 2 octobre
jeudi 3 octobre
vendredi 4 octobre
samedi 5 octobre

Toujours à 20 heures 30

ECOLE FLORENT DE L'ILE SAINT-LOUIS
SALLE BEAUMARCHAIS
35, QUAI D'ANJOU - 75004 PARIS
Métro : Pont-Marie

Tél. : 40 36 37 57
40 38 16 86

INVITATION POUR DEUX PERSONNES
Attention places limitées réservation indispensable

1991

• Édouard Baer
et Natacha Lindinger,
Mais qui est le véritable inspecteur Dupif ?
de Tom Stoppard,
mise en scène Valérie Nègre,
École Florent,
salle Beaumarchais, 1991.

• *Les Cancans* de Goldoni avec, de gauche à droite : Anne Katryn von Linstow, Carole Monceau, Lysiane Meïs, Odile Jude, Élise Larnicol...

avec lui-même, ou plutôt il sait qu'il n'est pas d'accord avec ce qu'il est en train de dire... Ce désaccord est très difficile à avaler, même pour un élève comédien de 3e année. Avec Francis, cela marche bien parce que l'on se connaît, on se renvoie la balle, etc. Il faut aussi une dose d'humour, il faut un peu savoir se mettre en boîte l'un l'autre.

J'ai mis en scène les auditions publiques à l'Espace Pierre Cardin de 1980 à 1990. Il y a eu des *Journées Cardin* dix ans d'affilée. Nous devons énormément de choses à Pierre Cardin, il a été déterminant pour l'école, je tiens à lui rendre hommage. Entre 1975 et 1980, les présentations publiques de l'École ont eu lieu au Théâtre Antoine, au théâtre de la Michodière et au Petit Théâtre de Paris ; je louais les théâtres un après-midi et une soirée. Dominique Blanc a présenté sa scène au Petit Théâtre de Paris, je me souviens très bien, c'était la *Jeanne* de Péguy. Après l'Espace Pierre Cardin, dans les années 1990, nous nous sommes rabattus sur nos salles (salle Francis Huster et salle Beaumarchais) et, depuis les années 2000, nous organisons nos présentations aux professionnels (le prix Olga Horstig) sur notre plateau Max Ophüls. Je n'ai jamais utilisé le théâtre du Marais pour ces présentations car il n'y a pas assez de place.

Vers le début des années 1990, j'assurais un cours hebdomadaire ; j'avais choisi des élèves de 3e année et on faisait de l'analyse. Je me souviens d'un travail sur *Hamlet* à partir du texte anglais. Ce fut ma dernière vraie apparition. Après 1990, je me suis beaucoup plus impliqué dans la sculpture de notre parcours pédagogique et c'est à partir de ce moment-là qu'il a commencé à prendre une forme nouvelle.

Alors que je viens d'atteindre un nouvel âge, j'ai de nouveau envie de faire cours sur des thèmes donnés. Cette envie m'est revenue depuis que nous avons fait le livre *Pour jouer Molière*. En fait, cette envie ne m'a jamais quitté. Un exemple : les recherches sur les pièces de Molière attribuées à Corneille m'intéressent. J'ai un point de vue nouveau qui ébranle la foi et le catéchisme moliéresques que l'on nous a imposés. Il faut creuser, remettre à plat sans œillères. J'aimerais réhabiliter Corneille, notamment au travers de ses comédies. Il est loin de n'être qu'un

juriste égaré dans le théâtre, il fait preuve d'un éros farouche en marge d'une pensée dominante. Les grands classiques n'avaient pas seulement des mains et des doigts, ça cognait dur au-dessous de la ceinture et certainement plus chez Corneille que chez Racine. Voilà un exemple parmi mille pour redire que je suis moins tributaire de ce que j'ai appris et de ce que j'ai pu dire. **Avec l'âge, la remise sur l'établi des textes classiques permet de nouvelles découvertes, avec une focale plus appropriée. Je ne me sens plus ficelé.**

• Explorer d'autres expressions du corps et du cœur
Michel Durand, chorégraphe

Enseignements spécifiques

Les Choristes. Le nom est un hommage au film même si le mot existe depuis longtemps. Au théâtre municipal de Mulhouse ou au Théâtre Mogador, on distinguait les premiers plans des seconds plans et les seconds plans des choristes. Henri Varna, le directeur de Mogador, les appelait les « troisièmes plans »… Pour moi, les choristes ont toujours été ces personnes qui remplissaient les décors dans les opérettes et les opéras-comiques. Aujourd'hui on dit le « chœur » à l'opéra, mais ce chœur est constitué de choristes. J'ai réactivé le terme à la sortie du film ; avant, cela s'appelait « Ensemble vocal ». Cet ensemble, dirigé par Olivier Opdebeeck que j'ai malheureusement perdu de vue, était plus proche de la musique baroque, avec un répertoire austère ; nous chantions dans les églises. À la longue, cette expérience s'avéra trop élitiste et ne rassembla plus grand monde. J'ai voulu changer.

Je me suis mis à la recherche d'un chargé de cours différent et, après quelques déconvenues, j'ai trouvé Laurent Austry, avec son répertoire éclectique et ses tendances désuètes qui me vont si bien. Ces Choristes sont très suivis et cela me plaît. Le travail est extrêmement prisé, fédérateur. C'est un regard sur des moments musicaux et une sensibilisation au chant d'ensemble. Il ne s'agit pas de former des solistes, même si des solistes se détachent de ci, de là… Le duo actuel – le chargé de cours Laurent Austry et le pianiste Fabrice Coccito – arrive à faire partager sa passion débordante. En 2007, nous avons eu un programme *Francis Lopez*, en 2006 un *Brecht-Weill*, le grand écart ! Et l'idée de mettre en scène ces ensembles chantés est savoureuse.

Dans le futur, il faudrait que Les Choristes attirent des metteurs en scène issus du théâtre parlé. J'aimerais que Jean-Pierre Garnier, chargé de cours de 3e année, et Michel Fau, notre principal chargé de cours associé, s'y mettent. L'année prochaine, la nouvelle promotion de la Classe libre présente un programme autour d'Aristide Bruant. J'ai réécouté *La rate qui se dilate*, c'est terrifiant et très difficile. Il ne faut pas mépriser ce répertoire. Les élèves de la Classe libre trouvent parfois que certains aspects du théâtre sont trop infantiles ou trop commerciaux ; il est bon qu'ils se frottent à ce genre d'exercices.

196 Le chant est un grand classique de la formation de l'acteur car vient toujours un moment dans une carrière où l'acteur doit chanter. La voix chantée déclenche une sensation autre que la voix parlée. Prenons le bel canto : la voix chantée transmet l'exacerbation des passions, ce que la voix parlée ne permet pas harmonieusement. Le chant sacré et le chant rituel suscitent la transcendance. Le premier acte de *Tristan und Isolde* exacerbe la mémoire sensuelle et le présent, les récits du passé et le retour au présent excitent l'épiderme. Le chant, cette sensibilité intellectuelle, amène une transformation physiologique due aux exigences techniques : le contrôle minutieux de l'organe de phonation et de la respiration, la justesse du son et du ton, l'équilibre à trouver avec l'orchestre ou le pianiste… Tous ces contrôles sont d'un autre ordre que ce fameux abandon à la situation dramatique. Le chant est indispensable pour le cheminement de l'acteur, beaucoup plus important que la danse à mes yeux.

Dancin'. « Mon Dieu, vous n'aimez donc pas la comédie musicale[49] ! » Au cours des années, combien de fois ne m'a-t-on pas reproché d'ignorer la danse dans mes programmes de formation. Ou plutôt son ersatz avachi : l'expression corporelle. De l'expression corporelle, ce traînassement abêtissant, je n'en ai jamais voulu. De la danse, j'en ai toujours voulu. Nos Studios Archereau ont ouvert le 1er novembre 2002. Le premier travail de Dancin' y fut présenté en mars 2003.

Il ne faut pas confondre dancin' et dancing ! Dans ma jeunesse, le dancing suintait la brillantine, s'y frottaient les couples adultérins de sous-préfecture dans une pénombre que le néon de l'immédiat après-guerre rendait caverneuse ; c'était le rendez-vous des zazous et des gourgandines qui, en s'étourdissant de Cinzano, s'essayaient à la samba et au mambo. Le remplacement du « g » par l'apostrophe rappelle l'Amérique de Fred Astaire, des Ziegfeld Follies, de Gene Kelly, de Cyd Charisse, de Stephen Sondheim et, *last but not least*, renvoie au titre du spectacle le plus technique et le plus subtil que Bob Fosse présenta peu avant sa mort précoce et soudaine. Quand j'ai vu *Dancin'* à Broadway, je l'ai perçu comme une sorte de *perpetuum mobile* haletant qui retarde l'immobilité ultime. On y retrouve la quintessence du chef-d'œuvre cinématographique *All that Jazz*. J'ai voulu que Dancin' – ne pas hésiter à marquer le « n » final en plaçant le bout de la langue contre les incisives – soit une fois pour toutes chez Florent l'appellation générique de la discipline qui englobe tout à la fois la gestique et le rythme, l'offrande corporelle par le truchement de la musique, l'exaltation de la beauté plastique, le bienfaisant supplice de la difficulté technique, le défrichage d'un nouveau répertoire (comédie musicale, opérette, music-hall, Amérique latine...), la prise de conscience de la fugacité des chairs triomphantes.

Pour Dancin', on ne pourra pas toujours garder la formule de la restitution de la comédie musicale américaine. Il faut aller vers d'autres expressions de la danse, la danse contemporaine par exemple, ou quelque chose qui s'apparenterait au Tanztheater de Pina Bausch. Pour se développer et pour être à la pointe, il va falloir opposer des conceptions du rythme et de l'expression du corps. Depuis des années, on essaie d'implanter la comédie musicale en France, avec les déconvenues que l'on connaît. Récemment, une école de comédie musicale a duré ce que durent les roses. Je ne crois pas que le public français ait le même appétit pour la comédie musicale que les Anglo-Saxons ; on en revient à la philosophie des climats. Bien sûr, il y aura toujours les phénomènes *Cabaret* ou *Le Roi Lion*, mais que d'échecs de *Cats* à *Barnum* en passant par *Autant en emporte le vent* ! L'engouement des jeunes ne se tourne plus tellement vers la comédie musicale mais vers les happenings télévisuels. La comédie musicale anglo-américaine répond à un besoin de naïveté du public qui n'existe pas autant chez nous. Chez nous, le boulevard irait plutôt vers le salace que vers la naïveté...

Je suis très favorable à la danse de salon. L'acteur a besoin de la danse de salon. **Il doit savoir danser la valse, le tango ou le paso doble.** J'aimerais que Dancin' présente davantage de styles de danses. Je pense au spectacle *Le Bal*, de Jean-Claude Penchenat. Le Tanztheater, lui, amène une sacrée insolence corporelle. Dancin' doit encore aller davantage vers cette insolence corporelle. J'en ai personnellement manqué. La danse fouette l'imaginaire, l'offrande du corps

198 intime et certains élèves en arrivent à être plus performants dans leur travail d'acteur. Mais il en est d'autres qui, en ne faisant que de petits progrès, en deviennent plus maladroits qu'auparavant.

La danse ne doit pas être une obligation, et surtout pas une évaluation. Au Conservatoire, nous n'avions pas de cours de danse à proprement parler et peu de gens allaient aux cours d'escrime. Les disciplines littéraires étaient davantage courues. Aujourd'hui, c'est le contraire, on assiste à un léger engouement pour les disciplines physiques.

Chez nous, Dancin' est orchestré par le fougueux Michel Durand qui, avec maestria, arrive à des résultats stupéfiants. Depuis qu'il est dans la maison, les Studios Archereau vivent à la new-yorkaise : les corps se délient, la soumission à d'impérieuses obligations techniques débouche sur une nouvelle discipline mentale. Cette discipline rebute malheureusement les garçons limaçons, et les filles sont en net surnombre.

Acting in english. Après des essais sporadiques, j'ai eu le grand bonheur il y a cinq ans que Lesley Chatterley veuille de moi. Désormais, *Acting in english* ne se range plus dans la nomenclature de notre « Enseignement spécifique » mais occupe sa vraie place dans le cadre de mon projet européen. Dans le temps, *Acting in english* était retranché dans une tourelle d'ivoire que le *mainstream* contournait. Aujourd'hui, les interconnexions entre l'enseignement principal en français et *Acting in english* sont permanentes. **Je tiens à la naissance du nouvel acteur français qui ne serait pas la caricature de l'acteur américain des grands espaces, mais l'acteur de nos bocages ouvert sur le monde.** Nous nous flattons d'avoir pu créer trois niveaux : *First Group* (on n'y entre que sur audition), *Intermediate Group*, *Advanced Group*. Trois classes distinctes qui, chacune, ont leur particularité pédagogique grâce à Lesley Chatterley, devenue l'une de mes collaboratrices les plus précieuses.

Cette année, l'*Advanced Group* a présenté la pièce de Charles L. Mee *True Love*. Bien qu'assis

sur les bancs de la salle Francis Huster dans notre XIXe, je me sentis à nouveau transporté, le temps de la représentation, dans une de ces salles off-off-Broadway de SoHo et de l'East Village.

Diction. Année après année, il faut toujours revoir et réorganiser les cours de diction. On en fait et puis on oublie. Même dans les théâtres, on s'aperçoit que certains acteurs ont oublié ce qu'ils ont appris en diction… La diction s'évanouit d'un coup d'un seul pour une exigence d'interprétation immédiate et « instinctive » et on en oublie la clarté du dire. Chaque être a bien sûr une diction différente, c'est pour cela que je suis opposé aux exercices du genre « les chaussettes de l'archiduchesse »… Mais chaque interprète doit se rendre compte que des lacunes de diction peuvent générer des fausses notes. Si dans une interprétation extrêmement sentie, extrêmement pleine sur le plan de l'émotion des fausses notes s'intercalent, celle-ci devient tout à coup bancale. Il faut toujours recommencer à zéro. Les chanteurs connaissent bien cela : cela s'appelle la « mise en voix » avant l'interprétation.

Et la versification ! Chaque année, les chargés de cours de 3e année déplorent que les élèves ne savent pas dire les vers. La versification s'adresse à l'intelligence, elle oblige de s'abstraire du sentimentalisme pour faire émerger un discours qui épure l'émotion et la grandisse. C'est en quoi le travail sur la versification est très important. La versification de Shakespeare est beaucoup mieux respectée dans les interprétations anglaises que l'alexandrin chez nous. **Le vers français est à la frontière de la pulsion et de la construction, alors que l'hexamètre latin est musical, les spondées et les dactyles, malgré certaines variantes, sont immuables ; on ne peut pas faire autrement.** Lorsque l'on observe la façon dont la tragédie française est jouée de nos jours, on constate des options très différentes ; chez nous perdure la lutte entre le fond et la forme. À mon sens, il est indispensable d'avoir en tragédie le discernement de la musicalité de l'émotion, on peut réécrire 15 000 fois l'histoire de *Bérénice*… mais la forme voulue par Racine est unique.

La difficulté dans une école n'est pas de répéter à satiété qu'il ne faut pas sacrifier la forme, c'est de faire aimer cette façon contraignante de rendre l'émotion. Les cours de diction doivent servir à faire aimer la forme et les contraintes de l'écriture, et pas uniquement à se faire entendre ou à surarticuler les mots. Que cette contrainte serve l'émotion sans la diminuer. Seuls quelques-uns ont cet amour chevillé au corps. Ce qui est fascinant, c'est que ce ne sont pas fatalement les gens qui ont une immense culture qui sont le plus sensibles à la forme.

Histoire et esthétique du cinéma. J'ai voulu cet enseignement car il faut projeter des films classiques; or, la plupart des élèves renâclent devant le noir et blanc. Je considère qu'il est important que nos élèves aient l'obligation de regarder du Renoir ou du Clouzot. Les rugosités de la vie ont souvent été mieux labourées dans les débuts du cinéma que dans les productions récentes, fussent-elles de qualité. Histoire et esthétique du cinéma n'est pas un cours théorique : la projection du film est entrelardée de commentaires, séquence par séquence.

Improvisation et masque. Je n'ai personnellement jamais fait de masque car cela n'existait pas de mon temps. Il est d'ailleurs curieux que Jean Meyer, qui ne parlait que de Molière, n'évoque jamais le Molière tributaire de Scaramouche ou de la *commedia sostenuta* à l'origine de *L'Étourdi*. On ne parlait que du Molière des *Femmes savantes*, de *Tartuffe* ou du *Misanthrope* et très peu des farces. Dans notre formation, on travaillait sur un Molière boiteux, incomplet, estropié, que l'on ne rattachait pas du tout à la tradition du théâtre populaire des tréteaux. On en est venu au masque dans la formation de l'acteur quand on s'est mis à jouer du Telemann ou du Rameau sur des instruments d'époque. J'ai découvert l'exercice aux débuts de l'école, avec Frédéric Witta, qui en avait fait au Conservatoire bien après mon époque et qui est venu donner des cours de masque à l'école. Cette discipline est maintenant excellemment « enseignée » par Georges Bécot. Je me suis rendu compte très tardivement que le travail du masque avait une importance extraordinaire pour la dépersonnalisation et la repersonnalisation. J'ai senti en le découvrant que cela aussi m'avait manqué. Je ne reconnaissais pas du tout les élèves et cela me réjouissait. Ne plus savoir qui l'on a en face de soi, ne pas avoir de fiche, ne pas pouvoir prendre de notes est un atout fantastique. Les gens que l'on ne reconnaît pas osent faire des choses épatantes sachant qu'on ne les reconnaît pas. Ils sont autres. Le masque permet d'avoir plus de fantaisie intellectuelle dans les tessitures, dans les expressions physiques et vocales, il est libérateur. La dissimulation du visage entraîne une libération des autres parties du corps.

Je n'éprouve pas de honte à dire que l'improvisation est au programme plus par mode que par nécessité. Il faut certes en tâter mais en étant extrêmement bien guidé par des gens qui s'y connaissent vraiment. Je reste dubitatif quant à l'intérêt de l'improvisation pour le plus grand nombre. Il est des gens extrêmement doués pour l'improvisation, mais qui sont de mauvais acteurs et inversement. Francis Huster est un très mauvais improvisateur, par exemple ; André Dussollier aussi ; Jacques Weber, n'en parlons pas ; Jean-Pierre Darroussin était très bon. Je ne pense pas que ce soit la seule façon d'ouvrir l'imaginaire des débutants car le déclenchement de l'imaginaire ne résulte pas seulement de l'échange verbal. Par définition, la rêverie est muette. Peut-être l'improvisation muette serait-elle plus profitable ? L'improvisation muette, attentiste, lorsqu'on attend que les choses se développent en vous, est certainement plus utile que l'improvisation « ping-pong ». **L'enrichissement de l'imaginaire doit être favorisée par la vie de tous les jours, par l'aventure humaine. Il faut que nous sachions encourager les passions, l'emmêlement des corps, l'antagonisme des pensées et des points de vue...** Les grands acteurs ont souvent une vie débridée – je ne parle pas uniquement de sexe ou de drogue –, mais on observe chez eux une qualité de subversion, une contre-pensée,

202 qui favorise l'éclosion de l'imaginaire. Il faut avoir une vie aventureuse. Les élèves qui n'ont pas la permission de leurs parents pour venir chez nous travaillent souvent mieux, et défendent mieux leur point de vue et leur engagement. L'imaginaire, ce n'est pas uniquement se référer à une érotique à la Dalí ou à la Delvaux ; il faut aussi la sérénité extrême d'un *Saint Augustin dans son cabinet* de Carpaccio. L'imaginaire doit se nourrir de rêveries solitaires. Il est très difficile de susciter une rêverie sur commande. Les grands acteurs sont tous, dans le sens le plus noble possible du mot, de grands déconneurs. Il faut déconner, détoner, dans sa vie de tous les jours, dans sa façon de couper sa saucisse viennoise, comme dans sa façon de remettre en cause la marche du monde. On doit remonter le courant de la pensée ordinaire *et* du cours ordinaire des choses. Un jour, sur l'autoroute du Sud, en revenant de province vers 18 heures, je regardais tous ces banlieusards qui rentraient chez eux en sens inverse et je me demandai combien d'années on passe vissé à son volant quand on mène une vie ordinaire et répétitive. **Je crois que les acteurs n'ont pas le genre de conversation des gens dans les restaurants d'entreprise à l'heure du déjeuner, qui parlent de leurs vacances passées et de celles à venir.** Beaucoup de jeunes veulent être acteurs pour échapper à la morne répétitivité. La culture de l'imaginaire est indispensable afin de mieux nager contre le courant. Une vie riche d'aventures est la condition d'un imaginaire riche mais la vie aventureuse peut être intérieure et solitaire, on peut déambuler dans *La Nef des fous* entre quatre murs. Je suis sûr que Laurent Terzieff, qui a la réputation d'être un ermite, a une vie très aventureuse. Sa galaxie, ses craintes, ses souffrances de tous ordres, ses peurs que l'on décèle dans ses interprétations, sont créatrices d'une condition humaine rugissante. Son « aventure » personnelle est si lisible quand il joue et on n'y trouve pas que de la mortification. Me revient cette histoire d'un vieux sociétaire du Français qui avait une maison en banlieue, qui y cultivait son jardin et qui répugnait d'aller jouer. Un jour, il reçoit une convocation pour une répétition. Il arrive à la régie en lançant sa convocation sur le bureau du régisseur général en vociférant : « Qu'est-ce qu'on me veut encore ? » J'observe actuellement

une propension chez des acteurs qui gagnent bien leur vie à acheter des maisons en grande banlieue, ou dans le Perche ; un certain travail routinier, télévisuel notamment, leur procure un confort qui endort l'imaginaire ; ils en ont comme perdu la nécessité. Lorsque je parle de « vie aventureuse », je parle surtout de cette volonté de vouloir prendre des risques. Cela peut être le risque du désespoir. Le risque est imbriqué dans la condition d'acteur.

Masterclas
et rencontr

ses

es

Témoignages de

- Denis Podalydès
- Isabelle Carré
- Dominique Blanc
- Jean-Pierre Garnier
- Francis Huster
- Jacques Weber
- Yvan Attal

Stricto sensu, une *masterclass* est avant tout un « cours » donné par une personnalité du théâtre ou du cinéma invitée plutôt qu'une rencontre avec celle-ci. L'acteur ou l'actrice, le metteur en scène, le réalisateur écoutent un travail, le commentent et le rectifient. Jean-Pierre Darroussin, Redjep Mitrovitsa, Michel Fau, Vincent Lindon, Denis Podalydès, Isabelle Carré et Jacques Weber, entre autres, ont accepté et acceptent encore de se livrer à cet exercice.

Cependant, les vraies *masterclasses* sont plus rares que les rencontres car il est très difficile de convaincre les artistes de délivrer leur expérience et de s'engager à venir plusieurs fois pour réaliser un travail de fond.

Je voudrais qu'il ne s'agisse pas seulement de rencontrer des « moutons à cinq pattes » : Patrice Chéreau, Michel Bouquet et Gad Elmaleh attirent énormément de monde, comme le firent Edwige Feuillère, Jean Marais et Catherine Deneuve dans le passé. Je voudrais également que les élèves soient plus nombreux lorsque des artistes moins connus nous font eux aussi l'honneur de se déplacer. Il faut pousser les gosses à venir

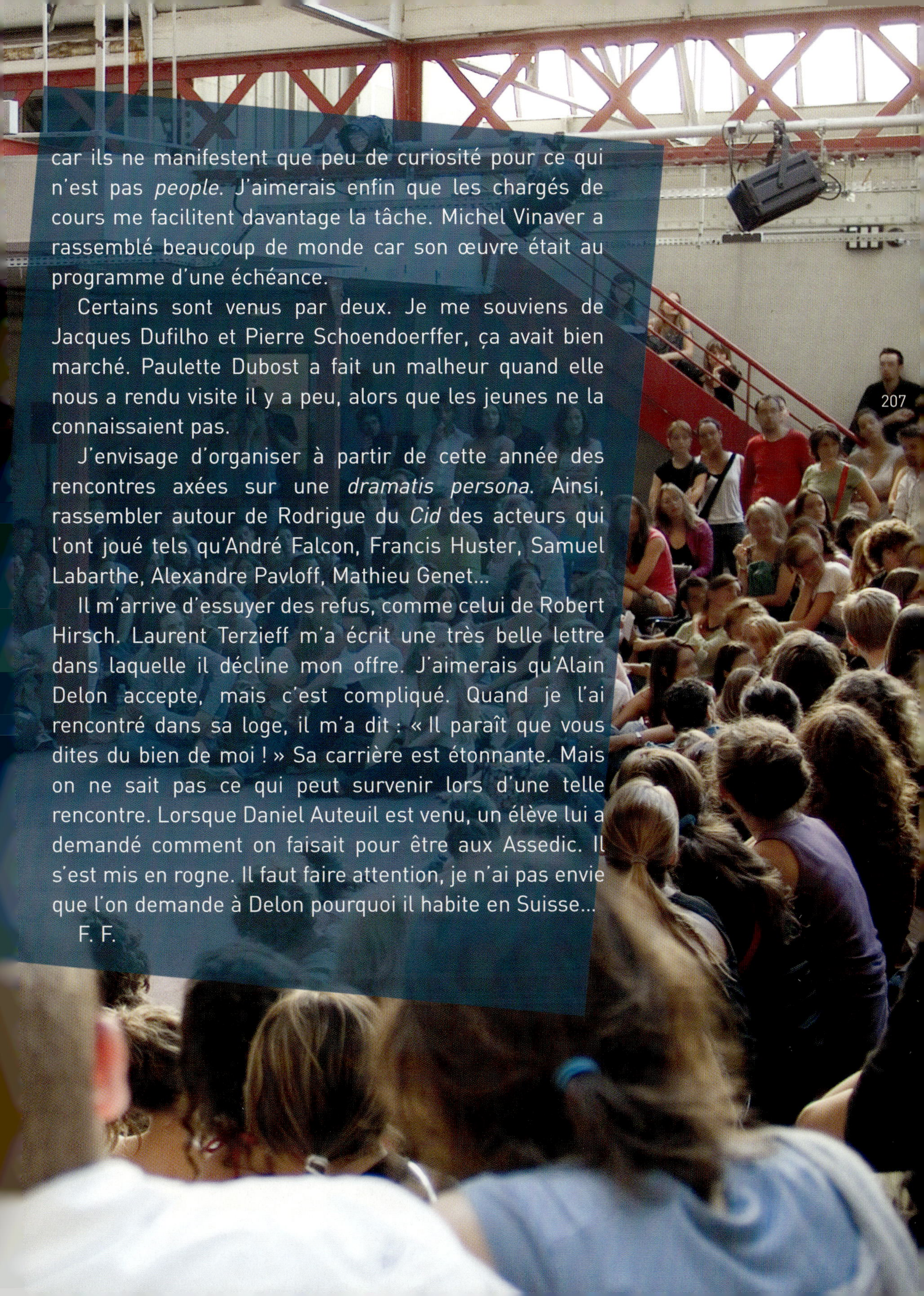

car ils ne manifestent que peu de curiosité pour ce qui n'est pas *people*. J'aimerais enfin que les chargés de cours me facilitent davantage la tâche. Michel Vinaver a rassemblé beaucoup de monde car son œuvre était au programme d'une échéance.

Certains sont venus par deux. Je me souviens de Jacques Dufilho et Pierre Schoendoerffer, ça avait bien marché. Paulette Dubost a fait un malheur quand elle nous a rendu visite il y a peu, alors que les jeunes ne la connaissaient pas.

J'envisage d'organiser à partir de cette année des rencontres axées sur une *dramatis persona*. Ainsi, rassembler autour de Rodrigue du *Cid* des acteurs qui l'ont joué tels qu'André Falcon, Francis Huster, Samuel Labarthe, Alexandre Pavloff, Mathieu Genet...

Il m'arrive d'essuyer des refus, comme celui de Robert Hirsch. Laurent Terzieff m'a écrit une très belle lettre dans laquelle il décline mon offre. J'aimerais qu'Alain Delon accepte, mais c'est compliqué. Quand je l'ai rencontré dans sa loge, il m'a dit : « Il paraît que vous dites du bien de moi ! » Sa carrière est étonnante. Mais on ne sait pas ce qui peut survenir lors d'une telle rencontre. Lorsque Daniel Auteuil est venu, un élève lui a demandé comment on faisait pour être aux Assedic. Il s'est mis en rogne. Il faut faire attention, je n'ai pas envie que l'on demande à Delon pourquoi il habite en Suisse...

F. F.

« J'ai découvert le théâtre de manière **purement littéraire**. Vers 8-9 ans, j'ai eu un premier contact avec *Les Femmes savantes*, mais j'ai laissé tomber assez vite. Je me souviens que mon frère, alors en 6e au lycée Hoche à Versailles, devait apprendre une scène de *L'Avare* entre La Flèche et Harpagon. Je n'arrivais pas à savoir pourquoi cette langue, ces personnages me plaisaient, pourquoi j'y étais attaché. Puis, j'ai commencé à feuilleter les Classiques Larousse et mon père m'a offert les œuvres complètes de Molière en 11 volumes. J'étais intrigué par ces pages qui n'étaient pas pleines, cette mise en page, la disposition des répliques commençant par un nom propre. Cet univers était précieux, très important pour moi, tout en étant compliqué, obscur. Plus tard, j'ai hérité d'une cinquantaine de numéros de *L'Avant-Scène Théâtre* et je me suis abonné à cette revue à 15 ans. Dans la bibliothèque de ma mère, qui était angliciste, il y avait une édition bilingue de Shakespeare. Je savais que c'était là, mais j'ai lu cet auteur plus tard comme tous les auteurs canoniques français, anglais, allemands et espagnols. J'avais une espèce de fringale, je sautais des marches, et à 20 ans j'avais dévoré avec plaisir la plupart des œuvres de ces écrivains.

La première fois que je suis allé au théâtre, c'était du théâtre pour enfants, un peu triste et pauvre. Le spectacle n'était pas à la hauteur de mon attente car j'avais déjà lu quelques pièces et même commencé à regarder des tragédies entre 10 et 12 ans. Ensuite, je suis allé plus souvent au théâtre et j'ai commencé à jouer lorsque j'étais au lycée. Avant le bac, j'ai découvert *Le Soulier de satin* grâce à ma grand-mère. Je connaissais Claudel, poète catholique, et c'est aussi à cette époque que je me suis passionné pour Jean-Louis Barrault. Mais ma démarche était surtout livresque, je ne m'intéressais pas du tout à la coulisse. Je lui ai envoyé une lettre, pas vraiment pour faire le métier d'acteur, mais parce que je voulais qu'il joue une pièce que j'avais écrite, *Avril ou les enfants de Carmes*, rédigée sous la forme de versets claudéliens. Je l'admirais, je l'espionnais, mais il était pour moi avant tout un mythe littéraire.

J'ai rejoint le Cours Florent quand j'étais en khâgne et j'y ai ensuite enseigné un an, en 1993. J'ai gardé un souvenir très fort de cette époque-là, nous avions travaillé sur *Hamlet* pour la fin de l'année. J'adhérais vraiment à l'idée de Vitez selon laquelle il faut jouer les grands rôles à l'école. J'ai également enseigné au Conservatoire et lu Stanislavski, Dullin, Vilar et Lassalle car la pédagogie, à laquelle je me destinais, fait partie de mon métier.

La littérature demeure au cœur de ma vie et **j'ai toujours aimé lire une pièce avant de la voir**. Il m'est important de déduire ce qui a été pensé, d'en déduire la mise en scène. Au cinéma, en revanche, j'aime la découverte, la surprise. »

« **L'imaginaire** est au centre de mon travail de comédienne. Dans le film *Anna M.*, j'ai nourri le personnage que je devais incarner grâce à un livre plein de témoignages de femmes érotomanes. Ce précieux ouvrage, *Bien que mon amour soit fou*, a été réalisé par trois psychiatres. Ce sont les lettres d'amour d'une de leurs patientes, en particulier, qui ont provoqué mon empathie et m'ont le plus inspirée. Sur le tournage, quand j'avais moins d'énergie, un peu plus de doutes, je profitais du moindre moment de liberté pour retourner vers le livre. C'était aussi l'occasion de faire retomber la tension subie sur le plateau.

Un livre, lorsqu'il nous touche, nous fait entrer dans un autre monde. Je pense souvent à Mary Poppins et à ces dessins à la craie sur le trottoir dans lesquels elle plonge avec les enfants, avant de se retrouver dans le paysage.

Pour *Anna M.*, Michel Spinoza prenait le temps de nourrir mon imaginaire avec des tableaux, des photos de Lucian Freud et de Francesca Woodman, qui s'est suicidée à 23 ans. Elle était, comme mon personnage, atteinte d'une forme proche de l'hystérie féminine. Il me faisait visionner des films comme *Taxi Driver*, dans lequel De Niro se montre très violent, avec un regard provocateur semblable à celui de l'héroïne, ou encore *Le Miroir* de Tarkovski pour me montrer la mobilité des expressions, les traits changeants d'Anna. Tout cela m'a permis de construire progressivement son monde.

Pour le film *Se souvenir des belles choses* de Zabou Breitman, je me suis nourrie d'un documentaire qui traitait des problèmes liés à la mémoire. La difficulté du rôle était de réussir à déconstruire le langage. Je me suis rendue à l'association France Alzheimer où j'ai emprunté des cassettes. Puis j'ai rencontré un grand spécialiste, un humaniste qui un jour a répondu à une dame en plein désarroi : " On peut communiquer quand il n'y a plus de langage. C'est possible par le contact physique, la tendresse, les caresses, la chaleur humaine, au-delà des mots. "

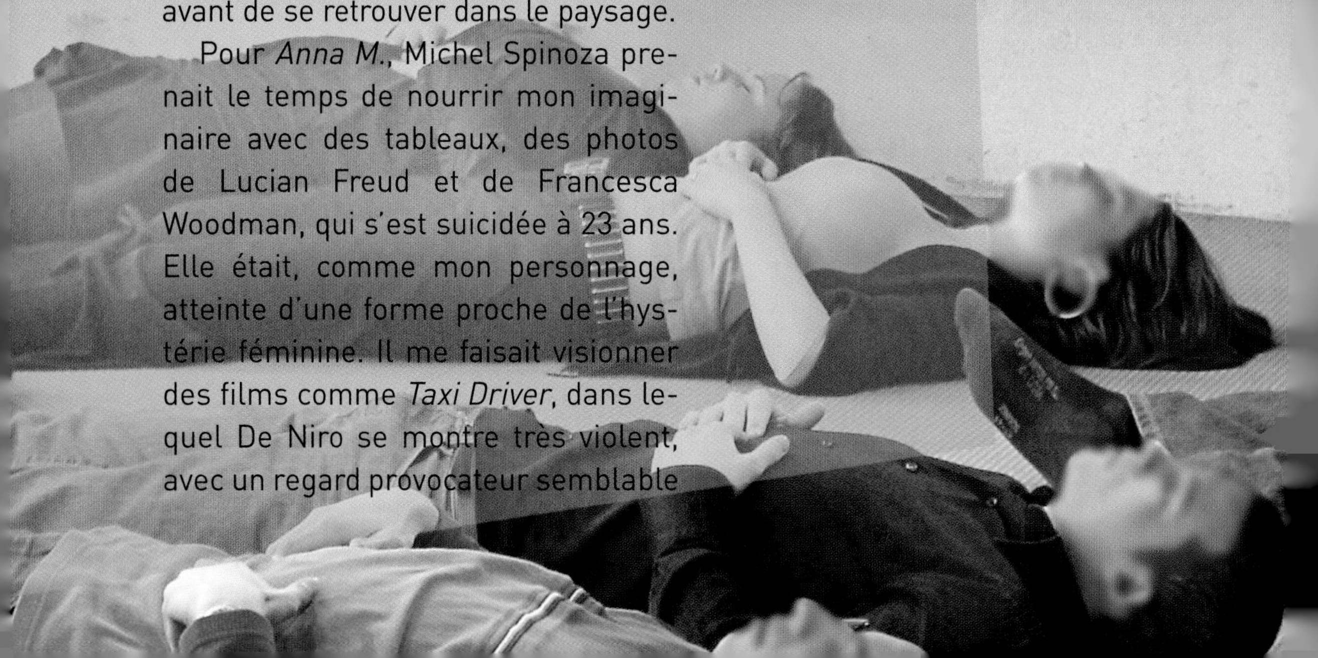

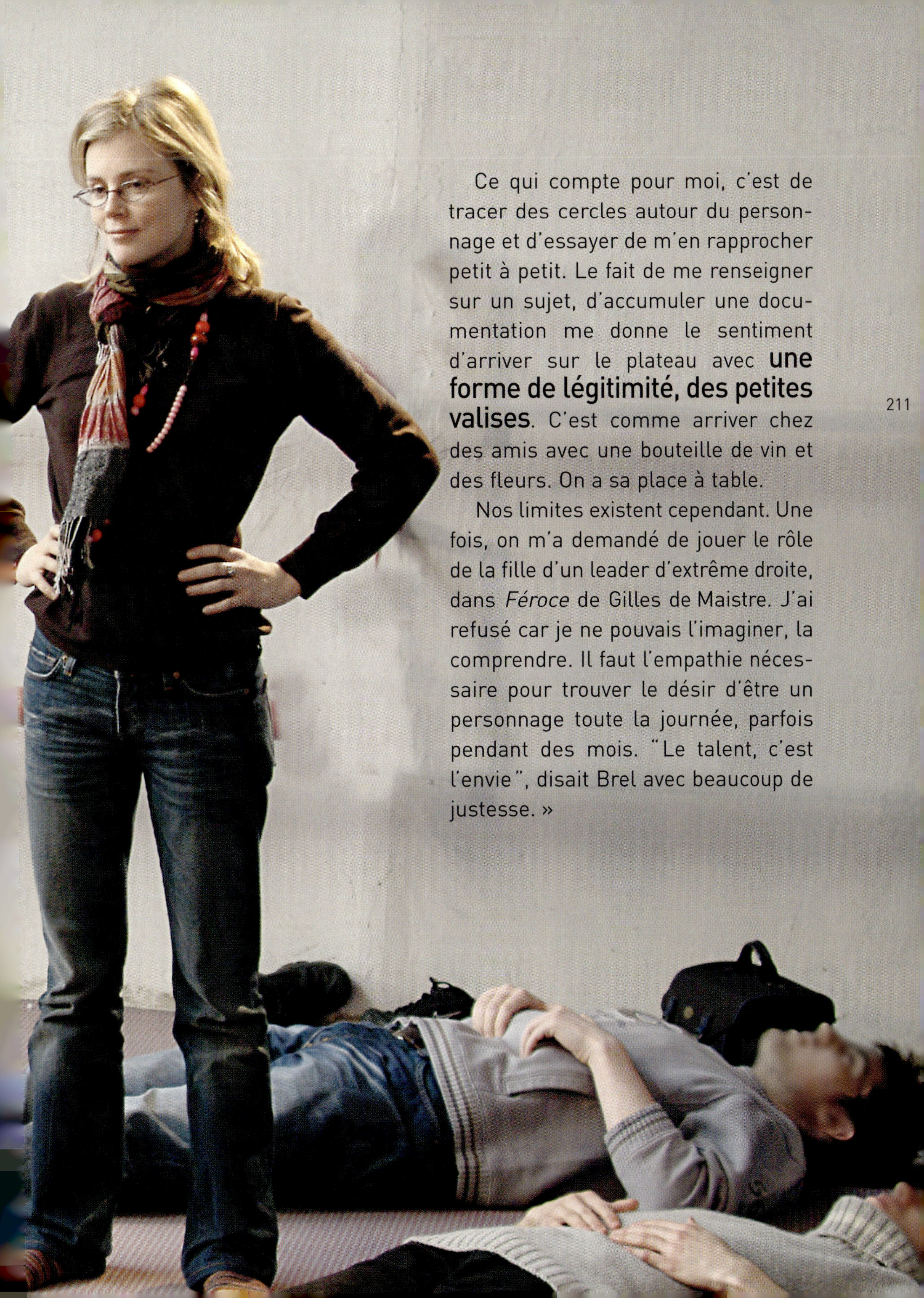

Ce qui compte pour moi, c'est de tracer des cercles autour du personnage et d'essayer de m'en rapprocher petit à petit. Le fait de me renseigner sur un sujet, d'accumuler une documentation me donne le sentiment d'arriver sur le plateau avec **une forme de légitimité, des petites valises**. C'est comme arriver chez des amis avec une bouteille de vin et des fleurs. On a sa place à table.

Nos limites existent cependant. Une fois, on m'a demandé de jouer le rôle de la fille d'un leader d'extrême droite, dans *Féroce* de Gilles de Maistre. J'ai refusé car je ne pouvais l'imaginer, la comprendre. Il faut l'empathie nécessaire pour trouver le désir d'être un personnage toute la journée, parfois pendant des mois. "Le talent, c'est l'envie", disait Brel avec beaucoup de justesse. »

« **La voix, c'est le cœur palpitant du comédien**. Je me souviens des représentations de *Phèdre* mise en scène par Patrice Chéreau. Certains soirs, les spectateurs situés parfois à quelques centimètres de moi étaient non voyants. C'est sans doute dans ces moments-là que j'ai eu le plus peur, que les sensations ont été les plus fortes. Le seul moyen d'atteindre ces personnes privées du spectacle, c'était la voix. J'ai joué *Phèdre* trois mois. On a fait la fête le soir de la dernière représentation. Le lendemain, ma voix avait disparu. Je suis devenue aphone pendant une semaine : sans doute la tristesse d'avoir quitté le rôle ! **Un rôle, avant tout, cela se respire.**

La voix doit savoir s'adapter, savoir tout faire. À l'Odéon, j'étais l'héroïne dans *Une maison de poupée* d'Ibsen et, à un moment, elle doit annoncer à son mari qu'elle le quitte ainsi que ses enfants. Je me rappelle avoir réussi à murmurer devant neuf cents personnes. Je pense que la voix, c'est le vecteur principal, celui qui fait travailler le corps, fluctue comme lui, se tord et se travestit dans le sens du personnage incarné. »

« J'enseigne au Cours Florent depuis dix-huit ans et je constate qu'aujourd'hui nombreux sont les élèves qui s'inscrivent pour être connus avant d'être acteurs. Tout cela est lié à l'environnement socioculturel, en particulier à l'effet des *reality shows* comme la « Star Academy » ou encore aux débats de société dans lesquels les gens viennent raconter leur vie, "faire l'acteur". Une minorité d'entre eux va au théâtre, et les autres ne savent pas très bien ce qu'ils viennent chercher exactement. Quand on leur parle de Peter Brook ou d'Antoine Vitez, ça n'évoque plus grand-chose pour beaucoup. Notre premier travail consiste à aiguiser leur curiosité. Mais je pratique aussi résolument la provocation et j'essaie même d'abord de les décourager pour qu'ils puissent ré-évaluer les raisons qui les ont poussés à s'inscrire chez nous.

Si je perdais espoir, j'arrêterais tout immédiatement, mais le miracle, c'est que, en ouvrant des portes, il se produit parfois des choses formidables. Je pense qu'**enseigner**, c'est avant tout éveiller, permettre de **s'éveiller aux autres et à soi-même**. S'éveiller aux autres en allant au théâtre et au cinéma, en découvrant des expositions ou en écoutant de la musique différente de celle écoutée habituellement. S'éveiller à soi-même, ensuite, en entrant dans le travail purement théâtral. Et c'est là que nous pouvons donner des clés pour que les élèves se révèlent en prenant en compte l'ensemble de leur personnalité, c'est-à-dire leur voix, leur corps, leur façon de bouger. Et qu'ils montrent ce qu'ils voudraient bien cacher en allant vers l'image publique, l'image perçue par autrui plutôt que celle qu'ils préféreraient donner d'eux-mêmes. Nous essayons de leur faire comprendre qu'il est dangereux de vouloir séduire et que si l'on veut plaire, il faut déjà plaire à soi-même, d'abord se reconnaître afin de pouvoir être reconnu par les autres. Ils doivent admettre qu'ils seront choisis pour des raisons qui leur échappent, que l'acteur n'est pas celui qui choisit mais qui est choisi.

Le premier jour, je leur dis que l'art est subjectif et que je suis subjectif. Tout ce que je vais dire sera donc lié à ma personnalité, à mon histoire, à ma culture. Ce n'est pas la vérité. Il n'y a pas de personnages sur une scène, il y a avant tout des personnes et des partitions. Et j'ajoute que, n'ayant pas le numéro de téléphone d'Alceste, je ne sais pas comment on le joue. L'important, c'est la rencontre entre ce qu'a écrit Molière et le comédien qui va jouer le rôle. Jouer, c'est être ici et maintenant, et c'est avant tout un travail sur l'imaginaire. Au théâtre, on rend compte de la réalité avec les artifices de l'art.

Je crois par exemple que la méthode de l'Actor's Studio et de ses avatars a ses limites. Pour jouer dans *Raging Bull* de Martin Scorsese, De Niro avait grossi de près de 30 kilos. " J'avais besoin de cela pour me sentir bien dans ce rôle, a-t-il déclaré, mais je n'irais pas me crever les yeux si on me demandait de jouer Œdipe. " »

« Être acteur, c'est justement ne pas l'être. L'acteur est un infirme, quelqu'un qui doit complètement oublier qui il est. La difficulté pour lui, c'est de faire jouer le **rôle** par le spectateur. Le plus grand acteur, c'est celui qui est le miroir, dans lequel ce spectateur peut se reconnaître. Le comédien n'est pas du tout un porteur de texte mais un passeur, un relais des sentiments. Il fait le lien entre l'auteur et le public. Au XXe siècle, le théâtre a subi un cataclysme provoqué selon moi par l'enseignement de la méthode de Constantin Stanislavski, fondée strictement sur la composition des personnages. D'après ce théoricien russe du théâtre, l'acteur possède son propre instrument qui détermine sa fonction sur les planches : grand premier rôle, jeune premier comique, soubrette… Ainsi, certains en ont conclu que si vous êtes biscornu et petit, vous jouerez un valet comique et si vous êtes jeune et belle, on vous confiera un rôle d'héroïne romantique. Cette composition impose un dédoublement de la personnalité, qu'il s'agisse d'une pièce ou d'un film : l'acteur doit physiquement et mentalement disparaître derrière le **personnage**.

Louis Jouvet s'est rendu complice de cette méthode extrémiste puisqu'elle fermait radicalement la porte aux non-jeunes premiers de tous les rôles-titres qui nécessitaient d'être beau. Le seul à s'être insurgé contre Stanisvlaski et Jouvet fut René Simon. C'est grâce à lui que, à l'intérieur du Cours Simon, des gros, des laids, des tordus pouvaient prétendre jouer le temps d'un cours Roméo, Rodrigue, Phèdre, Juliette et les autres. Il a fallu, au cinéma, attendre l'arrivée de Belmondo pour qu'une "gueule" puisse prétendre être un héros.

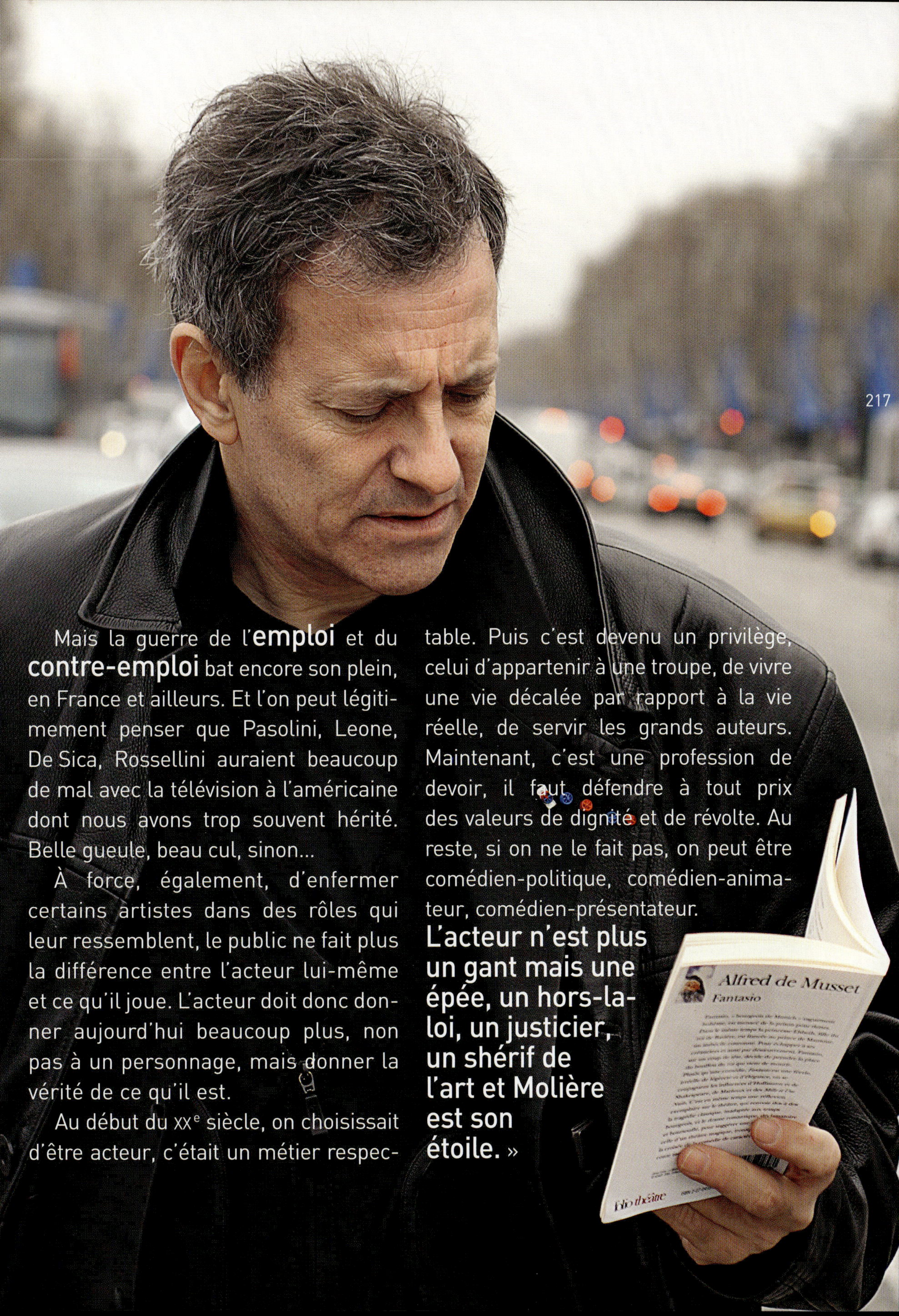

Mais la guerre de l'**emploi** et du **contre-emploi** bat encore son plein, en France et ailleurs. Et l'on peut légitimement penser que Pasolini, Leone, De Sica, Rossellini auraient beaucoup de mal avec la télévision à l'américaine dont nous avons trop souvent hérité. Belle gueule, beau cul, sinon...

À force, également, d'enfermer certains artistes dans des rôles qui leur ressemblent, le public ne fait plus la différence entre l'acteur lui-même et ce qu'il joue. L'acteur doit donc donner aujourd'hui beaucoup plus, non pas à un personnage, mais donner la vérité de ce qu'il est.

Au début du XXe siècle, on choisissait d'être acteur, c'était un métier respectable. Puis c'est devenu un privilège, celui d'appartenir à une troupe, de vivre une vie décalée par rapport à la vie réelle, de servir les grands auteurs. Maintenant, c'est une profession de devoir, il faut défendre à tout prix des valeurs de dignité et de révolte. Au reste, si on ne le fait pas, on peut être comédien-politique, comédien-animateur, comédien-présentateur.

L'acteur n'est plus un gant mais une épée, un hors-la-loi, un justicier, un shérif de l'art et Molière est son étoile. »

« En 1971, je venais de recevoir le prix d'excellence au Conservatoire et, comme je m'y attendais, la direction de la Comédie-Française m'a appelé dans la minute pour me fixer un rendez-vous. En arrivant, j'ai été pris de claustrophobie dans un petit couloir étroit où s'alignaient les portes des loges sur lesquelles figuraient le nom des comédiens. J'ai rencontré Pierre Dux et suis vite redescendu voir Nathalie Baye qui patientait au café. Je lui ai dit qu'elle allait être témoin de mon refus. J'ai appelé l'administrateur général et lui ai déclaré :

“ Je n’aime ni les gens qui sont là, ni la maison, pas plus que ce que vous faites.” C’était ridicule et aberrant. J’étais fou dingue de ne pas rejoindre Jacques Charon, Robert Hirsch et les autres. Surtout que j’avais été un spectateur assidu, je faisais la queue chaque dimanche matin pour être au poulailler. C’était peu après 68 et il y avait des résurgences libertaires, révolutionnaires dans ma décision. Peut-être était-ce aussi une manière de rompre avec la famille. La Comédie-Française représentait pour moi l’image du théâtre bourgeois, même si j’aimais fréquenter ce lieu. Ensuite, cette institution a beaucoup évolué, permettant à certains jeunes de côtoyer des comédiens talentueux et d’aborder de grands textes. Ce ne fut pas mon cas.

J’ai suivi mon chemin et eu la chance de rencontrer Robert Hossein. C’est à son contact que j’ai eu envie de diriger un théâtre. Je l’ai vraiment vu faire bouger une ville à sa manière, retrousser ses manches et oser comme personne.

Aujourd’hui, **la compétition, c’est ce qu’il y a de plus grave pour notre métier**, ça pourrit un peu tout. Je déplore cette optimisation du temps, du rendement. On a tout sur la réponse et rien sur la question, on redoute la complexité. Oui, il faut réfléchir, ne pas craindre d’aller en profondeur, ne pas redouter le questionnement. Si l’on est obligé de s’exprimer vite et court, le fond ne progresse plus et la marge reprend le centre. L’engrenage compétitif, c’est la loi du marché que l’on retrouve partout.

J’ai accepté d’être président des molières ces deux dernières années, moins pour la compétition et le palmarès que pour témoigner des formes multiples du langage théâtral, pour que cette cérémonie soit un véritable lieu de rencontres de tous les styles, de tous les modes de théâtre. La première fois, j’ai voulu que l’on commence par des extraits de Louis Jouvet, Jean Vilar, Sacha Guitry, Antoine Vitez et Laurent Terzieff. Et j’ai dit combien il était important de parler vraiment théâtre en prime time à la télévision, de profiter d’une heure de grande écoute.

Les prix, les récompenses comptent légitimement pour beaucoup de comédiens, mais on est toujours inconnu ou presque de pas mal de monde. On est célèbre pour quelques-uns et il y a tant de gens anonymes qui font de grandes choses ! »

« On me demande souvent pourquoi je ne me suis pas contenté d'être **acteur**, devenant tour à tour **dialoguiste**, **scénariste** et, ces dernières années, **réalisateur**. C'est parce que c'est ce dernier métier que je voulais exercer avant tout. Ça me semblait plus sérieux face aux autres et à la famille et moins difficile que d'être sur les planches. Je ne souhaitais pas me montrer, je ne voulais pas être jugé sur ma prétention à devenir comédien.

Malheureusement, je venais de rater mon bac et cet échec m'interdisait l'accès à l'Idhec et à la formation dont je rêvais. J'ai alors décidé d'intégrer le Cours Florent, ouvert à tous, et ce fut pour moi une véritable révélation.

Une première année, puis deux années de Classe libre m'ont permis de prendre confiance en moi et surtout de prendre goût à la scène en interprétant de nombreux rôles. Quelle chance de pouvoir jouer Molière, Racine, Marivaux, Shakespeare que je découvrais totalement, et même des scènes des films de Woody Allen lorsque je voulais à nouveau me rapprocher du cinéma, la raison principale de toute cette démarche.

Au Cours Florent, j'ai vécu avec mes camarades des moments précieux alors que nous avions un peu plus de 20 ans. À l'issue de ces trois années, j'ai échoué au Conservatoire. Une sacrée déception, dure à digérer car je m'étais fait à l'idée de me frotter à ce monde plus classique, à l'opposé de ma vraie nature. Mais c'est exactement le jour des résultats qu'Éric Rochant m'a appelé pour jouer dans *Un monde sans pitié*. Ce jour-là fut en fait mon jour de chance !

Aujourd'hui, j'ai 42 ans et l'impression avec l'expérience que le Cours Florent était plus en avance, plus moderne dans son enseignement et sa pratique que le Conservatoire qui a pourtant toujours joui d'une solide réputation. Il y a vingt ans, Florent était déjà tourné vers l'image alors que le rapport à celle-ci était loin d'être le même qu'aujourd'hui. Voilà encore une preuve de la modernité de cet enseignant hors pair qui a su, en s'entourant de professeurs de talent, ne jamais nous coller une étiquette, ne jamais nous enfermer dans un moule, ne jamais tenter de corriger ce que nous étions. Nous savions qu'on ne devient pas Marlon Brando si l'on n'est pas américain. Florent a toujours voulu en priorité nous laisser jouer en exploitant nos propres atouts, notre personnalité, valorisant même ce que nous considérions au début comme des défauts.

Je rêve encore de cette école où nous pouvions rester vingt-quatre heures d'affilée car nous avions réellement les clés de la maison. Nous jouissions d'une **liberté totale** et nous en avons usé. Nous travaillions des scènes, nous montions des spectacles, nous discutions longuement avec nos profs dans un grand foisonnement d'idées.

Aujourd'hui, je suis aussi de l'autre côté de la caméra et j'ai même tourné une partie de mon premier film *Ma femme est une actrice* chez Florent. Un juste retour aux sources, j'y ai tant appris… »

Désirs

Notre « enseignement » suit un diagramme bien connu, interprétation-chant-masque-danse-diction… Je rêve d'aller vers d'autres expressions du corps comme la gymnastique avec des agrès, ou même la gymnastique rythmique et sportive, voire un peu de cirque. Mais cette chimérique extension de notre pluridisciplinarité me semble inaccessible car ces disciplines requièrent un espace particulier et des assurances particulières. Je suis certain que les agrès donnent une belle liberté physique, de l'inventivité, tout en devant se soumettre à une technique, à une discipline, à des obligations. Différemment de la danse classique. On reconnaît immédiatement les élèves qui ont fait beaucoup de danse classique à leur maniérisme dans le jeu.

J'aimerais également promouvoir l'enseignement des instruments de musique. Je suis plus partisan de l'apprentissage du saxophone que de la pratique amorphe de l'expression corporelle.

À l'heure actuelle, beaucoup de jeunes filles ont envie de devenir actrices, de paraître, d'être dans cet univers de l'*entertainment*. Nous savons que la France manque d'infirmières. Pourquoi pas des cours pour futures infirmières ? Porter la douleur de Phèdre le matin et apprendre à poser des cathéters l'après-midi. Je rêve d'une panoplie de disciplines modifiables qui soit utile en des circonstances de vie inattendues. **Il faut que notre enseignement s'ouvre à des disciplines qui n'ont rien à voir avec le fait de vouloir devenir acteur.** L'attrait de la formation de l'acteur ne nous oblige-t-il pas désormais à jeter un pont entre l'*entertainment* et la souffrance de la vie de tous les jours ?

Documents

Un cours de François Florent

Scène entre Fantasio et Spark dans *Fantasio*
écrit en 1833 par Alfred de Musset.
Avec les élèves de Classe libre
Pierre Niney (Fantasio) et Esteban Carjaval-Alegria (Spark)

Les élèves passent la scène.

FANTASIO. — Comme ce soleil couchant est manqué ! La nature est pitoyable ce soir. Regarde-moi un peu cette vallée là-bas, ces quatre ou cinq méchants nuages qui grimpent sur cette montagne. Je faisais des paysages comme celui-là, quand j'avais douze ans, sur la couverture de mes livres de classe.
SPARK. — Quel bon tabac ! Quelle bonne bière !
FANTASIO. — Je dois t'ennuyer, Spark ?
SPARK. — Non ; pourquoi cela ?
FANTASIO. — Toi, tu m'ennuies horriblement. [...] Ô Spark ! Mon cher Spark, si tu pouvais me transporter en Chine ! Si je pouvais seulement sortir de ma peau pendant une heure ou deux ! Si je pouvais être ce monsieur qui passe !
SPARK. — Cela me paraît assez difficile.
FANTASIO. — Ce monsieur qui passe est charmant ; regarde : quelle belle culotte de soie ! Quelles belles fleurs rouges sur son gilet ! [...] Je suis sûr que cet homme-là a dans la tête un millier d'idées qui me sont absolument étrangères. [...] Hélas ! Tout ce que les hommes se disent entre eux se ressemble ; les idées qu'ils échangent sont presque toujours les mêmes dans toutes leurs conversations ; mais, dans l'intérieur de toutes ces machines isolées, quels replis, quels compartiments secrets ! C'est tout un monde que chacun porte en lui ! Un monde ignoré qui naît et qui meurt en silence ! Quelles solitudes que tous ces corps humains !
SPARK. — Bois donc, désœuvré, au lieu de te creuser la tête.
FANTASIO. — Il n'y a qu'une chose qui m'ait amusé depuis trois jours : c'est que mes créanciers ont obtenu un arrêt contre moi, et que si je mets les pieds dans ma maison, il va arriver quatre estafiers qui me prendront au collet.
SPARK. — Voilà qui est fort gai, en effet. Où coucheras-tu ce soir ?
FANTASIO. — Chez la première venue. [...]
SPARK. — Manques-tu d'argent, Henri ? Veux-tu ma bourse ?
FANTASIO. — Imbécile ! Si je n'avais pas d'argent, je n'aurais pas de dettes. J'ai envie de prendre pour maîtresse une fille d'opéra.
SPARK. — Cela t'ennuiera à périr.

FANTASIO. — Pas du tout; mon imagination se remplira de pirouettes et de souliers de satin blanc; il y aura un gant à moi sur la banquette du balcon depuis le premier janvier jusqu'à la Saint-Sylvestre, et je fredonnerai des solos de clarinette dans mes rêves, en attendant que je meure d'une indigestion de fraises dans les bras de ma bien-aimée. [...]

SPARK. — Tu me fais l'effet d'être revenu de tout.

FANTASIO. — Ah ! Pour être revenu de tout, mon ami, il faut être allé dans bien des endroits.

SPARK. — Eh bien, donc ?

FANTASIO. — Eh bien donc ! Où veux-tu que j'aille ? Regarde cette vieille ville enfumée; il n'y a pas de places, de rues, de ruelles où je n'aie rôdé trente fois; [...] je ne saurais faire un pas sans marcher sur mes pas d'hier; eh bien, mon cher ami, cette ville n'est rien auprès de ma cervelle. Tous les recoins m'en sont cent fois plus connus; toutes les rues, tous les trous de mon imagination sont cent fois plus fatigués; je m'y suis promené en cent fois plus de sens, dans cette cervelle délabrée, moi son seul habitant ! [...]

SPARK. — Je ne comprends rien à ce travail perpétuel sur toi-même. [...] En vérité, il y a de certains moments où je ne jurerais pas que tu n'es pas fou. [...]

FANTASIO. — Oh ! Je voudrais me passionner pour un homard à la moutarde, pour une grisette, pour une classe de minéraux. Spark ! Essayons de bâtir une maison à nous deux.

SPARK. — Pourquoi n'écris-tu pas tout ce que tu rêves ? Cela ferait un joli recueil. [...] Pourquoi ne voyages-tu pas ? Va en Italie.

FANTASIO. — J'y ai été.

SPARK. — Eh bien ! Est-ce que tu ne trouves pas ce pays-là beau ?

FANTASIO. — Il y a une quantité de mouches grosses comme des hannetons, qui vous piquent toute la nuit.

SPARK. — Va en France.

FANTASIO. — Il n'y a pas de bon vin du Rhin à Paris. [...]

SPARK. — Va donc au diable, alors.

[...]

J'aime votre interprétation car elle n'est pas archétypique. J'ai entendu cette scène des centaines et des centaines de fois et chaque fois je l'entends comme une musiquette, avec le même rythme, les mêmes inflexions, la même incertitude sur le sens de la scène. Dans ce que vous avez fait, il y a une contradiction intime, celle-là même de Musset : l'optimisme et le pessimisme se chevauchant, la résignation et la révolte allant de pair, en somme Fantasio et Spark ne font qu'un. C'est une chose tout à fait nouvelle dans la littérature dramatique française du début du XIXe siècle : Don Salluste et Ruy Blas, ce ne sont pas les mêmes ! Il n'y a que chez Musset que l'on rencontre cette chose extraordinaire : Octave/Coelio, etc. Spark et Fantasio sont de la même espèce, même s'ils n'utilisent pas le même vocabulaire. Il y a du Don Quichotte et du Sancho Pança dans cette affaire.

On en revient à ce travail perpétuel de Musset sur lui-même qui ira jusqu'à l'autoscopie. Cette façon quasi hallucinatoire de s'observer soi-même, une conscience réflexive qui frôlera la dissociation de la personnalité au fur et à mesure que sa courte vie avance. *Fantasio* est l'œuvre d'un tout jeune homme où se manifeste déjà ce besoin d'être double. Il a 23 ans. Il l'écrit avant la liaison avec George Sand. C'est extraordinaire. C'est pour cette raison qu'il est l'auteur classique préféré de la jeunesse. Il a écrit ses grands ouvrages quand il était jeune, le *turning point* étant *On ne badine pas avec l'amour*. Les pièces ultérieures, comme *Un caprice* ou *Il faut qu'une porte soit ouverte ou fermée*, intéressent peu les jeunes. Il est entré dans une espèce de formalisme, il est devenu une sorte d'homme du monde maudit. Il traînait les suites de sa passion avec Sand. *Fantasio* est vraiment une des pièces, sinon la pièce de l'adolescence, qui est à la fois enthousiaste et résignée ; enthousiaste vis-à-vis des espérances de la vie et terrifiée par sa monotonie. C'est un fiasco terrible d'être né.

Écoutez les *Davidsbündlertänze* de Robert Schumann ! Robert Schumann et Alfred de Musset sont absolument contemporains, nés la même année, mort à quelques mois d'intervalle, se bagarrant, jeunes, contre la sclérose littéraire et musicale, mourant aliénés, jeunes encore.

Après, il y a l'amour, avec des moments qui sont à la fois une rédemption et une nouvelle malédiction, mais c'est un autre domaine. Ce qui est fantastique dans *Fantasio*, et vous me l'avez livré, c'est qu'il n'y a pas de point de vue arrêté : on allait de surprise en surprise. À la fin des fins, ce qui était surprenant, c'était d'entendre d'autres modulations du texte que celles que l'on a tellement entendues.

Voilà ce que je voulais vous dire en introduction. Maintenant, faisons un peu de détail. Vous avez tellement bien passé la scène que vous méritez qu'on s'y appesantisse de façon goulue. Le bien-fondé d'un commentaire est à la mesure de la qualité de ce que l'on vous présente… Il est parfois inutile de dire certaines vérités parce qu'il n'y a pas de retour ; là, il y en a…

Je voudrais préciser des choses dans cette espèce d'amitié extraordinaire entre eux deux et peut-être de mépris de l'un pour l'autre. L'admiration et le mépris que l'on peut avoir pour soi en même temps !

> FANTASIO. — Comme ce soleil couchant est manqué ! La nature est pitoyable ce soir. Regarde-moi un peu cette vallée là-bas, ces quatre ou cinq méchants nuages qui grimpent sur cette montagne.

Je trouve que tu es trop sur l'énergie. Tu es trop démonstratif. N'insiste pas. N'attaque pas. Et n'oublie pas que Musset se destinait à la peinture avant d'écrire. Pense aux *Confessions d'un enfant du siècle*. Il faut bien se remettre dans une France vaincue, Metternich a gagné au congrès de Vienne et il a violemment essayé d'endormir l'Europe après l'ouragan napoléonien. *Fantasio* se déroule en Bavière, dans une Bavière de fantaisie, et Musset n'a pas situé *Fantasio* en Bavière pour rien.

> FANTASIO. — Comme ce soleil couchant est manqué ! La nature est pitoyable ce soir.

La première phrase est très bien, la deuxième ne doit pas être exactement symétrique de la première. Le soleil couchant est un détail, la nature est plus générale. Le mot «nature» met en branle des choses importantes de sa vie. Et ne joue pas au jeune premier. Tu as la chance de l'être, tu es jeune, n'en remets pas. N'aiguise pas ton physique et ta tête en jouant la comédie. Cela changera mais pour le moment tu l'as.

> FANTASIO. — [...] Regarde-moi un peu cette vallée là-bas...

Fais-le sur lui. D'ailleurs, je ne vois pas pourquoi Fantasio ne boirait pas de cette bière... En tout cas, tu regardes Spark et tu le prends à témoin, ne viens pas au premier plan pour faire de la littérature. Tu seras plus prosaïque si tu le regardes.

> FANTASIO. — [...] Regarde-moi un peu cette vallée là-bas, ces quatre ou cinq méchants nuages qui grimpent sur cette montagne. Je faisais des paysages comme celui-là, quand j'avais douze ans, sur la couverture de mes livres de classe.

Tu loupes un peu le verbe «grimper». Il doit être une expression de peintre, justement, et de mauvaise peinture. Tu n'as pas assez à l'esprit que Fantasio/Musset situe l'œuvre d'art, même enfantine, au-dessus de la médiocrité de la nature. C'est très jeune, cela. C'est plus beau que la réalité. Il faut vraiment que chaque acteur nous donne la plénitude du sens de ce qu'il est en train de dire. Qu'il n'y ait pas de mot dit pour rien et qui confine à la mauvaise littérature, fût-elle bonne. Ce cahier de classe est une relique, quelque chose qui sanctifie la nature.

> SPARK. — Quel bon tabac ! Quelle bonne bière !
> FANTASIO. — Je dois t'ennuyer, Spark ?

J'ai rarement entendu les répliques courtes de Spark avec autant de poids que tu le fais, Esteban. J'aimerais bien que cette réplique ne soit pas uniquement : «Tu dis des bêtises» mais qu'elle soit «Pourtant, quel bon tabac, quelle bonne bière, la nature, la vie...». Tu peux lui donner encore plus de poids. Que Fantasio soit cloué.

SPARK. — Quel bon tabac ! Quelle bonne bière !
FANTASIO. — Je dois t'ennuyer, Spark ?
SPARK. — Non ; pourquoi cela ?
FANTASIO. — Toi, tu m'ennuies horriblement.

Évidemment, c'est faux. Spark ne l'ennuie pas horriblement ; la grosse difficulté est là. Le « non » de Spark doit être plus amical. Essayons d'éviter les quelques moments « clichés » dans ce que vous avez fait au beau milieu de votre interprétation très originale.

Toute l'histoire de Musset, de Fantasio, d'Octave, de Coelio, de Spark c'est qu'ils voudraient être l'autre, mais leur façon de penser fait qu'ils n'y parviennent pas, bien entendu. « Spark » est un monosyllabe très difficile à dire, il faut allonger le « a » pour qu'il ne soit pas trop dur.

FANTASIO. — Je dois t'ennuyer, Spark ?
SPARK. — Non ; pourquoi cela ?
FANTASIO. — Toi, tu m'ennuies horriblement. [...] Ô Spark ! Mon cher Spark, si tu pouvais me transporter en Chine !

Tu vois, il dit « Mon cher Spark »... Dans ce court échange, le mot « Spark » revient trois fois.

Pierre Niney s'avance au premier plan.

Je ne suis pas sûr que tu doives faire ce mouvement : si tu avances à ce moment-là, on sent qu'il va y avoir une tirade, la Cavatine de *Faust* ou la Plume au vent de *Rigoletto*. Or on ne veut pas de ça. Spark, ne te laisse pas avoir par le « tu m'ennuies horriblement ». Moi je répondrais « Enchanté » par le regard. Après l'avoir dit, Pierre, tu dois t'en vouloir.

FANTASIO. — Je dois t'ennuyer, Spark ?
SPARK. — Non ; pourquoi cela ?
FANTASIO. — Toi, tu m'ennuies horriblement. [...] Ô Spark ! Mon cher Spark, si tu pouvais me transporter en Chine ! Si je pouvais seulement sortir de ma peau pendant une heure ou deux ! Si je pouvais être ce monsieur qui passe !
SPARK. — Cela me paraît assez difficile.
FANTASIO. — Ce monsieur qui passe est charmant ; regarde : quelle belle culotte de soie !

Ce doit être le plus politique possible. Le père de Musset venait de mourir du choléra et Musset avait beaucoup d'admiration pour lui qui fut un commentateur des *Confessions* de Rousseau. Il avait aussi une grande admiration pour sa mère. À la fin de leur liaison, Sand écrivit à la mère de Musset : « Madame, je vous le rends. »

Il ne faut pas jouer la médiocrité du monsieur qui passe, c'est ce que l'on voit toujours... On doit voir le peintre, le dessinateur, il décrit un moment d'art, nous sommes en pleine *Biedermeierzeit*[50]. Trouve la rondeur du physique dans le « charmant ».

> FANTASIO. — Ce monsieur qui passe est charmant ; regarde : quelle belle culotte de soie ! Quelles belles fleurs rouges sur son gilet ! [...] Je suis sûr que cet homme-là a dans la tête un millier d'idées qui me sont absolument étrangères...

Non, il y a une rupture, on passe de la peinture au contenu. Que le « regarde » ne soit pas aussi péremptoire, ce n'est pas fatalement un impératif.

> FANTASIO. — Ce monsieur qui passe est charmant ; regarde : quelle belle culotte de soie ! Quelles belles fleurs rouges sur son gilet ! [...] Je suis sûr que cet homme-là a dans la tête un millier d'idées qui me sont absolument étrangères. [...] Hélas ! Tout ce que les hommes se disent entre eux se ressemble ; les idées qu'ils échangent sont presque toujours les mêmes dans toutes leurs conversations ; mais, dans l'intérieur de toutes ces machines isolées, quels replis, quels compartiments secrets !

Attention au « mais », on doit bien entendre « et pourtant... ». Cela doit être un peu plus enlevé. Et fais attention à ne pas être professoral.

> FANTASIO. — [...] C'est tout un monde que chacun porte en lui ! Un monde ignoré qui naît et qui meurt en silence ! Quelles solitudes que tous ces corps humains !

Face à l'enthousiasme, un désespoir total dans une même phrase. C'est en quoi Musset est génial, jeune, moderne, et a des moments que personne n'est arrivé à reproduire. C'est extraordinaire.

Ce que tu viens de faire est très bien, Pierre, parce que l'enthousiasme qu'on peut avoir devant des choses positives de la vie et la mélancolie, ou plutôt la tristesse qu'on peut exprimer au même moment, ne doivent pas être professoraux. Les choses étaient imbriquées. C'est le génie de Musset, à l'instar de Mozart, il avait déjà fait le tour du problème. Je les compare un peu. L'extrême gravité de *Cosi fan tutte* cohabite avec l'extrême légèreté parce que, à moins de se suicider, il faut continuer et chercher le bonheur.

Reprenez du début et continuez, s'il vous plaît. Il faut travailler de cette façon-là : passer la scène en entier d'abord, puis, quand on la retravaille dans le détail, il faut trouver des séquences de travail que l'on reprend sans les interrompre ; à l'intérieur de chaque morceau analysé, il faut trouver une synthèse ou un fragment de synthèse.

FANTASIO. — Comme ce soleil couchant est manqué ! La nature est pitoyable ce soir. Regarde-moi un peu cette vallée là-bas, ces quatre ou cinq méchants nuages qui grimpent sur cette montagne. Je faisais des paysages comme celui-là, quand j'avais douze ans, sur la couverture de mes livres de classe.
SPARK. — Quel bon tabac ! Quelle bonne bière !
FANTASIO. — Je dois t'ennuyer, Spark ?
SPARK. — Non ; pourquoi cela ?
FANTASIO. — Toi, tu m'ennuies horriblement.

Nous discutons souvent avec Jean-Pierre Garnier de la difficulté qu'ont les jeunes à bien ciseler les images chez Musset. Lorsqu'on a ce que tu viens d'avoir, cette plénitude dans la restitution de l'image, tout devient clair et éblouissant. La seule chose, Pierre, c'est que je dirais assez vite « tu m'ennuies horriblement » pour le surprendre, cela lui permettra de ne pas trop t'agresser.

Reprenez au début.

FANTASIO. — Comme ce soleil couchant est manqué ! La nature est pitoyable ce soir. Regarde-moi un peu cette vallée là-bas, ces quatre ou cinq méchants nuages qui grimpent sur cette montagne. Je faisais des paysages comme celui-là, quand j'avais douze ans, sur la couverture de mes livres de classe.
SPARK. — Quel bon tabac ! Quelle bonne bière !
FANTASIO. — Je dois t'ennuyer, Spark ?
SPARK. — Non ; pourquoi cela ?
FANTASIO. — Toi, tu m'ennuies horriblement.

Non, attention, Pierre, tu le prépares trop, ne le prépare pas. Et ne fais pas un sort à l'adverbe « horriblement », ne le « stabilobosse » pas.

FANTASIO. — Toi, tu m'ennuies horriblement. […] Ô Spark ! Mon cher Spark, si tu pouvais me transporter en Chine ! Si je pouvais seulement sortir de ma peau pendant une heure ou deux ! Si je pouvais être ce monsieur qui passe !
SPARK. — Cela me paraît assez difficile.
FANTASIO. — Ce monsieur qui passe est charmant ; regarde : quelle belle culotte de soie ! Quelles belles fleurs rouges sur son gilet !

Il y a évidemment une attente sur la réplique de Spark, mais toi, Pierre, tu ne l'attends pas ; toi, tu commences à dessiner, tu fais le croquis, l'esquisse. Tu es avec le monsieur, pas avec Spark. « Ce monsieur qui passe est charmant » n'est pas une réponse à Spark, tu es resté avec le monsieur.

FANTASIO. — Ce monsieur qui passe est charmant; regarde : quelle belle culotte de soie ! Quelles belles fleurs rouges sur son gilet ! [...] Je suis sûr que cet homme-là a dans la tête un millier d'idées qui me sont absolument étrangères. [...] Hélas ! Tout ce que les hommes se disent entre eux se ressemble ; les idées qu'ils échangent sont presque toujours les mêmes dans toutes leurs conversations ; mais, dans l'intérieur de toutes ces machines isolées, quels replis, quels compartiments secrets ! C'est tout un monde que chacun porte en lui ! Un monde ignoré qui naît et qui meurt en silence ! Quelles solitudes que tous ces corps humains !

Non, tu ne valorises pas les mots dans le bon sens. Le plus important, c'est le « monde ». Tu valorises trop le « chacun » et tu minores le « monde », parce que le mot « monde » est redit tout de suite après. Peut-être cherche-t-il le mot « monde » avant de le dire... Tu peux essayer de mettre un point après ce mot... « Monde ignoré », c'est presque une expression.

SPARK. — Bois donc, désœuvré, au lieu de te creuser la tête.

Ce qui est important, Pierre, c'est que cette phrase te fait oublier tout ce que tu viens de dire. Il n'y a plus aucune peine, aucune douleur; tout est balayé.

Esteban, le « désœuvré » doit être plus politique que ça, cela fustige un pays endormi... Mais Spark est tout autant « désœuvré ». Fantasio doit le prendre au mot.

SPARK. — Bois donc, désœuvré, au lieu de te creuser la tête.
FANTASIO. — Il n'y a qu'une chose qui m'ait amusé depuis trois jours : c'est que mes créanciers ont obtenu un arrêt contre moi, et que si je mets les pieds dans ma maison, il va arriver quatre estafiers qui me prendront au collet.
SPARK. —Voilà qui est fort gai, en effet. Où coucheras-tu ce soir ?

Esteban, dis la réplique en deux temps. Marque vraiment le point après « en effet ». Il faut un temps, tu bois, la discussion est close, l'histoire des estafiers est un fait accompli et non pas une construction de l'esprit pour faire rire. Et puis tu reprends. Prends le temps de boire, parce que ce que tu fais est aussi important que ce que tu dis. Comme il y a un bel antagonisme dans ce que tu dis, il ne faut pas faire semblant de faire les choses.

SPARK —Voilà qui est fort gai, en effet. Où coucheras-tu ce soir ?
FANTASIO. — Chez la première venue. [...]
SPARK. — Manques-tu d'argent, Henri ? Veux-tu ma bourse ?
FANTASIO. — Imbécile ! Si je n'avais pas d'argent, je n'aurais pas de dettes. J'ai envie de prendre pour maîtresse une fille d'opéra.

Il faut mettre en rapport cette «fille d'opéra» avec «la première venue» de tout à l'heure. À partir du moment où tu as dit «chez la première venue», un fantasme se met en route, tu l'imagines. Il y a une dose d'aventure dans «la première venue». Il faut la préparer dans ton esprit, dans ton imaginaire...

Ne rapetisse pas le mot «maîtresse». Au XIXe siècle, le mot n'a plus la signification du XVIIe, il signifie courtisane, demi-monde, *La Dame aux camélias*, grisette... Ce Fantasio me rappelle Hoffmann des *Contes d'Hoffmann*, l'opéra d'Offenbach...

FANTASIO. — [...] J'ai envie de prendre pour maîtresse une fille d'opéra.
SPARK. — Cela t'ennuiera à périr.
FANTASIO. — Pas du tout; [...]

Non, tu dois défendre ton point de vue, c'est très important.

SPARK. — Cela t'ennuiera à périr.
FANTASIO. — Pas du tout; mon imagination se remplira de pirouettes et de souliers de satin blanc; il y aura un gant à moi sur la banquette du balcon depuis le premier janvier jusqu'à la Saint-Sylvestre, et je fredonnerai des solos de clarinette dans mes rêves, en attendant que je meure d'une indigestion de fraises dans les bras de ma bien-aimée.

C'est bien. J'aimerais que ton discours soit un peu plus rond, il est un peu aigu, tac-tac-tac. C'est ta jeunesse, je ne t'en veux pas. Mais cela doit être un peu plus baroque, avec des lignes courbes. Pensez toujours à cette chose magnifique au théâtre que sont les monosyllabes, et là tu en as trois : «pas du tout». Ils peuvent être un peu anguleux certes mais, après, donne-moi des courbes.

Quand nous, les chargés de cours, donnons une intention, une information ou un désir d'exécution, souvent l'acteur appuie trop. Attention donc à ne pas trop en faire sur ces monosyllabes ! Il faut faire très attention quand nous donnons une indication, parce que l'indication que nous proférons dans l'ombre se multiplie à la lumière.

Après «pas du tout», il y a un point-virgule, mais pense que c'est un point.

J'aime beaucoup quand tu dis «du premier janvier jusqu'à la Saint-Sylvestre», cela signifie beaucoup de choses : tu as pris un abonnement, tu vas tous les soirs à l'Opéra... J'ai tellement entendu cette phrase sans rien derrière...

SPARK. — Cela t'ennuiera à périr.
FANTASIO. — Pas du tout; mon imagination se remplira de pirouettes et de souliers de satin

blanc ; il y aura un gant à moi sur la banquette du balcon depuis le premier janvier jusqu'à la Saint-Sylvestre, et je fredonnerai des solos de clarinette dans mes rêves, en attendant que je meure d'une indigestion de fraises dans les bras de ma bien-aimée.

Fantasio tombe dans les bras de Spark.

Si tu fais ce mouvement, il doit y avoir une raison. Peut-être a-t-il bu plus que Spark ? Que Fantasio soit un peu paf me semble très logique mais attention, pas trop !

SPARK. — Tu me fais l'effet d'être revenu de tout.
FANTASIO. — Ah ! Pour être revenu de tout, mon ami, il faut être allé dans bien des endroits.
SPARK. — Eh bien, donc ?
FANTASIO. — Eh bien donc ! Où veux-tu que j'aille ? Regarde cette vieille ville enfumée ; il y a pas de places, de rues, de ruelles où je n'aie rôdé trente fois ; [...]

Là, c'est une nouvelle période, tu peux être beaucoup plus vindicatif. Les mots utilisés sont plus « cité minière du Nord », avec ces longues rues en enfilade où il ne se passe rien, avec un terril au bout. Avant, l'ambiance était celle de l'Oktoberfest à Munich, et cela devient tout à coup autre chose. Là, tu peux vraiment appuyer sur le champignon.

FANTASIO. — Eh bien donc ! Où veux-tu que j'aille ? Regarde cette vieille ville enfumée ; il y a pas de places, de rues, de ruelles où je n'aie rôdé trente fois ; [...] je ne saurais faire un pas sans marcher sur mes pas d'hier ; [...]

C'est très bien, mais ne laisse pas tomber « hier ». C'est toujours la même chose ; hier, aujourd'hui et demain, c'est comme demain, aujourd'hui et hier.

FANTASIO. — [...] je ne saurais faire un pas sans marcher sur mes pas d'hier ; eh bien, mon cher ami, cette ville n'est rien auprès de ma cervelle. Tous les recoins m'en sont cent fois plus connus ; toutes les rues, tous les trous de mon imagination sont cent fois plus fatigués ; je m'y suis promené en cent fois plus de sens, dans cette cervelle délabrée, moi son seul habitant !

C'est très bien, il y a des nuages qui s'accumulent, il se dégrise et quand tu passes à toi, tu en remets encore une couche, c'est très bien. Toujours encore un peu nerveux, mais bon... Et ne reviens jamais en arrière dans l'intention. Trouve bien la gradation entre la ville et ta cervelle. Le « Eh bien ! » est un appui. « Eh bien », c'est toujours une aubaine pour l'acteur, monsieur Niney !

Spark est tout à fait d'accord, seulement il n'en parle pas. Musset a dit quelque part : «Je n'aurai été qu'un grand bavard.»

FANTASIO. — [...] toutes les rues, tous les trous de mon imagination sont cent fois plus fatigués; je m'y suis promené en cent fois plus de sens, dans cette cervelle délabrée, moi son seul habitant !

Cette phrase m'a toujours fait très peur, il y a un côté un peu Magritte, tout seul dans cette ville-cervelle... Je me vois toujours déambuler dans une rue pavée avec énormément de fenêtres murées...

FANTASIO. — [...] je m'y suis promené en cent fois plus de sens, dans cette cervelle délabrée, moi son seul habitant ! [...]
SPARK. — Je ne comprends rien à ce travail perpétuel sur toi-même.

Esteban, prends-le bien à ton compte, défends-toi bec et ongles de ne pas être Fantasio. Cela permet en outre une réactivation de la scène.

SPARK. — Je ne comprends rien à ce travail perpétuel sur toi-même. [...] En vérité, il y a de certains moments où je ne jurerais pas que tu n'es pas fou. [...]
FANTASIO. — Oh ! Je voudrais me passionner pour un homard à la moutarde, pour une grisette, pour une classe de minéraux. Spark ! Essayons de bâtir une maison à nous deux.

Une chose après l'autre. Un homard, *puis* une grisette, *puis* une classe de minéraux... C'est magnifique, ces images sont tellement loin les unes des autres, c'est tout à fait hétéroclite, il faut que cela nous assaille comme une toile surréaliste. Spark, réagis à ce qu'il dit.

Et puis, en totale rupture, cette image douillette de la maison. Ce passage est à pleurer.

FANTASIO. — Oh ! Je voudrais me passionner pour un homard à la moutarde, pour une grisette, pour une classe de minéraux. Spark ! Essayons de bâtir une maison à nous deux.
SPARK. — Pourquoi n'écris-tu pas tout ce que tu rêves ? Cela ferait un joli recueil. [...] Pourquoi ne voyages-tu pas ? Va en Italie.
FANTASIO. — J'y ai été.
SPARK. — Eh bien ! Est-ce que tu ne trouves pas ce pays-là beau ?
FANTASIO. — Il y a une quantité de mouches grosses comme des hannetons, qui vous piquent toute la nuit.

SPARK. — Va en France.
FANTASIO. — Il n'y a pas de bon vin du Rhin à Paris. [...]
SPARK. — Va donc au diable, alors.

C'est très bien. Reprenez depuis le début. Esteban, attaque Fantasio si tu peux, et toi, Pierre, n'enfile pas les choses dans un phrasé préétabli, remets-le à plat, et surtout que les images soient extrêmement visibles, que toute l'imagerie de Musset soit aussi importante que ce que l'on croit être important sur la destinée de l'homme. L'imagerie de Musset est une part de sa destinée, sa fantasmagorie...

Ils reprennent depuis le début.

Le musée imaginaire de François Florent

1

3

2

4

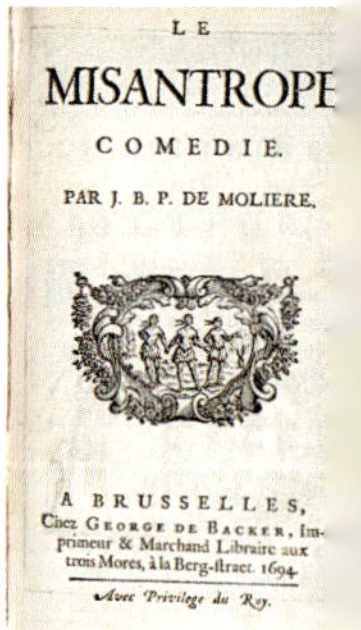
LE
MISANTROPE
COMEDIE.
PAR J. B. P. DE MOLIERE.
A BRUSSELLES,
Chez GEORGE DE BACKER, Imprimeur & Marchand Libraire aux trois Mores, à la Berg-straet. 1694.
Avec Privilege du Roy.

7

• **Peinture**

Les Régentes de l'hospice des vieillards de Frans Hals (Frans Hals Museum de Haarlem) **(1)**

René Magritte

Paul Delvaux

Le retable d'Issenheim de Mathias Grünewald (musée Unterlinden de Colmar)

Les Tintoret de la Scuola San Rocco à Venise

Le musée du Prado à Madrid

Le Kunsthistorisches Museum de Vienne

• **Mises en scène**

La Trilogie de la villégiature de Carlo Goldoni (Giorgio Strehler)

La Dispute de Marivaux (Patrice Chéreau) **(2)**

Capriccio de Richard Strauss (Robert Carsen, Opéra de Paris)

• **Musique**

Cosi fan tutte de Mozart

Tristan und Isolde de Wagner **(3)**

Les quatuors de Beethoven

• **Architecture**

Le John Hancock Center de Chicago (Bruce Graham) **(4)**

• **Littérature**

Les contes et nouvelles de Guy de Maupassant **(5)**

Paul Morand par endroits **(6)**

9

6

8

10

11

5

• Théâtre

Hamlet de Shakespeare
Faust de Goethe
Le Misanthrope de Molière **(7)**
Le Mariage de Figaro de Beaumarchais
Lorenzaccio de Musset
Le Voyage de monsieur Perrichon de Labiche
Siegfried de Giraudoux
Fin de partie de Beckett

• Cinéma

Le Plaisir de Max Ophüls **(8)**
All that Jazz de Bob Fosse
To be or not to be d'Ernst Lubitsch
Tout le monde dit I love you de Woody Allen
L'Ombre d'un doute et *La Mort aux trousses* d'Alfred Hitchcock
Le Dictateur de Charlie Chaplin
Amarcord de Federico Fellini **(9)**

• Acteurs

Jean Gabin **(10)**
Michel Simon
Pierre Dux
Ludmilla Mikaël **(11)**
Pierre Brasseur
Elizabeth Taylor

• Autres

La semaine sainte de Séville
New York

Les noms des salles et des promotions

Liste des salles de travail par ordre d'apparition dans l'École

Beaumarchais
René Simon
Pierre Dux
Francis Huster
Pierre Fresnay
Arletty
Michèle Morgan
Paul Claudel
Marcel Pagnol
Olivier Medicus
Pierre Romans
Jacques Weber
Isabelle Adjani
Daniel Auteuil
Dominique Blanc
Agnès Jaoui
Thierry Hancisse
Daniel Mesguish
Maxime Le Forestier
Jean Cocteau
Sacha Guitry
Henri-Georges Clouzot
Max Ophüls
Gad Elmaleh

Les deux salles du quai d'Anjou avaient pour noms Beaumarchais et René Simon. Il n'existait pas de salle Beaumarchais, ni au centre de la rue Blanche ni au Conservatoire. À l'époque j'étais extrêmement sensible au monologue de Figaro, à ce qu'il disait sur le mérite, sur la chance, sur la corruption, c'était une Table de la Loi pour moi. René Simon, c'était en hommage à mon «parrain». Il était mort depuis cinq ans à l'époque, et je voulais bien marquer que le nom de René Simon n'était pas uniquement propriété du Cours Simon mais que les anciens qu'il avait formés avaient aussi le droit de se le rappeler. J'espère qu'il y a beaucoup d'héritiers de René Simon, comme j'espère qu'il y aura beaucoup d'héritiers de Florent.

En 1985, rue Mathis, j'ai donné aux salles les noms de gens qui comptaient pour moi : Paul Claudel, Louis Jouvet et Pierre Fresnay. Quand on a ouvert l'autre partie de la rue Mathis, j'ai pensé à donner aux salles les noms d'acteurs vivants; c'est ainsi que Pierre Dux et Michèle Morgan (grâce à Olga Horstig) ont inauguré leurs salles, j'en ai été très fier et très heureux. Pour la grande salle du bas, qui s'appelait Jouvet, c'est Francis qui a tenu à ce que cette salle s'appelle Francis Huster, et j'y ai répondu avec plaisir, honneur et reconnaissance.

Mais Jacques Weber n'avait pas de salle ; j'ai donc débaptisé la salle Pierre Fresnay, et Weber l'a inaugurée avec Huster, dont le très beau discours n'a malheureusement pas été enregistré ; c'est peut-être un des plus beaux discours de Francis Huster sur Jacques Weber…

Puis il y a eu les salles Olivier Medicus et Pierre Romans ; ils étaient très proches de moi et n'étaient plus là. Je voulais que leurs noms ne disparaissent pas de sitôt des tablettes. J'en ai profité pour ajouter la salle Marcel Pagnol, cela me tapait sur les nerfs que le seul auteur soit Claudel.

Avec l'acquisition de l'avenue Jean-Jaurès, j'ai continué le principe. Il y a la salle Thierry Hancisse, qui est le seul sociétaire de la Comédie-Française issu directement de l'école ; Dominique Blanc, parce que je la considère comme une des meilleurs actrices de son temps ; Daniel Mesguich, parce que je voulais faire un contrepoint aux acteurs. Il n'a pas encore inauguré sa salle, mais il est venu souvent, sa fille a été élève à l'école. Agnès Jaoui a inauguré sa salle lors de la fête des 40 ans de l'École le 8 janvier 2007, Gad Elmaleh a inauguré la sienne en avril 2006.

Isabelle Adjani et Daniel Auteuil n'ont pas encore inauguré leurs salles. J'en ai parlé à Isabelle Adjani dans sa loge du Théâtre Marigny mais je comprends bien que l'idée de traverser les couloirs de Jaurès en présence d'une haie de postulants acteurs lui soit pénible.

Francis Huster avait fait des essais avec elle pour un film, *Le Petit Bougnat*[51], elle avait été repérée à la sortie de son lycée. Et il m'a dit : « Il faut que tu prennes une fille qui est extraordinaire, unique. » Et il l'a amenée ; elle avait 16 ans ; à l'époque les cours avaient lieu de 17 heures à 20 heures, elle habitait en banlieue et son père venait la chercher. Nous avons été assez proches, son père et moi ; il était très inquiet sur l'avenir de sa fille, il la protégeait beaucoup ; on s'entendait bien, il me faisait confiance ; il est malheureusement mort très tôt. Elle a passé deux auditions publiques avec moi, *Un mois à la campagne* de Tourgueniev au théâtre de Puteaux, et l'année d'après au Théâtre 347.

À Jaurès il ne reste qu'une salle à attribuer, la salle n° 9, mais elle est très petite, c'est délicat… Il y a un studio Maxime Le Forestier. Xavier Florent voudrait absolument une salle Jean-Pierre Darroussin, j'y suis totalement favorable.

Les plateaux de la rue Archereau ont les noms de mes metteurs en scène de cinéma de prédilection, Max Ophüls et Henri-Georges Clouzot, et les deux salles du bas ont les noms de deux cinéastes français extrêmement opposés, Jean Cocteau et Sacha Guitry.

Il n'y a jamais eu de salle Jean Gabin alors qu'il est très important pour moi. Quand j'ai choisi Fresnay et Jouvet, il y avait pour moi une priorité théâtrale. J'ai toujours préféré Fresnay au théâtre ; il faisait partie de ce que je croyais être dans ma jeunesse l'« aristocratie » des acteurs.

Depuis 2000, depuis qu'il y a l'annuaire, les promotions ont enfin des noms, des noms d'acteurs français de la « grande époque ». La première promotion s'appelait Pierre Fresnay, puis il y a eu Michel Simon, Gaby Morlay, Georges Chamarat[52], que j'ai beaucoup aimé, puis Simone Signoret, Edwige Feuillère, Pierre Brasseur. La promotion 2007 est la promotion Renée Saint Cyr[53]. Mon fils et moi avons joué avec Renée Saint Cyr, moi dans *L'Aiglon* et Xavier dans *Maison rouge*. Elle était plus intéressante, moins compassée, elle avait plus de cicatrices que ce que l'on a pu en voir. Son fils Georges Lautner a présidé le prix Olga Horstig de cette promotion, et je crois qu'il a été très heureux que l'on donne le nom de sa mère à une promotion de jeunes.

J'ai envie de rendre hommage par la suite à des personnalités un peu oubliées. Viendra bien sûr la promotion Jean Debucourt.

Remarques de professeurs

Le florilège ci-dessous – trop court – dont je voudrais vous faire bénéficier est d'abord l'illustration d'une pérennité et d'une universalité. Ce qui est dit ici d'un élève de 1re année s'applique à vous tous, et encore à vos prédécesseurs, qui, déjà dans le métier, tombent de temps à autre sur *Puck*.

Au chapitre des *Observations générales*

- Se sent coupable d'être mignonne.
- Nous recherchons à dominer la peur du contact physique de l'autre.
- Il a disparu corps et biens.
- Comme beaucoup, a la fâcheuse tendance à céder à l'attrait de la parole.
- Ce n'est pas parce qu'on s'exprime avec beaucoup d'intériorité que l'on est nécessairement authentique.
- Nous travaillons à comprendre ce qu'est la ponctuation d'un moment théâtral.
- Elle n'accepte pas bien que la souffrance doit intervenir dans sa recherche.
- Je l'empêche de sauter sur le plateau à tout-va. Elle comprend et pour l'instant accumule dans son for intérieur la densité d'elle-même.
- Voix très intéressante qui semble sortir de son sexe.
- Mâche du chewing-gum. S'est fait morigéner.
- On sent qu'il a reçu une éducation basée sur la dissimulation des sentiments.
- Absente même quand elle est présente.
- Tend vers l'inconsistance, jouxtant l'inexistence.
- Il est venu trois fois dans le mois; la dernière fois que je l'ai vu, il m'a dit : «Ne t'inquiète pas, je reviens.» Il n'est pas revenu.
- Elle a des problèmes familiaux, mais qui n'en a pas ? Et puis elle me dit qu'elle est trop fragile pour faire ci ou ça. Alors qu'est-ce que tu veux que je fasse ?
- Il a accepté avec humilité son redoublement et il participe au travail.
- Je crois qu'elle a du mal à concevoir que l'on puisse s'amuser sur un plateau. Elle est désespérément studieuse. Ça manque de vie.

Au chapitre de *Correspondances*

- Son humour particulier, son cynisme, sa dérision sont toujours au centre des exercices sur l'imaginaire dans lesquels il aime s'inclure.

- Cherche peut-être à acheter un Picasso…

- Doit avoir des Picasso chez elle…

Extrait de *Puck* (le journal de l'École), décembre 1989.

À l'école du théâtre

La pratique du théâtre – et surtout la pratique pédagogique générale par le théâtre – a une place d'honneur au sein du second cycle du secondaire et de l'enseignement supérieur de propédeutique. Il s'agirait ni plus ni moins d'un enseignement *professionnel* ne visant évidemment pas à former des acteurs mais à promouvoir dans des conditions hardies, alternativement ludiques et contraignantes, cette mobilité sociale, facteur indispensable du renouveau de notre pays.

Pour l'heure, on introduit de fortes doses de théâtre dans les lycées et collèges ; l'on ne s'est absolument pas préoccupé de la compétence et de la sérénité des intervenants. Il est autrement plus délicat d'enseigner le théâtre que la géographie et pourtant, point de diplômes requis. On aura compris que je ne parle pas ici des cours littéraires à propos du théâtre mais de l'apprentissage des pratiques de l'acteur.

Rien n'est plus pernicieux pour un jeune qui découvre les antagonismes du monde par le prisme du théâtre que d'être sous la férule d'un professeur de français qui s'autodécrète metteur en scène et qui joue à l'acteur pas-de-chance ; rien n'est plus dangereux que d'être au contact de comédiens (intervenants bac A3 dépêchés par des troupes subventionnées) qui n'ont jamais bénéficié du moindre stage de formation pédagogique.

Quant à ce bac A3 Théâtre, quelles perspectives offre-t-il ? N'est-ce pas un bac mal vu et qui – mon expérience me le confirme – n'est qu'une base bancale pour la formation professionnelle de l'acteur ?

L'enseignement du latin, de l'histoire, de la biologie, de la géographie, des mathématiques, du grec, des sciences de l'homme, de la peinture, de l'architecture… *par* le théâtre et *à partir du théâtre*, voilà qui est à tenter avec une nouvelle race de formateurs à faire naître.

Le théâtre est par essence une activité ambulatoire de réflexion. Il suggère – plus qu'il n'exige – une attention cinétique constante. Par le théâtre, on dynamite à l'école l'apathie de la position assise, l'ingestion passive du discours magistral ; par cette pratique toute nouvelle, l'acquisition des connaissances serait substantiellement accrue et l'on verrait – ce qui n'est pas négligeable – davantage de professeurs heureux. En outre, le théâtre a la vertu singulière d'être un lieu où les inégalités s'aplanissent et s'inversent et qui purge les passions.

J'ai soumis dernièrement l'esquisse d'un projet de formation de formateurs à M. le ministre d'État, ministre de l'Éducation nationale et de la Culture ; ses services m'ont fait savoir qu'il n'y avait pas lieu d'y donner suite.

Mon activité de directeur d'une école privée ne m'empêchera pas, plus encore demain qu'hier, de militer pour le renouveau de l'instruction et de la formation nationales, pour l'accession du plus grand nombre à la connaissance et ce par le théâtre, véhicule idéal pour la mobilité sociale, pour la transmission du savoir et la transformation des mentalités.

Extrait de *Rencontres avec Florent*, le premier bulletin de l'École, 24 mars 1993.

Le Cours Florent et le XXIe siècle

[...] À part cette incursion dans l'île Saint-Louis, les locaux de Florent se sont toujours situés dans le Nord et l'Est de Paris, par choix financier peut-être mais aussi par éthique car il me tient à cœur que notre siège social, ici, 37-39, avenue Jean-Jaurès, soit équidistant du bois de Boulogne et de Clichy-sous-Bois.

Nulle part mieux que dans une école comme la nôtre où l'on donne à représenter les passions et où, par la critique, on en assure la purgation, ne peut mieux se réaliser une mixité sociale réussie.

[...] Actuellement, notre maison est hybride : trop grande parmi les petits, trop petite parmi les grands.

Dans un avenir mesurable, il n'y a pour Florent qu'une alternative : ou bien abandonner progressivement la pluridisciplinarité ou bien la développer en constituant un centre de formation généraliste ou encore en se fondant dans un grand groupe de ce type.

Pour une entreprise de la taille de la nôtre – en prenant en compte l'altruisme qu'exige à mes yeux la transmission de l'acte culturel –, les loyers galopants, les baux, les lois sociales en vigueur et la léthargie qui souvent en découle nous obligeront à détricoter ou à recapitaliser.

Si nous ne bougeons pas, il nous sera certes toujours possible d'étudier Racine mais dans des espaces de plus en plus réduits et un volume comme celui de la salle n° 9 sera le bienvenu pour ceux qui y sont aujourd'hui réfractaires.

Il nous faut compter avec la paupérisation de la France, le recul de l'influence de notre langue, l'incapacité prochaine de l'État, sans doute des États, de faire face aux demandes contradictoires des uns et des autres ; pour continuer notre chemin, il nous faudra nous insinuer dans l'industrie de l'*entertainment* qui est en passe de devenir la première industrie de la planète.

Il nous faut être prêts à dominer la HSDPA, la WiBro, la WiFi, la WiMax et tout ce qui s'annonce, ne pas hésiter à envisager de nouveaux aspects de notre projet pédagogique au travers de la nanotechnologie, des objets nomades de plus en plus performants.

Il faudra envisager une pédagogie liée à l'accroissement de la durée des transports ; déjà, de plus en plus de nos étudiants habitent la Grande Couronne, voire le Maine-et-Loire, voire la Wallonie, et y retournent après chaque cours pour y dormir, y vivre, y travailler.

Il faudra que Florent surmonte les secousses sociales violentes qui ne manqueront pas de surgir par le désengagement inéluctable de l'État, désengagement non plus sous couvert de choix idéologique mais tout simplement parce qu'il sera en joue, dos au mur.

[...] Aussi longtemps que j'en aurai le pouvoir, je continuerai mon travail pour promouvoir le devenir de Florent; que ceux et celles qui utiliseront (ou utiliseraient) mon nom plus tard se souviennent toujours que dans le privé à peu près total de l'industrie de l'entertainment de demain, que dans le virtuel à peu près total des décennies à venir, Florent se doit de résister et de rester un lieu où les âmes se mesurent à bras-le-corps, un bastion humaniste et indépendant. Pardon ! une oasis indépendante et humaniste.

Extraits du discours prononcé par François Florent pour les 40 ans de l'École, le 8 janvier 2007.

Notes

1. 1880-1959. Né en Suisse, et de son vrai nom Adrien Wettach, Grock mit au point en 1913 un numéro avec lequel il fera rire le monde entier : celui d'un nigaud au milieu d'instruments de musique qui cherche les cordes de son violon tenu à l'envers et essaie de s'asseoir plus près du piano en le tirant plutôt que le tabouret, ponctuant ses facéties d'un très célèbre : « Sans blââgue ! »

2. Créées en 1880, les tournées Baret ont diffusé les succès parisiens dans toutes les sous-préfectures de France pendant plus d'un siècle.

3. « Philosophie, jurisprudence, médecine et toi aussi, malheureuse théologie ! je vous ai donc étudiées avec grand'peine, et maintenant me voici, pauvre fou, tout aussi sage que devant. » Traduction de Gérard de Nerval, Dondey-Dupré, Paris, 1828.

4. 1901-1964. Entre 1920 et 1947, Marguerite Jamois créa 45 rôles tout en excellant en Phèdre et Lady Macbeth. Elle dirigea le théâtre Montparnasse à partir de 1943.

5. Né en 1924, Jacques Dacqmine entra à la Comédie-Française en 1943 et la quitta en 1947 pour rejoindre la compagnie Renaud-Barrault. À l'écran, il joua notamment dans le cycle des *Caroline chérie* ou dans *Les Aristocrates*.

6. Ewald Balser (1898-1978), un des grands acteurs de la scène allemande, a joué Karl Moor, Egmont, le marquis de Posa, Othello, Macbeth, Oreste, Hamlet, Lear, Prospero, Faust entre autres… En 1937, il jouait le marquis de Posa au Deutsches Theater de Berlin et se faisait applaudir lorsqu'il disait la phrase : « Sire, donnez-leur la liberté de penser. »

7. Film de Richard Pottier, 1950. En rupture totale avec ses rôles de comique troupier un peu graveleux qu'on ne goûtait pas dans mon Alsace bien-pensante, Fernandel faisait face à un problème éthique : l'euthanasie. Cette remise en cause de son image de star m'a impressionné.

8. Acteur, artiste peintre et céramiste né en 1936 à Metz. En 1956, Jacques Charrier entre au Centre de la rue Blanche où il est l'élève de Berthe Bovy. En 1958, Marcel Carné lui offre le rôle de Bob dans son film *Les Tricheurs*. Le film connaît un énorme succès et Jacques Charrier devient une vedette très convoitée. Il épouse en 1959 Brigitte Bardot, dont il divorce en 1963. Trois ans plus tard, il se retire du monde du cinéma.

9. Air de *La Vie parisienne*.

10. Paul Gravolet, *Déclamation, école du mécanisme, cinquante leçons graduées*, Albin Michel, 1930.

11. Georges Chamarat (1901-1982) entre à la Comédie-Française en 1946, en devient sociétaire en 1950 et sociétaire honoraire en 1971. Au cinéma, ses apparitions se sont souvent cantonnées aux seconds rôles. À la Comédie-Française, il a notamment joué *L'Avare* de Molière.

12. Dans le premier tableau de *Tannhäuser* de Richard Wagner, le héros est dans la grotte de Vénus, endormi sur les genoux de la déesse ; à son réveil, il dit sa nostalgie de la terre et son désir de partir. La déesse tente de le retenir, mais Tannhäuser prononce le nom de Marie et le Venusberg disparaît.

13. Né en 1939, Georges Montillier fait ses études au Centre de la rue Blanche puis au Conservatoire national de Paris entre 1958 et 1962. Il joue beaucoup le théâtre de boulevard puis fait partie de la Comédie-Française de 1987 à 1989. Très présent au cinéma et à la télévision, il dirige à Lyon le cours d'art dramatique Myriades.

14. Premier prix de tragédie au Conservatoire, Francine Bergé intègre la Comédie-Française en 1959, mais la quitte un an plus tard. Elle débute au cinéma en 1963 dans *Les Abysses* de Nicola Papatakis.

15. Jacques Kraemer fonde en 1963 le Théâtre Populaire de Lorraine qu'il dirige jusqu'en 1982. Parallèlement à son travail de metteur en scène, il enseigne à l'Ensatt (rue Blanche), à l'université de Strasbourg et à l'Institut d'études théâtrales à Paris III.

16. Paul Claudel, *Le Partage de midi*.

17. Premiers jours ou semaines des répétitions (selon les metteurs en scène), où toute l'équipe artistique lit la pièce et en parle autour d'une table.

18. Jean Yonnel (1891-1968) fut l'un des derniers tragédiens. Il effectua l'ensemble de sa carrière à la Comédie-Française (1926-1955) dont il fut même le doyen, après des débuts au théâtre de l'Odéon, au Gymnase et au théâtre Sarah-Bernhardt. Professeur au Conservatoire de 1947 à 1962, il y perpétua la grande tradition classique.

19. Béatrix Dussane (1888-1969) était entrée à la Comédie-Française en 1903, en est devenue sociétaire en 1922 et l'a quittée en 1941.

20. Acteur, puis directeur des études classiques de l'Odéon et professeur de diction au Conservatoire national supérieur d'art dramatique de Paris jusqu'en 1965, Raymond-Girard (1901-1989) avait fondé son cours en 1942. Il a notamment formé Jean-Paul Belmondo.

21. Charles Le Bargy, père de Jean Debucourt, 1858-1936.

22. Après des études de danse classique, Bérangère Dautun entre au Cours René Simon puis au Conservatoire d'art dramatique de Paris ou elle obtient le premier prix de comédie classique en 1961. Elle rejoint la Comédie-Française en 1964, en devient sociétaire en 1972, la quitte en 1998.

23. Collectif danois animé par les cinéastes Lars von Trier et Thomas Vinterberg qui a formulé en 1995 un manifeste pour un cinéma naturel : refus de tout trucage, pas d'éclairage artificiel, son direct, pas de scène « artificielle » (représentation de meurtres, usage des armes) ; on doit tourner là où l'action se passe, au moment où elle se passe. Le metteur en scène doit renoncer à toute prérogative et son nom doit disparaître du générique.

24. Jacques Baumer (1885-1951), également présent dans *Le Colonel Chabert*, joue M. Jubette dans *La Belle Équipe* de Julien Duvivier (1936).

25. Noël Roquevert (1892-1973), principalement connu comme acteur de seconds rôles, a tourné dans plus de 170 films. C'est le général Cambronne dans *Napoléon* de Sacha Guitry, Fier-à-bras dans *Fanfan-la-Tulipe*, Bourjus l'aubergiste dans le cycle des *Angélique*.

26. Paul Frankeur (1905-1974) a énormément tourné pour le cinéma et la télévision. On le retrouve en commissaire dans *Razzia sur la chnouf* d'Henri Decoin, dans *Touchez pas au grisbi* de Jacques Becker...

27. Alfred Lunt (1892-1977) et sa femme Lynn Fontanne (1887-1983) ont été un couple phare de la scène américaine, lui en tant qu'acteur et metteur en scène, notamment de *Ondine* avec Audrey Hepburn, et elle en tant qu'actrice.

28. Virginia Mayo (1920-2005) a essentiellement tourné dans des comédies musicales, des westerns et des films d'aventure.

29. Dorothy Malone, née en 1925, a tourné notamment dans *Le Grand Sommeil* d'Howard Hawks, *Écrit sur du vent* de Douglas Sirk et *Basic Instinct* de Paul Verhoeven.

30. Voir les bonus des DVD de la collection «Westerns de légende» (Calysta Films et SGGC).

31. Voir la préface de *Pour jouer Molière*, collectif de l'École Florent, Éditions Panama, Paris, 2006.

32. Écrit en mars 2007.

33. L'École Florent a une antenne à Pékin depuis 2005.

34. Directeur du Conservatoire de 1968 à 1974, il avait été administrateur de la Comédie-Française de 1947 à 1953.

35. Mme Segond-Weber est entrée à la Comédie-Française en 1887.

36. «Connais-tu le pays où fleurit le citronnier ?»

37. Auteur dramatique, Roger Ferdinand (1898-1967) fut directeur du Conservatoire de Paris de 1955 à sa mort.

38. Éditions Le Robert, 2002.

39. Voir le chapitre Travaux de fin d'études.

40. Un an après le meurtre en 1998 d'un jeune homosexuel à Laramie, Wyoming, Moisés Kaufman et la troupe du Tectonic Theatre se sont rendus sur les lieux. Ils y ont recueilli plus de 200 témoignages et en ont tiré une pièce qui dresse le portrait d'une communauté du fin fond des États-Unis et de son rapport à la société, à la religion et à l'homosexualité. Moisés Kaufman créa la pièce à Denver en février 2000, puis à New York en mai. Huit acteurs pour plus de 70 « rôles » ; le chœur antique revisité.

41. En 2007 : *Les Révoltés*, classe d'Antonia Malinova ; *Le Jaillissement et le Grotesque*, classe de Julien Kosellek ; *Nous, les héros*, classe de Georges Bécot ; *Zucco/Koltès*, classe de Muriel Solvay ; *La Famille des Labdacides, d'Eschyle à Brecht, une histoire de sang*, classe de Sandrine Lanno ; *Chère Catherine Breillat*, classe de Christian Croset ; *Qu'est-ce que je fais de ma chair ?*, l'autre classe de Julien Kosellek ; *Kafka*, classe de Régine Ménauge Cendre ; *Les Condamnés du Paradis*, classe de Benoît Guibert.

42. Éditions Panama, 2006.

43. Acteur et metteur en scène, Jean-Pierre Miquel (1937-2003) a dirigé le Conservatoire de 1982 à 1993 puis la Comédie-Française de 1993 à 2001.

44. Actrice française, de son vrai nom Tatiana Balachoff. Tania Balachova (1902-1973) a formé de nombreux acteurs, parmi lesquels Josiane Balasko, Raymond Devos, Michael Lonsdale, Delphine Seyrig, Antoine Vitez… Elle commençait ses cours en disant : « Bonjour, vous avez choisi de gâcher votre vie… »

45. Agent artistique.

46. 2002 : Irina Solano et Reda Samoudi ; 2003 : Céline Toutain et Adrien Gamba-Gontard ; 2004 : Vimala Pons et Jérémy Azencott ; 2005 : Anne Werner et Thibault Trump.

47. Voir le chapitre Enseignements spécifiques.

48. 1938-2002. Acteur, metteur en scène et réalisateur, notamment pour « Au théâtre ce soir » à la télévision.

49. Phrase de Bob Fosse dans *All that Jazz*.

50. La période Biedermeier désigne la culture et l'art bourgeois de 1815 à 1848 dans les États de la Confédération germanique et en Autriche. En peinture, les scènes de genre, les portraits et les paysages dominent, dans un style réaliste, proche de la photographie.

51. Film de Bernard Toublanc-Michel (1970).

52. Voir note 11.

53. Renée Saint Cyr (1904-2004) obtient son premier rôle au cinéma en 1932, dans *Les Deux Orphelines* de Maurice Tourneur. À la télévision, elle fit de régulières apparitions dans la série *Palace* de Jean-Michel Ribes.

Nous remercions tous ceux qui figurent dans ces pages et que nous n'avons pas pu citer dans les légendes :
p. 13 Juliette Roudet, Rebecca Stella, Caroline Demangel ; p. 40 g. Annie Schvartz, François Florent, Suzanne Bergmann, Hugues Liese ; p. 40 d. Hugues Liese, François Florent, Janni Vescovi, Annie Schvartz, Senta De Nicola, Julianne Rialka, Françoise Biegenwald ; p. 41 g. Marie Folk et François Florent ; p. 41 d. Françoise Biegenwald et François Florent ; p. 44 Maud Imbert ; p. 47 b. Angélique Charmey, Maud Imbert, Thomas Condemine, Aymeric Pol, Lahcen Razzoughi ; p. 65 Angélique Charmey, Patrick Millet, Maud Imbert, Aymeric Pol ; p. 66 Philippe Canales, Aymeric Pol, Lahcen Razzoughi, Caroline Demangel, Juliette Roudet, Anouk Feral, Adrien Gamba-Gontard, Félicien Juttner, Thomas Condemine, Laure Gouget, Dimitri Forsanari,

Maud Imbert ; p. 76 Lahcen Razzoughi, Laure Gouget ; p. 101 Céline Groussard, Caroline Demangel, Vincent Jeannot ; p. 148 Alice Dubuisson ; p. 158 Pauline Le Goff ; p. 163 Francis Huster, Dominique Blanc, Rémi Jouvin, Marie-Christine Rousseau, Béatrice Houplain, Fabienne Luchetti, Brigitte Bergès, Paul Borne, Laurent Spielvogel, Marc Schreiber, Stéphane Boyenval, Dominique Langer, Pierre Romans, Frédéric Andrei, François Carton, François-Xavier Hoffmann, Anna Carril ; p. 172 Anne Werner, Thibault Trump ; p. 173 Adrien Gambia-Gontard et Céline Toutain ; p. 184 Frédéric Garcia ; p. 194 Juliette Roudet ; p. 199 Juliette Roudet et Félicien Juttner.

Quelques documents ont résisté à notre sagacité. Nous prions les personnes qui n'ont pas pu être identifiées de bien vouloir nous pardonner.

Crédits photographiques

ADAGP Otto Dix 69 ; Jacques-Émile Blanche 96 ; Le Corbusier 159 – AKG-images Paris 57 h. ; AKG/S. Lauterwasser/Lebrecht 238-239/3 ; AKG/Wiener Kunstfilm/Album 34 g., 34 d. – Olivier Allard 224 m. h., b. g., b. d., 225 m. h., Archives François Florent/DR 27, 40, 41, 51, 52, 56, 57 b., 59, 60, 75, 97, 112, 128, 160 g., 164, 174 g. et m., 175 b., 177, 187, 189 h. – Archives François Florent/Éditions Gallimard/Catherine Hélie 87, 129, reproduction des pêle-mêle 224-225 – Georges Bécot 21 – BRIDGEMAN ART LIBRARY 28, 64 ; Bridgeman/Alinari 71 ; Bridgeman/Peter Willi 238-239/1 – Collection CHRISTOPHE L. 23 b., 32, 33 g., 33 d., 35 d., 37 h. g., 37 h. d., 37 b., 53 d., 105 h., 150, 151 b., 238-239/8, 238-239/9, 238-239/10 – Collection KHARBINE-TAPABOR 92, 238-239/7 – CORBIS SYGMA/Éric Robert 188 ; Corbis Sygma/Carole Bellaïche 212-213 – ENGUERAND-BERNAND Bernand 88 g., 93 b., 113, 119 h., 122 d., 125, 138, 145 ; Bernand/Pascal Gely 115 h., 115 b. ; Enguerand/Brigitte Enguerand 117, 119b., 141, Enguerand/Marc Enguerand 23h., 238-239/2, 238-239/11 ; Enguerand/Agnès Varda 122 g – Dominique Erhard 107, 108, 118 m., 121, 135 g., 137, 153, 157, 160 d., 161, 174 d., 175 h., 189 b., 190, 191, 193, 224 h. g., m. d., m. b., 225 m. g., m. – Patrick Forestier, 6-7, 10, 13, 42, 44, 47, 61, 65, 66, 76, 99, 101, 109, 133, 148, 158, 166, 172, 184, 186, 194, 199, 204-211, 214-215, 218-221, 252-253 – Carlotta Forsberg 135 d. – ÉDITIONS GALLIMARD, coll. Folio 238-239/5 ; Éditions Gallimard/Catherine Hélie 216-217 – GETTYimages/Peter Pearson/Stone 238-239/4 – Francis Huster 130 – Georgi Lazarevski Couverture – François Poivret 163 – RMN RMN/Bulloz 96 ; Jean-Claude Planchet/CNAC/MNAM/Distr. RMN 69 – ROGER-VIOLLET 26, 53 g. ; Roger-Viollet/Maurice Branger 103 ; Roger-Viollet/Heritage Images 159 ; Roger-Viollet/Lipnitzki 39, 50, 55 h. g., 55 h. d., 55 b. g., 55 b. d., 67, 88 d., 91 h., 93 h., 94, 105 b., 151 h. ; Roger-Viollet/Henri Martinie 238-239/6 – RUE DES ARCHIVES Rue des Archives/FIA 91 b. ; Rue des Archives/coll. RDA 35 g.

Nous avons recherché en vain les auteurs ou les héritiers de certains documents. Un compte leur est ouvert à nos éditions.

Direction du partenariat : Franck Fertille
Éditeur délégué : Éléonore de Greef
Relecture : Frédéric Azar
Correction : Correctif
Direction artistique : Anne Lagarrigue
Mise en page : Vanessa Paris
Recherche iconographique : Christine de Coninck/Clam!
Photogravure : IGS-CP à Angoulême
Impression : Kapp à Évreux

Numéro d'édition : 158721
ISBN : 978-2-07-012114-4
Dépôt légal : avril 2008